Freude am Lesen

1. Auflage

Entwurf des Schutzumschlages: Christian Brandstätter
Lektorat: Ursula Weyrer
Technische Betreuung: Rudolf Metzger
Satz: RSB Fotosatz Gesellschaft m.b.H., Wien
Druck und Bindung: Wiener Verlag, Himberg
ISBN 3-85447-205-6

Robert Polt

Freude am Lesen

Das illustrierte Handbuch für Bücherfreunde

Mit 39 Abbildungen

Verlag Christian Brandstätter
Wien–München

Inhalt

VORWORT

Für viele Menschen ist Lesen eine Freizeitbeschäftigung wie anderes auch. Für manche ist es mehr: ein Freizeitvergnügen. Wer seine Freizeitaktivitäten ernst nimmt, versucht sie zu pflegen und sich darin zu vervollkommnen. Der Tennisspieler wendet sich an seinen Trainer, der Angler liest verschiedene Ratgeber, der Briefmarkensammler hält sich vielleicht eine Fachzeitschrift. Bloß von den Lesern macht sich kaum einer Gedanken darüber, was Bücher bedeuten und worin das Lesevergnügen eigentlich besteht.

Das war die Überlegung, die zu diesem Buch geführt hat: Leser sollten mehr über das Lesen wissen.

Der Gedanke ist nicht neu. Schon vor fast 200 Jahren, als Lesen in bürgerlichen Kreisen immer mehr Liebhaber fand, erschien ein Werk über „Die Kunst, Bücher zu lesen". Der Verfasser J. A. Bergk meinte noch, seine Leser vor der Ermattung der geistigen Kräfte durch allzu intensives Lesen warnen zu müssen. Von dem wertvollen Geistestraining durch Lesen und den vielfachen Anregungen, die wir Büchern verdanken, wußte er noch nichts. Seitdem haben sich die einschlägigen Wissenschaften – Psychologie und Pädagogik, Soziologie und vor allem die junge Disziplin der Leseforschung – eingehend mit der Problematik des Lesens und seiner individuellen und gesellschaftlichen Bedeutung befaßt. Aber die Ergebnisse dieser Untersuchungen drangen und dringen kaum über den engen Kreis der Fachleute hinaus. Den Durchschnittsleser erreichen sie nicht, obwohl es um nichts anderes als um ihn geht. Warum wird eigentlich gelesen? Was sind die Wirkungen der Lektüre? Wer liest und wer liest nicht? Welche kulturpolitische Bedeutung hat das Lesen in der Gesellschaft von heute und morgen? Selbst Angehörige der Buchbranche wissen über solche und ähnliche Fragen nur lückenhaft Bescheid, vom großen Leserpublikum ganz zu schweigen. Dieses Buch nun möchte Antworten und Denkanstöße geben und den Lesern ein wenig grundsätzliches Wissen über ihr Hobby vermitteln.

Leser sollten aber auch mehr über Bücher wissen, über die Lesestoffe, die ihnen der Markt bietet und denen sie oft recht ratlos gegenüberstehen. Deshalb wollen wir uns im zweiten Teil dieses Buches mit den einzelnen Buchgattungen und Themenbereichen befassen. Dabei wird es manchmal notwendig sein, zum Verständnis der heutigen Situation ein wenig in der Geschichte zurückzublättern. Doch will und kann dieses Buch keine Literaturgeschichte sein. Die in den einzelnen Abschnitten als Beispiele genannten

Autoren und Titel sind deshalb nicht allein nach literarischen Gesichtspunkten ausgewählt, sondern – soweit es sich nicht um historische Beispiele handelt – der Lesepraxis unserer Tage entnommen. Viele Leser werden deshalb eine kleine oder größere Anzahl der genannten Werke in der eigenen Bibliothek finden. Nach der Lektüre dieses Buches werden sie den Hintergrund des einen oder anderen Bandes besser verstehen und ihre Hausbibliothek vielleicht mit anderen Augen sehen.
Kein anderes Hobby trägt so viel zur Bereicherung unseres Erlebens- und Erfahrungsschatzes bei wie das Lesen. Bücher sind das Medium mit dem vielseitigsten Angebot für Unterhaltung, Information und Bildung. Je besser man damit umzugehen versteht, desto größer ist auch das Lesevergnügen. Diese Freude am Lesen zu fördern, ist das eigentliche Ziel dieses Buches.

Die Bücher sind die größten Schatzhüter des menschlichen Geschlechts. Das Beste, was je gedacht und erfunden wurde, bewahren sie aus einem Jahrhundert in das andere, und sie verkünden, was einst auf Erden lebendig war.

Gustav Freytag

ZUR GESCHICHTE DES LESENS

Die Geschichte des Lesens ist ein wesentlicher Teil der Kulturgeschichte. Denn immer schon waren die Menschen, die des Lesens kundig waren, eine Elite, sozusagen der Sauerteig der Gesellschaft. In ihren Kreisen kursierten Ideen und neue Anregungen, Meinungsbildner würde man sie heute nennen. Von ihnen gingen die geistigen Veränderungen aus, sie waren die Träger des Fortschritts.

Wer waren die Menschen, die gelesen haben, und welche Rolle spielten sie in der Gesellschaft? Welche Bildungsmöglichkeiten hat es gegeben, um Lesen erlernen zu können? Welche Lesestoffe standen zur Verfügung, was also wurde gelesen? Das sind Fragen, die wir uns stellen müssen, wenn wir der Entwicklung der Lesekultur in der Vergangenheit nachspüren wollen. Nach heutiger Auffassung hat Lesen mit Büchern und anderen Druckmedien zu tun. Aber natürlich hat es schon lange vor der Erfindung des Buchdrucks Leser gegeben.

Lesen hängt untrennbar mit der Erfindung der Schrift zusammen, und diese ist bei den Hochkulturen des Vorderen Orients schon mehr als 3000 Jahre vor Beginn unserer Zeitrechnung nachgewiesen. Die ältesten schriftlichen Dokumente sind die tönernen Keilschrifttafeln der Sumerer (um 3100 v. Chr.). Fast ebenso alt sind die Hieroglyphen der Ägypter. Alle Schriften der orientalischen Kulturvölker – die Wissenschaft kennt derzeit sechs verschiedene Ausprägungen – waren ursprünglich Bilderschriften. Dasselbe gilt für das Chinesische wie für die Schrift der Maya in Mittelamerika. Die Bildzeichen wurden dann immer mehr abstrahiert, gewannen symbolische Bedeutung und wurden schließlich zu Lautzeichen (für den Anfangslaut des ursprünglich dargestellten Gegenstandes). Unser heutiges Alphabet geht auf die Griechen zurück, die ihrerseits die Buchstaben etwa um 900 v. Chr. von den Phönikern übernommen haben. Heute ist das griechisch-lateinische Alphabet in der ganzen Welt verbreitet, nur in China, Japan und Korea hält man noch an den chinesischen Schriftzeichen fest.

Das dominierende Schriftmaterial waren in Mesopotamien Tontafeln, die übrigen Völker verwendeten Papyrus, der aus dem Mark der damals weit verbreiteten Papyrusstaude hergestellt wurde. Die Griechen nannten das Material „byblos“ (davon unser Wort Bibel = Buch). Papyrus war ein wichtiger Exportartikel und wurde zum Beispiel noch am Hof der Merowinger (7. Jahrhundert n. Chr.) verwendet. Dann sperrten die Araber die

Ausfuhr des spärlich gewordenen Stoffes. Ab dem 4. Jahrhundert n. Chr. wurde Papyrus allmählich von Pergament abgelöst, das nach der kleinasiatischen Stadt Pergamon benannt ist. In Ostasien wurde schon seit dem 2. Jahrhundert n. Chr. aus Rindenstoffen Papier hergestellt. Die Kunst scheint von Thailand ausgegangen und später in China weiterentwickelt worden zu sein. Im 8. Jahrhundert kam das Papier durch arabische Händler auch nach Europa. Grundstoffe für die Papierherstellung waren hier Leinen- und Baumwollreste. Seit dem 14. Jahrhundert gibt es in den alten Kulturländern Europas Handschriften auf Papier.

Soviel zu den technischen Voraussetzungen. Wer aber waren die Menschen, die in jenen alten Zeiten die Kunst des Lesens und Schreibens beherrschten? In der Bibel wird erzählt, daß Moses, als er vom Berg Sinai zu seinem Volk herabstieg, zwei Gesetzestafeln mitbrachte, die Gott selbst geschrieben hatte. Hier lebt noch die alte Überlieferung vom göttlichen Ursprung der Schrift. Dementsprechend waren Lesen und Schreiben ein Privileg der Priester, die ihrerseits ihr Amt im Dienste des Gottkönigs ausübten. Königtum und Priesterkaste bedingten und stützten einander, so war es bei den mesopotamischen Völkern, bei den Ägyptern und auch im fernen China. In Priesterschulen wurden Priesterschüler und Hofbeamte im Lesen und Schreiben unterwiesen. Darüber hinaus war niemand daran interessiert, die geheime Kunst weiterzuverbreiten, das hätte ja die Macht der Wissenden geschmälert. Eine Ausnahme finden wir lediglich bei den Hebräern. Wo Gott sich selbst schriftlich an sein Volk gewandt hatte, durfte er auch erwarten, daß dieses Volk seine Mitteilungen lesen konnte. Eine ähnliche Motivation finden wir übrigens später nach dem Sieg des Islam. Weil jeder Moslem den Koran selbst lesen sollte, war in der islamischen Welt die Kunst des Lesens früher und weiter verbreitet als im christlichen Europa. Eine Lesekultur im modernen Sinn aber setzt eine fortschrittliche gesellschaftliche Entwicklung voraus, und die finden wir erst bei den Griechen.

In Sparta war um die Mitte des 6. vorchristlichen Jahrhunderts ein Bildungssystem entwickelt worden, das für alle jungen Spartaner vom 8. bis 20. Lebensjahr verpflichtend war. Obwohl das Ziel dieser Ausbildung von der Staatsräson geprägt war, gehörten Lesen und Schreiben dazu. Ein intensiverer Umgang mit Schriftrollen war in den spartanischen „Kadettenanstalten" allerdings nicht vorgesehen, auch blieben Mädchen von dieser Bildung ausgeschlossen. Anders in Athen. Zwar stand auch dort die körperliche Ertüchtigung im Mittelpunkt, aber man strebte eine Harmonie von Körper und Geist an und förderte deshalb auch die musische Ausbildung. Wer es sich leisten konnte, schickte seine Söhne zu einem Schulmeister, der sie in Musik und Leibeserziehung sowie in Lesen, Schreiben und Rechnen unterrichtete. Höhere Bildung erhielten die jungen Männer nach Ableistung ihres Militärdienstes von einem berufsmäßigen Rhetor, der in einem öffentlichen Gebäude sein Wissen vortrug. Mädchen hatten auch hier keinen Zugang. Sokrates, Platon, Aristoteles und all die anderen griechischen Philosophen haben auf solche Weise ihr Wissen an ihre Schüler weitergegeben.

Der überwiegende Teil der schriftlichen Dokumente bestand bis zum Beginn des 6. Jahrhunderts v. Chr. aus Warenlisten und anderen wirtschaftlichen Notizen. Dazu kamen religiöse Texte und die Verherrlichung von Kriegstaten, nur vereinzelt persönliche Aufzeichnungen oder Briefe. Als um 550 v. Chr. in Athen die Epen Homers im Auftrag des Tyrannen Peisistratos niedergeschrieben wurden, war dies eine kulturelle Sensation. Erstmals wurde Lesestoff im modernen Sinn angeboten. In Athen entstand ein regelrechter Markt mit Schriftrollen, alle Gebildeten lasen Homer. „Ilias" und „Odyssee" wurden zur ersten Fibel und „Bibel" Europas. Kaum ein Jahrhundert später, 466 v. Chr., folgte das erste große naturwissenschaftliche Werk: „Über die Natur" von Anaxagoras, wenig später das Geschichtswerk von Herodot. Der Philosoph Karl Popper sieht in dieser Entwicklung die eigentliche Geburtsstunde der europäischen Kultur. Jedenfalls war es der erste Höhepunkt der europäischen Lesekultur, nachdem vorher literarische Texte aller Art bloß mündlich überliefert worden waren.

Die Anfänge der griechischen Literatur reichen bis ins 8. und 7. Jahrhundert v. Chr. zurück. Damals waren die Epen Homers entstanden. Daneben gab es bald Lyrik und Lehrgedichte, Tragödien, Komödien und eine reiche Prosaliteratur, von den Fabeln Äsops bis zu den Werken der Philosophen. Nur unterhaltende Prosa, also Romane und Erzählungen, gab es noch nicht. Als sich in der folgenden Zeit des Hellenismus griechische Kultur über die ganze damals bekannte Welt ausbreitete, wurde Alexandrien mit seiner großen Bibliothek zum Zentrum der antiken Wissenschaft und Literatur. Vorbild für das höhere Bildungswesen aber war die von Platon gegründete Akademie. Das dort entwickelte System der Sieben freien Künste (Grammatik, Dialektik, Rhetorik, Arithmetik, Geometrie, Astronomie und Musik) blieb die Grundlage der höheren Bildung bis zur Gründung der europäischen Universitäten im 13./14. Jahrhundert.

Der nächste Schritt führt uns – den weltpolitischen Ereignissen folgend – nach Rom. In Italien war der Einfluß der griechischen Kultur schon lange spürbar gewesen. Nachdem die Römer ihre politische Macht ausgedehnt und auch Griechenland und Ägypten erobert hatten, wurde die griechische Kultur völlig vereinnahmt. Sie war das große Vorbild, dem Dichter, Künstler und Gelehrte nacheiferten. Im 3. Jahrhundert v. Chr. wurde die gesamte griechische Literatur ins Lateinische übersetzt. Die römischen Dichter, wie Vergil, Horaz, Ovid und alle anderen, folgten in ihren Werken griechischen Vorbildern. Nur auf dem Gebiet der Komödie kam es durch Plautus und

Terenz dann zu einer wirklich eigenständigen lateinischen Entwicklung. Griechische Texte überwogen lateinische Schriften fast um das Zehnfache. Jeder gebildete Römer mußte Griechisch beherrschen, wozu er sich meist einen griechischen Sklaven hielt. Römische Feldherren schleppten von ihren Kriegszügen schiffsweise griechische Papyrusrollen nach Rom. So wurde 168 v. Chr. die Privatbibliothek Alexanders des Großen nach Rom gebracht, 84 v. Chr. die wahrscheinlich noch größere Bibliothek des Aristoteles. Es entwickelte sich ein regelrechter „Buchhandel". Die Texte wurden in Schreibstuben kopiert und verkauft. Wer es sich leisten konnte, schaffte sich eine private Bibliothek an, für Gelehrte war sie geradezu ein Statussymbol. „Nennst du einen Garten dein eigen und besitzt du dazu noch eine Bibliothek, dann wird es dir an nichts fehlen", schrieb der Dichter und Staatsmann Cicero. Bald gab es in Rom auch öffentliche Bibliotheken, die jedermann zugänglich waren.
Seit dem 1. Jahrhundert n. Chr. finden wir in der lateinischen Literatur auch unterhaltende Prosawerke, wie den Roman „Satyrikon" von Petronius oder den Liebesroman „Amor und Psyche" von Apuleius. Sie werden noch heute in Sammlungen der Weltliteratur aufgenommen. Leser dieser Romane waren die reichen Bürger der Stadt und ihre Damen. Denn Römerinnen der besitzenden Stände waren vom Zugang zur Literatur nicht mehr ausgeschlossen. So gab es vom 1. bis 3./4. Jahrhundert n. Chr. in Rom ein breitgefächertes Publikum und ein hochentwickeltes Bibliothekswesen mit großen Beständen an Papyrusrollen. Mit dem Verfall des Weströmischen Reiches fand diese erste Blüte der Lesekultur allerdings ein rasches Ende. Es dauerte fast ein Jahrtausend, ehe das Lesen bei den europäischen Völkern wieder nennenswerte Bedeutung gewann.
Der Verfall der antiken Kultur geht auf zwei Ursachen zurück. Erstens hatten die siegreichen Germanen keine entsprechende Bildungstradition. Mit dem Verfall der Städte verschwand auch das lesekundige Publikum. Der Ostgotenkönig Theoderich gestattete zwar seinem obersten Beamten namens Boethius (etwa 480 n. Chr. geboren), die wichtigsten Werke der griechischen Literatur zu bewahren, aber die Kenntnis dieser Texte blieb auf kleine Kreise des hohen Klerus beschränkt. Zweitens war auch die Kirche, die einzige Kulturträgerin jener Zeit, an einer Fortführung der antiken Bildungstradition nicht interessiert. Sie hatte Mühe, ihre Kleriker notdürftig in der lateinischen Sprache auszubilden. Latein war ja nicht nur die Sprache der Bibel, sondern die Kultursprache schlechthin. Die Kunst des Lesens und Schreibens schien in Vergessenheit zu geraten. Nur an den kirchlichen und weltlichen Höfen der Mächtigen gab es einen kleinen Kreis von Schreibkundigen.
Karl der Große († 814) erkannte diese Mißstände und bemühte sich, seine Hofhaltung in Aachen zu einem kulturellen Zentrum zu machen. Er lernte

selbst lesen und schreiben, förderte die von dem Mönch Alkuin begründete Hofschule und träumte von einer erweiterten Laienbildung. Aber nach seinem Tod ging diese „Karolingische Renaissance" rasch wieder zu Ende. Zur selben Zeit erlebte in Bagdad das „Haus der Weisheit" eine Blütezeit. Griechische, syrische und indische Gelehrte trafen sich dort mit den Arabern. Die islamische Welt war in jener Zeit der abendländischen Kultur weit überlegen.

In den europäischen Ländern waren Klosterschulen lange Zeit die einzigen Bildungsstätten. Nur Geistliche konnten lesen und schreiben, aber das Latein, das sie schrieben, war vom klassischen Latein bereits weit entfernt. Texte in der Volkssprache gab es nicht. Selbst die Dichter jener Zeit, die Minnesänger und Erzähler der Heldenepen, konnten nicht schreiben. „Zwaz an den buochen stêt geschrîben, des bin ich kunstelos belîben", sagte Ulrich von Liechtenstein (13. Jahrhundert). Minnesang und Heldenepen wurden mündlich vorgetragen, nicht gelesen. Das Publikum, das sich daran ergötzte, gehörte dem Rittertum, also dem niederen Adel an. Dieser Stand gewann im Widerstand gegen Kirche und Kaisertum allmählich größeres Selbstbewußtsein und entwickelte ein höfisch-ritterliches Bildungsideal. Für Lesen und Schreiben war allerdings darin kein Platz.

Der Anstoß zu einer neuen Entwicklung kam von anderer Seite. Die Städte in Oberitalien und Frankreich hatten seit dem 12. Jahrhundert an wirtschaftlicher Bedeutung gewonnen. Dort wuchs ein standesbewußtes Bürgertum heran, das der Kirche eigene Bildungseinrichtungen abtrotzte: die Stadtschulen. Diese waren allerdings nur Elementarschulen, ihre Lehrer hatten keinerlei besondere Ausbildung. Die Klosterschulen und die wenigen Stifts- und Domschulen vermittelten eine etwas höhere Bildung. Aber durch die Stadtschulen wurde die Anzahl der Lese- und Schreibkundigen rasch vermehrt. Dadurch wuchs das Bedürfnis nach höherer Bildung, das schließlich ab dem 12. Jahrhundert zur Gründung von Universitäten führte. 1348 wurde in Prag die erste deutsche Universität gegründet. In Italien gab es damals bereits 15, in Frankreich 8, in Spanien 6 Universitäten. Bildungsgrundlage waren die Sieben freien Künste der Antike, die Umgangssprache war Latein. Einzelne Universitäten gewannen durch das Wirken bedeutender Gelehrter europäischen Ruf. So galt Bologna als Zentrum der Rechtswissenschaft, Salerno war wegen seiner medizinischen Schule berühmt. In Paris lehrte um die Mitte des 13. Jahrhunderts der Kirchenlehrer Thomas von Aquin. Das Studium an einer Universität wurde bald Voraussetzung für eine Karriere im Klerus wie in der höheren Beamtenschaft.

Die Gelehrten befaßten sich jetzt nicht mehr allein mit den klassischen freien Künsten, sondern in zunehmendem Maße auch mit dem Menschen und der Natur. Die italienischen Dichter Dante („Die göttliche Komödie"), Petrarca

(Lyrik) und Boccaccio („Das Decamerone") schrieben ihre in Adels- und Bürgerkreisen gern gelesenen Werke in der Volkssprache. Gleichzeitig wurde das antike Bildungsgut gewissermaßen neu entdeckt, man sah es jetzt nicht mehr allein durch die theologische Brille. Renaissance (= Wiedergeburt, nämlich der Antike) heißt deshalb diese Kulturwende, die alle Bereiche der Kunst umfaßte und, von Oberitalien ausgehend, allmählich auf ganz Europa übergriff. Die Geisteshaltung, die ihr zugrunde lag, nennt man Humanismus, weil sie im Sinne der antiken „humanitas" die Freiheit der Persönlichkeit anstrebte. Das war die Situation, als der Buchdruck erfunden wurde. Wir verdanken ihn dem verarmten Mainzer Patrizier Johannes Gensfleisch, wohnhaft im Haus „Zum Gutenberg".

Drucke von Stempeln hat es schon früher gegeben. Die Chinesen druckten auch schon im 11. Jahrhundert mit tönernen Lettern, und in Europa fertigte man seit längerer Zeit ganze Seiten mit holzgeschnitzten Druckstöcken. Der Druck mit beweglichen Lettern lag sozusagen in der Luft. Etwa gleichzeitig wie Gutenberg versuchte sich auch ein Holländer damit. Gutenbergs entscheidende Erfindung war jedoch eine brauchbare Gießform zur Herstellung metallener Lettern sowie die Druckpresse. Um seine Erfindung auswerten zu können, brauchte er Geld. Er ging mit dem Bürgermeister von Mainz, Johann Fust, eine Geschäftsverbindung ein. Das Ergebnis war die berühmte lateinische Bibel (1455 vollendet), die einer alten Prachthandschrift nachgebildet war. Sie war das erste gedruckte Buch der Welt. Bald darauf war Gutenberg zahlungsunfähig, sein weiteres Schicksal ist unbekannt. Johann Fust führte die Druckerei mit einem ehemaligen Handschriftenmaler namens Peter Schöffer weiter.

Zur raschen Verbreitung der neuen Kunst trugen die politischen Verhältnisse bei. Mainz wurde im Zuge einer lokalen Fehde von dem Grafen von Nassau erobert und geplündert, mißliebige Teile der Bevölkerung wurden vertrieben. Darunter befanden sich auch die Buchdruckergesellen, die aber andernorts als Spezialisten sehr geschätzt waren. In Straßburg, Köln, Augsburg, Ulm, Nürnberg fanden sie eine neue Heimat. Kaum ein halbes Jahrhundert nach Gutenbergs Erfindung gab es bereits in 20 deutschen Städten Druckereien. Die „Schwarze Kunst" setzte sich rasch in ganz Europa durch. Die ersten Bücher in der Neuen Welt entstanden in Mexiko, das damals den Spaniern gehörte. Für die Entwicklung der Lesekultur war die Erfindung des Buchdrucks ein Meilenstein. Nun konnten bedeutend mehr Bücher hergestellt werden als früher, und sie waren weit billiger als die kostbaren Handschriften. Die technischen Voraussetzungen für eine allmähliche Demokratisierung des Lesens waren damit gegeben, doch blieb das Publikum zunächst immer noch auf eine dünne Schicht von Gelehrten, Hofbeamten und Geistlichen beschränkt.

Der nächste Impuls zur Ausbreitung der Lesekultur ging von der Reformation aus. Die theologischen Auseinandersetzungen wurden zum großen Teil in rasch gedruckten Traktaten und Streitschriften ausgetragen. Den entscheidenden Schritt aber vollzog Martin Luther mit seiner Übersetzung des Neuen Testaments ins Deutsche (1522). Damit trug er entscheidend zur Bildung der deutschen Schriftsprache bei und veranlaßte gleichzeitig seine Anhänger, die Bibel auch selbst zu lesen. In Wittenberg wurden von der Lutherbibel in drei Monaten nicht weniger als 3000 Exemplare verkauft. In den Ländern, die sich der Reformation anschlossen, war diese Bibel bald in jedem Haushalt zu finden. Allmählich erschienen auch andere Druckwerke in deutscher Sprache: Chroniken, Fabeln, Erbauungsbücher, Kalender, Flugschriften und sonstige Einblattdrucke mit Neuigkeiten aller Art, aber auch Übersetzungen antiker Autoren. Nun gab es Lesestoffe für ein Publikum, das nicht die lateinische Sprache beherrschte. Dennoch überwogen bis zum Dreißigjährigen Krieg lateinische Publikationen bei weitem. Dazu trugen auch die in den Universitätsstädten etablierten Buchhändler bei, die mit ihren lateinischen Druckwerken praktisch den ganzen europäischen Markt beliefern konnten. Die kleinen Wanderhändler, die mit der volkstümlichen deutschsprachigen Literatur von Ort zu Ort zogen, spielten noch eine bescheidene Rolle.

Diese Entwicklung eines eigenständigen Buchgewerbes und einer langsam wachsenden Leserschaft wurde durch den Dreißigjährigen Krieg (1618–1648) jäh unterbrochen. Viele Städte wurden zerstört, die Bevölkerung weiter Gebiete fast ausgerottet. Die wirtschaftlichen und kulturellen Folgen dieser kriegerischen Wirren waren furchtbar. Während in England um die Mitte des 17. Jahrhunderts bereits ein Drittel der Bevölkerung lesen konnte, war es in den deutschsprachigen Ländern nur ein Bruchteil.

Indessen blieb aber die geistige Entwicklung nicht stehen. Der Franzose René Descartes, Mathematiker und Philosoph (1596–1650) legte den Grundstein zu einer neuzeitlichen Philosophie. Und der Engländer Francis Bacon (1561–1626) verhalf der experimentellen Methode in der Naturwissenschaft endgültig zum Durchbruch. Sein Landsmann Isaac Newton (1643–1727) schuf die Grundlage eines neuen, naturwissenschaftlichen Weltbildes. In den deutschen Ländern kam diese geistige Bewegung erst im letzten Viertel des 17. Jahrhunderts langsam zum Durchbruch. Man nennt sie die Aufklärung. Im Sinne des neuen wissenschaftlichen Denkens forderte man allgemeine Volksbildung, eine Reform des Rechtswesens (Aufhebung der Folter) und religiöse Toleranz. Durch aufgeklärte Herrscher, wie Friedrich den Großen in Preußen, Maria Theresia und Josef II. in Österreich und viele kleinere Landesherren, wurden diese Ziele weitgehend verwirklicht. In kultureller Hinsicht war die Aufklärung ein Impuls von größter Tragweite. Jetzt wurden große Teile des städtischen Bürgertums für das Lesen gewonnen.

Dabei wirkten verschiedene Entwicklungen zusammen. Die adelige Oberschicht, die sich ganz an französischen Vorbildern orientiert hatte, verlor an Bedeutung. Die breite Masse des Bürgertums hatte durch wirtschaftliche Erfolge an Selbstbewußtsein gewonnen. Der Gedanke, die Bildung aller Bevölkerungskreise zu heben, wurde begeistert aufgenommen. Durch die allgemeine Schulpflicht wurde auch in den ländlichen Gebieten ein erster Schritt getan. Die Kunst des Lesens verbreitete sich rasch, eine steigende Buchproduktion war die Folge. Von 1700 bis 1800 stieg die Zahl der jährlichen Neuerscheinungen von weniger als 1000 auf mehr als 4000 Titel. Die theologischen Werke gingen im selben Zeitraum von 40% auf 15% der Neuerscheinungen zurück, gleichzeitig stiegen belletristische Werke von etwa 6% auf rund 22%. Man suchte in der Lektüre jetzt nicht mehr nur Erbauung und Belehrung, sondern in zunehmendem Maße auch Unterhaltung. Das förderte die Entwicklung jener literarischen Form, die das Unterhaltungsbedürfnis am besten befriedigt: des Romans. Der Unterhaltungsroman erreichte seine erste Blüte.

Starken Anteil an dieser Ausweitung der Lesekultur hatten die Zeitschriften, die nach englischem Vorbild damals in großer Zahl auf den Markt kamen. 1688 war die erste Zeitschrift in deutscher Sprache erschienen. Die „Moralischen Wochenschriften" trugen viel zur Verbreitung der Ideen der Aufklärung bei. An den literarischen Unterhaltungsblättern arbeiteten selbst die Klassiker mit. Und die zahlreichen Frauenzeitschriften, die von den Damen der wohlhabenden Stände wie von ihren Dienstmädchen gelesen wurden, verstärkten das Unterhaltungsbedürfnis. Da die Abonnements dieser Zeitschriften nicht gerade billig waren, wurden in vielen Städten „Lesegesellschaften" gegründet. Aus der Gemeinschaftskasse wurden dort alle Zeitschriften abonniert, die die Mitglieder regelmäßig zu lesen wünschten. Wenn diese Gesellschaften auch oft nur kurzlebig waren, sind sie doch ein Beweis dafür, wie ernst man den Gedanken der Volksbildung durch Lesen allenthalben nahm. Der Buchhandel griff übrigens den Gedanken ebenfalls auf und bot in Leihbüchereien dem Publikum wohlfeilen Lesestoff an.

Die Epoche der Aufklärung endete mit der Französischen Revolution (1789). Es folgte das bürgerliche Zeitalter, das man im allgemeinen bis zur Russischen Revolution (1917) rechnet. Politisch war das 19. Jahrhundert charakterisiert durch die Freiheitsbewegungen im Anschluß an die Napoleonischen Kriege, durch den Sieg der restaurativen Kräfte im Revolutionsjahr 1848 und anschließend durch das Entstehen der westeuropäischen Kolonialmächte. Die wirtschaftliche Entwicklung wurde durch die Industrialisierung geprägt, die ein starkes Wachstum der Städte zur Folge hatte. Das städtische Proletariat als vierter, unterprivilegierter Stand erkämpfte sich langsam seine Rechte, die soziale Frage bestimmte die innenpolitischen Auseinandersetzungen.

Beim bürgerlichen Publikum erlebte die Unterhaltungsliteratur gegen Ende des Jahrhunderts eine zweite Blüte. Gesellschaftsromane aus Frankreich, England, Rußland und Deutschland fanden über die nationalen Grenzen hinweg viele Leser. Der Arbeiterstand hatte an dieser Entwicklung noch kaum Anteil. Erst gegen Ende des Jahrhunderts wurde der Bildungsanspruch auch dort aufgegriffen. Die Arbeiterbewegungen aller Länder bekannten sich zu dem Grundsatz: Wissen ist Macht. Wissen aber setzt Bücher und Lesen voraus. Die letzte und zahlenmäßig größte Bevölkerungsschicht suchte Anschluß an die in bürgerlichen Kreisen längst übliche Lesekultur.
Die technische Entwicklung kam diesen Bemühungen entgegen. Im Zuge der industriellen Revolution war das Druckergewerbe zur Druckindustrie, die Papierherstellung zur Papierindustrie geworden. Das machte eine Massenproduktion von Zeitungen, Zeitschriften und Büchern möglich. Die Zahl der Neuerscheinungen stieg sprunghaft an. Von Gutenbergs Zeit bis 1820 waren in aller Welt etwa 3,5 Millionen Bücher erschienen. Bis 1950 hatte sich diese Zahl verzehnfacht. Derzeit kommen jährlich auf der Welt weit über 300.000 Neuerscheinungen und Neuauflagen auf den Markt.
Der private Buchbesitz war bis zum Ersten Weltkrieg ziemlich bescheiden. Nur in gut situierten Kreisen hatte man eine eigene Bibliothek. Dafür erfreuten sich Leihbüchereien und Bibliotheken eines regen Zuspruchs. Erst nach dem Zweiten Weltkrieg führte der relativ niedrige Buchpreis dazu, daß der private Buchbesitz rasch zunahm. Er ist heute kein Privileg der Reichen mehr. Für den Großteil der Bücherfreunde ist die eigene kleine Bibliothek zur Selbstverständlichkeit geworden und damit der letzte Schritt zur Popularisierung des Lesens vollzogen. Kritische Beobachter meinen freilich, daß er mit einer gewissen Banalisierung einhergehe und daß der Großteil der neuen Leser sich bloß der Trivialliteratur zuwende, während die Spitze der Pyramide, die eigentliche Lesekultur, noch immer relativ schmal sei. Aber ist das nicht ein ganz natürlicher Vorgang? In jeder Kunstgattung gibt es qualitative Unterschiede, gibt es Hochkultur und Massenkultur. Der Unterschied ist fließend, und der langsame Aufstieg braucht seine Zeit. Aber mit dem ersten Bücherregal in der eigenen Wohnung ist schon ein entscheidender Schritt getan.
In den folgenden Abschnitten werden wir uns ausführlich damit auseinandersetzen, welche Bedeutung das Lesen in unserer modernen Gesellschaft hat. Ob es genügt, wenn etwa die Hälfte der erwachsenen Bevölkerung sich als Leser bekennt? Ob die Zukunft nicht höhere Anforderungen stellen wird, die nur von einer totalen Bildungsgesellschaft erfüllt werden können? Viele Fragen sind offen, wenn wir unsere gegenwärtige Situation bedenken. Aber kulturelle Entwicklungen können nur in langsamen Schritten, von Generation zu Generation sichtbar werden. Erinnern wir uns, wie lange das Lesen

auf eine verschwindende Minderheit beschränkt war. Heute sind alle gesellschaftlichen und technischen Voraussetzungen für die Weiterentwicklung der Lesekultur gegeben, die Möglichkeiten des Buches trotz der Konkurrenz der elektronischen Medien größer denn je. In einer Epoche, in der immer mehr Freizeit zur Verfügung steht, werden immer mehr geistig aktive Menschen nach Büchern greifen. Die Geschichte des Lesens gibt deshalb keinen Anlaß zu Kulturpessimismus. Aber sie macht uns auch bewußt, daß der Bildungsprozeß, der vor rund 200 Jahren eingesetzt hat, noch lange nicht zu Ende ist.

Lesen ist, mehr als alles andere, eine echte Leistung des Geistes in der privaten Sphäre der eigenen vier Wände.

Lin Yutang

Erster Teil

Der Leser

*Der Umgang mit Büchern, die
Kunst des Lesens ist einer klugen,
freundlichen Pflege so würdig und
so bedürftig wie jeder andere
Zweig der Lebenskunst.*
Hermann Hesse

Wer ist eigentlich ein Leser?

Die Frage klingt ganz einfach und ist doch kaum zu beantworten. Natürlich macht die Kenntnis des Alphabets noch keinen Leser. Nur wer die Fähigkeit zu lesen auch sinnvoll praktiziert, wer aus Büchern oder Zeitschriften Freude und Unterhaltung schöpft oder seinen Wissensdurst stillt, darf sich Leser nennen. Die Kriterien sind dabei allerdings äußerst subjektiv und von vielerlei Einflüssen abhängig: vom Elternhaus und vom Bildungsniveau, von der sozialen Schicht, der man angehört, von der beruflichen Funktion, auch vom Lebensalter und vielen anderen Dingen. Lesen und lesen ist nicht immer dasselbe.

Ein Fabriksarbeiter fährt täglich mit der Bahn an seinen Arbeitsplatz, fast eine Stunde lang dauert die Fahrt. Um sich die Zeit zu vertreiben, blättert er zunächst die Zeitung durch, doch das ist in zehn Minuten erledigt. Dann greift er nach dem Taschenbuchkrimi, in den er sich bis zur Endstation vertieft. Er hat schon Hunderte solcher Bücher gelesen, seine Frau kauft sie ihm im Supermarkt. Gelegentlich sind es auch Groschenhefte, die er liest. Auch da bevorzugt er Abenteuer- oder Detektivgeschichten, nur spannend müssen sie sein. Wenn er die letzte Seite gelesen hat, hat er die Handlung meist auch schon wieder vergessen. Aber sie hat ihn auf angenehme Weise zerstreut. Ist der Mann ein Leser?

Ein anderer, ein Techniker, ist in verantwortungsvoller Stellung in einem Industriebetrieb tätig. Die ganze Woche kommt er nicht dazu, neben seinen Akten noch etwas anderes zu lesen. Ein kurzer Blick in die Zeitung während der Kaffeepause, das ist alles, was er sich gönnen kann. Abends und zum Wochenende warten dann die Fachzeitschriften auf ihn, ihr Stoß wird kaum kleiner. Im Urlaub aber ist das anders. Dann gehört die ganze Zeit seiner Frau und den Kindern – und den paar Büchern, die er mit sich führt. Er sucht sie sehr sorgfältig aus und genießt sie von der ersten bis zur letzten Seite. Aber mehr als vier oder fünf Bücher im Jahr schafft er auf diese Weise nicht. Ist er ein Leser?

Eine verwitwete alte Dame hat auf ihrem Nachtkästchen stets eine Lyriksammlung liegen, aus der sie jeden Abend vor dem Einschlafen einige Gedichte liest. Sonst kann sie ihre kleine Bibliothek, die sie zusammen mit ihrem Mann im Laufe des Lebens gesammelt hat, kaum mehr benützen, die Augen spielen nicht mehr mit. Aber sie möchte mit einem freundlichen Bild, einem guten Gedanken einschlafen, das ist sie so gewohnt. Und beides findet sie in dem Gedichtband. Ist sie eine Leserin?

Lassen wir es damit genug sein. Die drei Beispiele zeigen, wie unterschiedlich die Motive sein können, die einen Menschen zum Buch greifen lassen. Sie zeigen aber auch, daß nicht nur die psychischen Voraussetzungen, sondern auch quantitative wie qualitative Faktoren berücksichtigt werden müssen, wenn man den Begriff des Lesers eindeutig definieren möchte. Die Leseforschung, die das Leseverhalten der Bevölkerung oder einer bestimmten Schicht demoskopisch untersucht, weiß davon ein Lied zu singen. „Wie viele Bücher haben Sie im letzten Monat – im letzten Quartal – im letzten Jahr gekauft und gelesen?" wird da zum Beispiel gefragt, und aus den Antworten wird flink ein Prozentsatz der Leser errechnet. Die Leseforscher selbst wissen zum Glück genau, daß die auf solche Weise gewonnenen Statistiken kaum brauchbar und vor allem nicht vergleichbar sind. Der Leser ist eben nicht in glatte Zahlen zu fassen, weil es eine eindeutige, objektive Definition des Begriffes nicht gibt. Wir werden im Abschnitt über die Leseforschung auf dieses Dilemma noch einmal zu sprechen kommen.

Trotzdem soll die oben gestellte Frage nicht unbeantwortet bleiben. Wir müssen sie nur an uns selbst richten und subjektiv formulieren: Bin *ich* ein Leser? Wer einmal persönlich erfahren hat, was ihm Lesen bedeutet, der wird mit seiner Antwort kaum Schwierigkeiten haben, ob er nun wöchentlich oder monatlich oder auch nur ein paarmal im Jahr ein Buch gelesen hat. Vergessen wir jedoch dabei nicht, daß Lesen wie jede geistige Aktivität bewußt gepflegt und entwickelt werden will. Hermann Hesse hat das so gesagt: „Es ist mit dem Lesen wie mit jedem anderen Genusse; es wird stets desto tiefer und nachhaltiger sein, je inniger und liebevoller wir uns ihm hingeben."

Warum werden Bücher gelesen?

„Weil ich mich zerstreuen und unterhalten möchte", sagt der eine. „Weil ich etwas Neues erfahren will", meint ein anderer. „Weil mich ein Buch anregt und bereichert", antwortet ein dritter. So oder ähnlich empfinden wir alle, die wir Bücher lieben, wenn wir uns auch der tieferen Motive nicht immer bewußt sind.

Den Psychologen sind diese Motive nicht fremd. In der Alltagssprache würden wir sie etwa Neugier, Erlebnishunger, Wissensdurst nennen. Diese psychischen Grundbedürfnisse trägt jeder Mensch in sich. Schon im Kindesalter beginnen sie sich zu regen. Bilderbücher erschließen dem kleinen Kind die Welt. Märchen und Geschichten und immer wieder Geschichten stillen seinen Hunger nach Erlebnissen. Und sein Wissensdurst läßt das Kind andauernd Fragen stellen, die Mütter fast zur Verzweiflung bringen: Warum kann der Luftballon fliegen? Warum kann der Hund nicht singen?

Der Mensch reift und sein Weltbild mit ihm. Oft ist der Beruf unattraktiv und eintönig. Lesend suchen Mann und Frau „das ganz andere", das ihnen ihr Leben sonst nicht bieten kann, das Fremde, Abenteuerliche, Ungewöhnliche. In Büchern finden sie die Helden, mit denen sie sich identifizieren können. Sie wollen ihre Gefühle einbringen, wollen hoffen und bangen, Glück und Abenteuer erleben. „Lesen ist ein großes Wunder", hat Marie von Ebner-Eschenbach gesagt. An diesem Wunder teilzunehmen, das eigene Leben dadurch zu bereichern, das ist das innere Motiv, das uns nach Büchern greifen läßt.

Die Psychologie hat viele Probleme des Lesens untersucht, am gründlichsten solche, die mit Kindern und Jugendlichen zusammenhängen. Die Bedeutung des Lesens im Schul- und Entwicklungsalter ist ja in der modernen Pädagogik unbestritten, wenngleich die Praxis oft noch zu wünschen übrigläßt. Eine umfassende und systematische Psychologie des Lesens gibt es allerdings noch nicht. Eine andere Wissenschaft jedoch hat sich schon gründlicher mit den Motiven befaßt, die zum Lesen führen: die Soziologie. Warum gerade sie? Weil sie sich mit den Strömungen und Tendenzen der gesellschaftlichen Entwicklung befaßt. Und weil in dieser Entwicklung die Medien eine bestimmte Rolle spielen. Im gesamten Medienspektrum aber kommt dem Buch ein besonderer Rang zu. Zum ersten Mal klingt hier an, daß Lesen über das private Vergnügen hinaus auch gesellschaftspolitische Bedeutung hat, eine Tatsache, mit der wir uns noch wiederholt befassen werden.

Die Beeinflussung ist dabei wechselseitig. Bücher und Lesen sind mitbestimmend für das kulturelle und geistige Klima der Gesellschaft. Umgekehrt wirken aber auch allgemeine gesellschaftliche Entwicklungen auf die Leser ein, auf ihre privaten Neigungen und Talente. So wird das Lesebedürfnis vieler Menschen durch das immer größer werdende vorgepackte Konsumangebot der Freizeitindustrie sicherlich gebremst. Denn Lesen bedeutet geistige Aktivität, zu der manche nicht fähig sind. Es gibt aber auch Entwicklungstendenzen, die das Lesen fördern. Die zunehmende Urbanisierung gehört zum Beispiel hierher, denn der Anteil der Leser ist in der städtischen Bevölkerung erwiesenermaßen größer als auf dem Land, wo oft das Buchangebot fehlt. Auch die immer größer werdende Freizeit der arbeitenden Menschen fördert individuelle Aktivitäten aller Art, also auch das Lesen. Und die in unseren Jahrzehnten einsetzende Bildungswelle führt zu immer mehr Abiturienten und Akademikern. Beide Gruppen aber sind in hohem Maße Buchleser.

So sind wir alle vielfältigen Einflüssen ausgesetzt, unter deren Wirkung sich unsere geistigen Wünsche und Bedürfnisse herauskristallisieren. Dabei haben sich in zahlreichen Untersuchungen mehrere Grundmuster der Lese-Motivation gezeigt, die die Erkenntnisse der Psychologen ergänzen:

1. Als Ausgleich zur Eintönigkeit der Alltagswelt suchen viele Menschen in Büchern *Entspannung und Erholung*. Deshalb lesen sie. Natürlich wird dieses Bedürfnis auch vom Fernsehen befriedigt, was die Zeit, die zum Lesen bleibt, reduziert. Andererseits führt die elektronische Revolution in der Arbeitswelt dazu, daß immer mehr Menschen im Beruf geistig gefordert werden. Das fördert neue Lesemotive, denn Bücher bieten das notwendige Wissen. Die Gruppe der reinen Entspannungsleser, in der letzten Generation zahlenmäßig noch weit an der Spitze, wird deshalb in Zukunft kleiner werden.

2. Der wachsende Streß des täglichen Lebens führt viele Menschen dazu, in Büchern *Ablenkung* von ihren Sorgen und Ängsten zu suchen. Spannung, Fesselung ihrer Aufmerksamkeit sind ihnen dabei wichtiger als die Vertiefung in subtile Gedanken und psychologische Entwicklungen. Aber Lesen bedeutet ihnen eine wohltuende Therapie, die sie nicht missen möchten.

3. Vereinsamung ist ein großes Problem unserer Gesellschaft. Bücher können helfen, diese Isolation zu überwinden und das *Bedürfnis nach emotionellen Erlebnissen* zu befriedigen. Oft entwickeln sich bei Lesern dieser Gruppe sehr gefühlsbetonte Beziehungen zu einem Buch oder seinem Autor. Dabei bevorzugen Frauen meist andere Buchkategorien als Männer. Beiden aber schenken Bücher eine unerhörte Bereicherung ihres Innenlebens.

4. Die *Suche nach Sinn* ist das entscheidende Motiv für jene Lesergruppe, der es um eine Bereicherung der Persönlichkeit und eine Erweiterung ihres Weltbildes geht. Zu allen Zeiten haben intelligente Menschen „über Gott und die Welt“ nachgedacht. Bücher können dabei die besten Gesprächspartner sein. Diese Menschen haben oft Lieblingsthemen und -autoren, deren

Gedankenwelt sie genau kennen. In einem Roman kommt es ihnen weniger auf äußere Handlung und Spannung an als auf die seelischen Empfindungen und die psychologische Entwicklung des Helden.

5. In immer höherem Maße erfordert die moderne Welt *ständige Weiterbildung*, sowohl im Beruf als auch im Sinne der Selbstentfaltung. Im Gegensatz zur vierten Gruppe steht hier die Aneignung von Inhalten im Vordergrund. Bei Bildungslesern spielen deshalb Fach- und Sachbücher eine dominierende Rolle. Lesen zur Befriedigung des Wissensdurstes kann man auf sehr unterschiedlichem Niveau. Der Lehrling, der sich in seiner Freizeit in einem Buch über den Umgang mit Computern informiert, gehört ebenso in diese Gruppe wie der Professor, der das neue Werk eines Kollegen studiert.

Soweit die wichtigsten Lese-Motive, wie sie übereinstimmend aus internationalen Untersuchungen hervorgehen. Natürlich variieren die sprachlichen Formulierungen. Manchmal werden Entspannung und Ablenkung zusammengefaßt, so daß nur vier Motivkomplexe übrigbleiben. *Unterhaltung oder Zerstreuung* wird dann in der Regel das Motiv jener Leser genannt, die in Büchern vor allem Erholung vom Einerlei des Alltags suchen. Gemeinsam ist Testpersonen, die in diesen Untersuchungen befragt wurden, eine grundsätzlich positive Einstellung zum Buch: Ich lese gerne. Die Achtung vor diesem Bekenntnis sollte uns davor bewahren, qualitative Unterschiede zu konstruieren. Jedes Motiv ist gleich wertvoll. Mit anderen Worten: Der Wunsch nach Unterhaltung und Entspannung ist genau so legitim wie der nach Sinnfindung oder Wissensbereicherung. Daß es qualitative Unterschiede zwischen Büchern gibt, ist eine andere Sache.

Zur Abrundung dieser Motivforschung noch eine ganz pragmatische Ergänzung aus einer Marktanalyse. Dabei wurde nach dem Nutzwert eines kürzlich gekauften Buches gefragt: „Warum haben Sie gerade dieses Buch gekauft?" Die Antworten in der Reihenfolge ihrer Häufigkeit:

zur Unterhaltung (mehr als die Hälfte der Antworten),
zur besseren Information, also um mehr zu wissen,
um „in" zu sein und mitreden zu können (also zur Stärkung des Selbstbewußtseins),
um einen Ratgeber parat zu haben.

Auch von dieser praktischen Seite her also eine auffallende Parallelität mit unserer Motiv-Liste.

Jedes ausgeprägte Lesemotiv führt natürlich dazu, daß der Leser bestimmte Buchkategorien bevorzugt. Wer Entspannung und Ablenkung sucht, wird am liebsten Unterhaltungsromane lesen. Männer greifen dabei gern nach Kriminal- oder Abenteuergeschichten, Frauen nach Liebes- und Gesellschaftsromanen. Allerdings gibt es kaum einen Leser, der ausschließlich eine Gattung von Büchern liest. Je nach Stimmung und Situation greift auch ein

Zerstreuungs-Leser einmal nach einem philosophischen Trostbüchlein oder ein Intellektueller nach einem spannenden Krimi. Das Lesevergnügen hat eben trotz ausgeprägter individueller Neigungen keine starren thematischen Grenzen. Im Abschnitt über Leseverhalten und Lesertypen werden wir davon noch mehr hören.

Bei Bilderbuch, Lied und Märchen liegt der Anfang aller Kultur.

Isolde Kurz

Die Technik des Lesens

Lesen ist eine geistige Fertigkeit, die man erlernen muß. Das beginnt in der Schule, wo die Abc-Schützen zunächst die einzelnen Buchstaben schreiben und lesen lernen. Dennoch ist Lesen nicht einfach ein Zusammenziehen von Buchstaben, also kein schnelles Buchstabieren, sondern ein viel komplexerer Vorgang.

Ein kurzer Blick auf die Methoden des Leseunterrichts soll uns das deutlich machen. Das älteste Verfahren ist die Buchstabiermethode. Sie wird auch synthetische Methode genannt, weil sie von den Buchstaben zu den größeren Einheiten der Silben und Wörter fortschreitet, die das geübte Auge schließlich als Ganzes erfaßt. Im Gegensatz zur synthetischen Methode beginnt die sogenannte analytische oder ganzheitliche Methode gleich mit dem Wort, einem Satz oder ganzen Texten. Der französische Pädagoge Jean Joseph Jacotot, der bedeutendste Vorkämpfer dieser Methode, ging zu Anfang des 19. Jahrhunderts vom Text eines berühmten Kinderbuches aus („Die Abenteuer des Telemach“ von François de Fénelon). Satz für Satz dieses Textes wurde an die Tafel geschrieben und durch Vor- und Nachsprechen eingeübt. Dann wurde der Satz zerlegt: in Wörter, Silben und Buchstaben. Daß diese Methode von Frankreich ihren Ausgang nahm, ist kein Zufall. Im Französischen wie im Englischen ist eine rein synthetische Methode nicht möglich, weil Schriftbild und Aussprache selten übereinstimmen.

Viele Pädagogen haben die Ganzheitsmethode später variiert und verbessert, wir brauchen hier nicht auf Einzelheiten einzugehen. Die heute übliche Methodik des Leseunterrichts ist meist eine Kombination des synthetischen und analytischen Verfahrens. Ziel ist dabei das möglichst rasche Erarbeiten möglichst vieler Wörter. Denn unser Auge nimmt nicht Buchstaben auf, sondern Wörter und Wortgruppen. Diese müssen durch fortgesetzte Übung im Gehirn gespeichert werden. Je rascher das gelingt, desto größer ist der Fortschritt im Lesen.

Damit können wir unseren Rückblick auf die Schule abschließen. Denn die folgenden Überlegungen zur Entwicklung der Leseleistung gelten auch für Erwachsene. Da ist einmal die wechselseitige Beeinflussung von Lesen und Sprachbeherrschung. Ein brauchbares Maß für letztere ist der *Wortschatz*. Schon im Kindesalter gibt es da gewaltige Unterschiede, die verschiedene Ursachen haben können. Unter anderem spielt auch das soziale Milieu eine Rolle. In den USA, wo diese Unterschiede besonders kraß sind, legt man deshalb in der Leseerziehung großen Wert auf systematische Übungen zur Vergrößerung des Wortschatzes.

Das beste Mittel hierzu ist nun das Lesen. Für die letzten Klassen der

Pflichtschule hat man das genau untersucht. Das natürliche Wachsen des Wortschatzes in dieser Altersstufe liegt zwischen 500 und 1000 Wörtern im Jahr. Bei Kindern, die viel lesen, ist die Zunahme zwei- bis dreimal so groß. Das gilt natürlich auch für Erwachsene: Wer liest, gewinnt einen immer größeren Wortschatz. Wer einen großen Wortschatz besitzt, greift umso lieber nach Büchern.

Mit dem Wahrnehmen der gedruckten Wörter und der Kenntnis ihrer Bedeutung ist es aber noch nicht getan. Es muß auch der Sinn der optischen Eindrücke erfaßt werden. Die Psychologen sprechen von der Konzentration auf die Bedeutung und einem schöpferischen Nachvollziehen der vorgegebenen Vorstellungen. Wer auf diese Weise den Inhalt eines Textes aufgenommen hat, kann sich schließlich damit auseinandersetzen und ihn subjektiv nachgestalten.

Die Etappen des Denkprozesses beim Lesen lassen sich also vereinfacht so zusammenfassen: Worterfassung – Sinnerfassung – schöpferische Nachgestaltung.

Die letzte Etappe dieses Prozesses ist die schönste und wertvollste, sie wird aber nicht immer erreicht. Sie bedeutet jene Schwelle, wo ein Buch die Persönlichkeit des Lesers berührt und wo umgekehrt diese Persönlichkeit den gelesenen Text subjektiv interpretiert. Hier liegt auch die Erklärung dafür, daß ein und derselbe Text bei verschiedenen Lesern oft ganz verschiedene Assoziationen und Empfindungen auslösen kann. In der amerikanischen Leseforschung bezeichnet man Lesen deshalb auch als „guessing game" – ein Ratespiel, bei dem man nie genau sagen kann, was dabei herauskommt. Pragmatischer definiert der Wiener Pädagoge und Leseforscher Richard Bamberger Lesen als „blitzartiges Erkennen von Wörtern und Wortgruppen, die in unserem Gehirn gespeichert sind".

Doch zurück zur Lesetechnik, die wir in der Schule gelernt und seither mehr oder weniger weiterentwickelt haben. Ein Kriterium für ihre Bewertung ist die *Lesegeschwindigkeit.* Damit soll schnelles Lesen, also das rasche Überfliegen von Texten, nicht unbedingt als Optimum hingestellt werden, obwohl diese Fertigkeit vor allem im Berufsleben recht nützlich sein kann. Unbestritten ist aber, daß das Lesen von Büchern eine gewisse Mindestgeschwindigkeit voraussetzt. Wer diese Geschwindkeit mangels Übung nicht erreicht, wird über dem mühsamen Erfassen des vorliegenden Textes jede Freude an der Lektüre verlieren. Von „Buchreife" sprechen die Pädagogen dann, wenn in einer halben Stunde mindestens 15 Seiten eines dem Alter entsprechenden Textes gelesen werden können. Eine auf Erwachsene abgestimmte Untersuchung kommt auf 30 Normalseiten in der Stunde, das entspricht etwa 250 Wörtern in der Minute. Wer regelmäßig liest, erreicht aber mühelos 40 bis 50 Normalseiten und vermag sie auch geistig zu verarbeiten.

Bedauerlicherweise gibt es unter uns aber viele Zeitgenossen, die höchstens 80 bis 100 Wörter in der Minute schaffen. Ihnen bleibt der Zugang zu Büchern wegen der mangelhaften Lesetechnik verschlossen. Man spricht in diesem Fall auch von Kurztextlesern: Die knappen Meldungen und Glossen gewisser Boulevardzeitungen, die sprachlich möglichst einfach formuliert sind, sind das einzige Lesevergnügen, das ihnen zugänglich ist. Von der mangelnden Leseerziehung in der Schule führt also eine direkte Linie zu der gewaltigen gesellschaftspolitischen Bedeutung der einschlägigen Massenpresse. Unseren Kulturpolitikern sollte das zu denken geben.

Sprachbeherrschung, Lesegeschwindigkeit und eigene schöpferische Sinngestaltung sind also die Faktoren, die unsere Lesetechnik und damit auch unser Leseniveau bestimmen. Interessanterweise zeigen viele gute Leser nicht selten eine Vorliebe für Texte, die unter ihrem Niveau liegen. Das gilt besonders für Unterhaltungsliteratur und erklärt den großen Erfolg bestimmter Schriftsteller. Man darf die geistige Bequemlichkeit, die hier zum Ausdruck kommt, allerdings nicht in Bausch und Bogen verdammen. Wer sich nach anstrengender Tagesarbeit bewußt bei einem einfachen Buch entspannen will, der möchte dabei keine geistigen Höchstleistungen erbringen müssen.

Die Lesegeschwindigkeit sollte auch in einem anderen Zusammenhang nicht überbewertet werden. Man hat Tests veranstaltet, bei denen ein durch Faktendichte und sprachliche Formulierung schwieriger Text gelesen wurde. Manche haben ihn rasch überflogen, aber den Inhalt dabei nicht aufgenommen. Andere haben ihn langsam studiert und den Inhalt verstanden und behalten. Keine Frage, daß Sinnerfassung in solchen Fällen wichtiger ist als die Lesegeschwindigkeit. Diese sollte sich stets der Schwierigkeit des Textes und – im Sinne des persönlichen Lesevergnügens – auch der eigenen Stimmung anpassen.

Wer seine Lesetechnik ständig weiterentwickelt, erreicht schließlich eine Stufe, die man als *Kunst des Lesens* bezeichnen kann. Sie geht über das Erfassen von Inhalten weit hinaus. Hier beginnt der Dialog zwischen Autor und Leser. Das Auge nimmt alles auf, was der Autor schreibt, das innere Ohr hört alles mit. Der Leser wird in seiner eigenen Phantasie nachschaffen und miterleben, was der Autor an Schilderungen, Erkenntnissen und Erfahrungen vor ihm ausbreitet. So führt gute Lesetechnik über die Lesekunst zum höchsten Lesevergnügen.

Moderne Analphabeten

Theoretisch gibt es bei uns seit dem 18. Jahrhundert keine Analphabeten mehr. Die Einführung der allgemeinen Schulpflicht bietet jedem Kind die Möglichkeit, in der Grundschule lesen und schreiben zu lernen. Aber die Wirkung dieser Maßnahme hängt von ihrer Durchführung und Kontrolle ab. Ein UNESCO-Bericht aus der Nachkriegszeit ermittelte für Deutschland einen Anteil von nur 0,1% der erwachsenen Bevölkerung als Analphabeten. In Portugal hingegen zählte man vor kurzem noch 14%, weil dort viele Kinder in ländlichen Gebieten die Schule nicht regelmäßig oder gar nicht besuchen. Bis heute ist im europäischen Raum ein deutliches Nord-Süd-Gefälle feststellbar.

Neben den Bildungsmaßnahmen trug in der zivilisierten Welt die Industrialisierung viel dazu bei, daß der Analphabetismus rasch zurückging. Wer in der Industriegesellschaft etwas erreichen wollte, mußte einfach lesen und schreiben können. Das führte in vielen Ländern zu volksbildnerischen Aktionen. Das erfolgreichste Beispiel solcher Bemühungen lieferte die UdSSR, wo zwischen den beiden Weltkriegen und danach rund 40 Millionen erwachsene Sowjetbürger lesen und schreiben lernten. Zählte man unter der Herrschaft des Zaren 1847 noch über 76% Analphabeten, so sank deren Zahl bis 1926 bereits auf 43%. 1959 hatte die Sowjetunion mit nur noch 1,5% Analphabeten den europäischen Standard erreicht.

Ganz anders liegen die Verhältnisse in den Entwicklungsländern der Dritten Welt. Der Analphabetismus ist dort nicht nur ein kulturelles, sondern auch ein wirtschaftliches Problem. Denn auch in der Landwirtschaft, wo der Großteil der Bevölkerung tätig ist, braucht man heutzutage eine gewisse Ausbildung. Und obwohl die unabhängig gewordenen Staaten für ihr Schulsystem wesentlich mehr tun als seinerzeit die Kolonialherren, ist der Erfolg bis heute deprimierend. Aus einem in 92 Ländern der Dritten Welt erstellten Bericht geht hervor, daß die Zahl der Analphabeten immer noch – allerdings langsamer als früher – ansteigt. Die Ursachen sind offensichtlich: Von 5,35 Millionen afrikanischen Kindern, die man bei Schuleintritt registriert hatte, waren neun Jahre später immer noch 4 Millionen Analphabeten. Sie hatten die Schule viel zu kurze Zeit besucht. Insgesamt gibt es unter der erwachsenen Bevölkerung zwischen 700 und 800 Millionen totaler Analphabeten, das ist fast ein Drittel der erwachsenen Erdenbürger.

Doch das ist nur ein Teil des Problems, wenn auch der gravierendste. Die UNESCO, die dazu zahlreiche Untersuchungen geliefert hat, definiert Analphabetismus in einem umfassenden Sinn, wobei sie zu Recht die Mindesterfordernisse einer modernen Gesellschaft zugrunde legt. Ihre Expertenkommission empfahl, zwischen totalen Analphabeten und Halb-Analphabeten (Semi-Analphabeten) zu unterscheiden. Die totalen Analphabeten können eine einfache, kurze Darstellung aus ihrem täglichen Leben weder lesen noch schreiben. Je nach dem Bildungsstand ihrer Umgebung wird dabei eine Zahl von 1000 bis 5000 Wörtern als Minimum angesehen, um nicht als Analphabet zu gelten.

Die Semi-Analphabeten können eine solche einfache Darstellung zwar lesen oder auch schreiben, ihre fragmentarischen Kenntnisse reichen aber nicht aus, um den Inhalt des Textes auch zu verstehen. Ihre Lesefähigkeit führt nicht zur Sinnerfassung. Das hat zur Folge, daß sie im Alltagsleben Gebrauchsanweisungen nicht befolgen können, daß sie Warnungen nicht verstehen, kurzum: wichtigen Anforderungen des Lebens nicht genügen. Ihre Lesefähigkeit bleibt auf plakative Schlagzeilen und Parolen beschränkt. Sie bilden eine geistige und kulturelle Unterschicht, die wir heute überall in der Welt vorfinden, auch mitten unter uns.

Und damit sind wir bei unserem eigentlichen Thema. Die meisten dieser Semi-Analphabeten haben in der Schule lesen und schreiben gelernt. Beim Schulaustritt waren sie vielleicht auch noch halbwegs geübte Leser. Aber dann haben sie diese Fertigkeit mangels Gelegenheit (in den Entwicklungsländern) oder aus geistiger Trägheit (in den industrialisierten Ländern) völlig vernachlässigt, bis das Umsetzen von Wortbildern in eigene Vorstellungen und Gedanken einfach nicht mehr funktionierte. Die Fachleute sprechen deshalb auch von einem funktionellen Analphabetismus. Menschen, die im Beruf oder Privatleben nie mit Schriftlichem zu tun haben und auch sonst keine geistigen Interessen pflegen, werden zwar das Abc nicht vergessen, ihre Ausdrucksfähigkeit in Wort und Schrift verkümmert aber mehr und mehr, das Gehirn spielt nur noch bei großer Anstrengung und schließlich gar nicht mehr mit. Diese Menschen können nicht mehr lesen, weil sie die erlernte Lesefähigkeit nicht geübt haben. Das ist der moderne Analphabetismus, der ernsthaft Grund zur Sorge gibt.

Der Schweizer Lehrer und Literat Peter Bichsel gibt in einem Essay ein anschauliches Beispiel eines solchen Typs: In einer Kneipe traf er mit einem älteren Mann zusammen, der ein Sportfan war, und zwar ein Anhänger des damals berühmten Rennfahrers Regazzoni. Bichsel fand in dem Boulevardblatt, das er gerade las, zufällig eine Zehnzeilenmeldung über Regazzoni. Er schob sie dem Fan zu und sagte: „Hier, dein Regazzoni!“ Der Mann buchstabierte das Ganze durch, schob die Zeitung dann zurück und fragte Bichsel: „Um was geht es da?“ Die zehn Zeilen waren ihm zu lang, um sie im Zusammenhang erfassen zu können.

Bichsel meint, daß dieser Analphabetismus eine ausgesprochene Männerkrankheit sei: „Frauen lesen in der Regel mehr, sie schreiben auch mehr,

Briefe zum Beispiel. Der Mann, der seiner Ehefrau immer wieder vorwirft, sie verstehe überhaupt nichts und sei halt eine dumme Frau, diesem Mann ist es selbstverständlich, daß alle amtlichen Formulare von der Frau ausgefüllt werden . . ."

Gewiß, das mag stimmen. Wissenschaftliche Untersuchungen über geschlechtsspezifische Unterschiede bei diesen modernen Analphabeten liegen noch nicht vor. Sonst aber hat die Tatsache des wachsenden Analphabetismus weltweite Unruhe hervorgerufen. In Österreich zum Beispiel erschien vor wenigen Jahren folgende nüchterne Pressenotiz: „Jeder vierte Hauptschulabgänger ist eine Art Analphabet, das heißt, er hat das Lesen so wenig erlernt, daß er im späteren Leben mit Sicherheit nie mehr freiwillig ein Buch in die Hand nehmen wird. Sieben Prozent der Hauptschüler können fast überhaupt nicht lesen, sie kommen im Alter von 15 Jahren über die Buchstabierung nicht hinaus. Dies ist das erschreckende Ergebnis einer Studie, die Professor W. R. von der Pädagogischen Akademie in Linz erarbeitet hat." Es gab erregte Stellungnahmen, Diskussionen, Gegendarstellungen der Pädagogen, die sich betroffen fühlten. Und natürlich konnte eine Untersuchung an insgesamt 300 Schülern nicht repräsentativ sein, man sollte doch nicht übertreiben!

„In einer Studie des Bundesbildungsministeriums aus dem Jahr 1981 wird die Zahl der Deutschen, die praktisch weder lesen noch schreiben können, auf annähernd 3 Millionen geschätzt", berichtet das Börsenblatt für den Deutschen Buchhandel vom 21. 10. 1983. Der Artikel geht auch auf die Ursachen der mangelnden Sprachkenntnisse ein, die er in falschen Lehrmethoden sieht: „Bei Hausaufgaben und Tests genügt es häufig, die vorgeschlagene Lösung anzukreuzen, so daß die Schüler nicht mehr formulieren müssen. So kehrt das Kreuz, einst Unterschrift des Analphabeten, zurück." Aber gleichzeitig „liegt die Bundesrepublik in der Titelproduktion an der Spitze der westlichen Industrienationen". Immerhin hat man das Problem wohl in seiner ganzen Tragweite erkannt. Es gibt bereits einige hundert Fortbildungseinrichtungen, in denen Erwachsene lesen und schreiben lernen können. 1985 zählte man bereits 5700 Teilnehmer an solchen Kursen, und die Tendenz ist rasch steigend. Eine befriedigende Lösung kann aber wohl nur durch Mitwirkung der Schule gefunden werden, wo „Hänschen" eben lernen muß, was „Hans" später im Leben unbedingt braucht.

Und wie steht es im Medientraumland, in den USA? Die Militärbehörden klagen, daß die Soldaten mit den Dienstanweisungen nicht mehr zurechtkommen, weil sie sie nicht verstehen, zum Teil gar nicht lesen können. Rund 10% der Schüler brauchen Nachhilfe im Lesen. Auf der Jahrestagung 1985 des amerikanischen Verlegerverbandes sprach man von weit über 20 Millionen Amerikanern, die des Lesens unkundig sind, fast 50 Millionen haben das

Niveau eines Schulanfängers. Bei der farbigen Bevölkerung ist der Anteil dieser Analphabeten besonders hoch. Ist das vielleicht eine Folge der technischen Entwicklung? Machen die elektronischen Medien das Lesen mehr und mehr überflüssig? Welch ein Trugschluß? Wie sollte ein Analphabet einen Computer sinnvoll verwenden, wenn er die Informationen, die er geliefert bekommt, nicht blitzschnell lesen kann? Nein, die immer komplizierter werdende Welt von morgen braucht besser ausgebildete, geistig aufgeschlossene und lernwillige Menschen. Analphabeten haben in der Arbeitswelt der Zukunft so gut wie keine Chancen mehr.

Der moderne Analphabetismus ist eine Gefahr von großer Tragweite, droht doch die Rückentwicklung der Gesellschaft in ein Zweiklassen-System von Lesern und Nichtlesern mit allen ihren Konsequenzen.

Leseverhalten und Lesertypen

Wir sind schon bei der Frage, wer ein Leser ist, auf große Unterschiede im Leseverhalten gestoßen. Und als wir die Motive betrachteten, die zum Lesen führen, war es klar, daß die verschiedenen Wünsche und Erwartungen der Leser auch verschiedene Lesepraktiken zur Folge haben. Diese verschiedenen Verhaltensweisen und ihre Ursachen haben dazu geführt, daß man Typologien der Leser zu entwickeln versuchte. Nun mag man gegen Typologien jeder Art Vorbehalte haben – wir Menschen sind nun einmal Individuen und keine Typen –, aber man konnte auf diese Weise doch wichtige Kriterien des Leseverhaltens untersuchen und wertvolle Erkenntnisse gewinnen.

Stellen wir einmal die einfache Frage nach der Quantität des Lesens: „Wie oft haben Sie in letzter Zeit ein Buch zur Hand genommen: täglich – mehrmals in der Woche – einmal wöchentlich – mindestens einmal im Monat – oder nur gelegentlich?“ Aus den Antworten ergeben sich mehrere Gruppen:

Eifrige Leser nehmen täglich oder mehrmals in der Woche ein Buch zur Hand. Man bezeichnet sie auch als Vielleser, wenn man die Zahl der gelesenen Bücher berücksichtigt. Zu dieser Gruppe kann man bei uns rund 10–15% der erwachsenen Bevölkerung zählen. Alle diese statistischen Zahlen sind jedoch – das sei nochmals betont – mit Vorsicht zu betrachten, weil sie sehr von der Formulierung der Fragen sowie von den Definitionen der Begriffe Buch und Leser abhängen.

Durchschnittsleser sind alle jene, die einmal in der Woche, mindestens aber einmal im Monat ein Buch lesen. Etwa ein Drittel der erwachsenen Bevölkerung gehört hierher. Zusammen mit den Intensivlesern bilden sie die Gruppe der *regelmäßigen Leser.*

Weniger klar umrissen ist die Gruppe der *gelegentlichen Leser*, die selten, etwa auf einer langen Bahnfahrt oder auf dem Krankenbett, nach einem Buch greift. Die Grenze zu den regelmäßigen Lesern ist fließend, ebenso aber auch die Grenze zu den Nichtlesern, zu denen im deutschsprachigen Raum 30–40% der Bevölkerung zu rechnen sind. Manche von ihnen sind allerdings nicht ihr Leben lang Nichtleser, und manche sind es nur aus Zeitmangel. Es können Umstände eintreten – wie der Übergang in den Ruhestand mit seiner vielen Freizeit, aber auch andere Veränderungen im Lebensrhythmus –, die bisherige Nichtleser zu Lesern werden lassen, sofern sie nicht die Lesefähigkeit inzwischen eingebüßt haben.

Unter den jungen Menschen bis 25 Jahren sind deutlich mehr intensive Leser anzutreffen als unter der älteren Generation. Es sind auch geschlechtsspezifische Unterschiede festzustellen: Unter den Jugendlichen lesen Mädchen mehr als Jungen, ja bis zu 50 Jahren lesen Frauen mehr als Männer. Erst im

Alter lesen Männer in der Regel mehr, vermutlich weil sie über mehr Freizeit verfügen als die im Haushalt tätigen Frauen.

Zu einer ganz anderen Typologie kommt die Lesepsychologie und -pädagogik, die den Erwartungen und Wünschen der Leser nachgeht. Analog zu den Motiven, die zum Lesen führen, kommt man dabei zu zwei verschiedenen Einstellungen, je nachdem, ob es dem Leser mehr um Befriedigung seiner emotionalen Bedürfnisse oder um Gewinn neuer Kenntnisse geht. Beide Richtungen werden nach ihrer Intensität unterteilt, so daß wir zu folgenden vier Lesertypen kommen:

Emotional-phantastische Leser suchen bei unkritischer Einstellung zum Lesestoff vornehmlich Gefühlserlebnisse und Anregungen für ihre Phantasie. Bevorzugtes Lesegut ist Unterhaltung aller Art. Zahlenmäßig ist dieser Lesertypus mit Abstand der größte. Bei gleicher Grunderwartung, aber kritischer Einstellung hat für *literarische Leser* das Buch als Dichtung einen zentralen Wert. Diesen Lesern geht es weniger um Stoffe oder Problemstellungen, sondern um das literarische Kunstwerk. Der Kreis solcher Leser ist klein und etwa mit der Zahl echter Musikfreunde zu vergleichen.

Pragmatische Leser suchen in Büchern in erster Linie nützliche Orientierung und Informationen. Durch Lesen wollen sie berufliche oder gesellschaftliche Ziele erreichen. Sie liegen zahlenmäßig nach den Unterhaltungslesern an zweiter Stelle. *Rational-intellektuelle Leser* sind gewissermaßen die Elite dieser Pragmatiker. Sie suchen in Büchern tiefergehende Wissensbereicherung, gedankliche Klärung und geistige Auseinandersetzung.

Diese psychologische Typologie führt uns zu einer weiteren Frage: Was wird gelesen? Denn natürlich wird jeder der obigen Typen bestimmte Themen und Buchgattungen bevorzugen und andere vernachlässigen. Eine in Deutschland durchgeführte, sehr gründliche Untersuchung stellte dabei folgende Frage: „Welche Bücher (aus einer Liste mit 29 Buchkategorien) würden Sie sich anschaffen, wenn Sie einen Büchergutschein im Wert von DM 100,– gewonnen hätten?“ Das Ergebnis war mit seiner Vielfalt der genannten Leseinteressen zunächst verwirrend. Geordnet nach der Größe des Interesses ergab sich aber doch eine aussagefähige Reihenfolge: Tatsachenromane, Familienromane, Frauenschicksale, geschichtliche Romane, Tierbücher, Entdeckungen und Forschungen, Biographien, Bücher über Mensch und Gesellschaft, Zukunftsromane, Kriegsromane usw.

Auffallend sind deutliche geschlechtsspezifische Unterschiede: Für harte Unterhaltung, Sachbücher und zeitkritische Literatur interessieren sich vor allem Männer. Frauen bevorzugen Liebes- und Gesellschaftsromane, die in der Untersuchung unter dem Sammelbegriff „Traumfabrik“ zusammengefaßt wurden. Das ist nicht abwertend gemeint, charakterisiert aber die emotionale Grundhaltung: Das Lesen soll vor allem Träume erfüllen. Auch alterstypi-

sche Unterschiede wurden festgestellt. Die Gattung „Traumfabrik“ wird mit zunehmendem Alter mehr bevorzugt. Hingegen schätzen ältere Männer harte Krimis und Tatsachenromane nicht mehr in dem Ausmaß wie in der Jugend. Religiöse Literatur wird von Lesern über 60 fast viermal so oft ausgewählt wie von jungen Menschen.
Eine formale Typologie nach Leseinhalten aufzustellen, wäre allerdings vermessen. Reine Lesertypen, z. B. *der* Krimileser, sind bloße Theorie, das gilt für quantitative wie für qualitative Klassifizierungen. Auch ein Durchschnittsleser kann unter bestimmten Umständen zu einem Vielleser werden und umgekehrt. Im qualitativen Leseverhalten bedeuten diese fließenden Grenzen, daß es so etwas gibt wie ein „Hinauflesen“. Voraussetzung ist regelmäßige Lektüre und ein spezielles Interesse für bestimmte Themen und Probleme. Der Weg von der „Traumfabrik“ zur Weltliteratur steht jedem offen und ist schon von vielen Leserinnen und Lesern gegangen worden. Ebenso ist es mit Sachbuchlesern, die unvermeidlich zu echter Wissensbereicherung vorstoßen, je mehr sie sich in ihr Thema vertiefen.
Lesertypologien sind also keine starren, unveränderlichen Schemata. Für uns sollen sie Brücken sein zu einer richtigen Selbsteinschätzung.

Was bewirkt das Lesen?

Lektüre hat für den Geist die gleiche Wirkung wie Sport für den Körper. Durch sie werden die geistigen Kräfte – und damit die Gesundheit des Geistes – erhalten, gepflegt und gestärkt, so wie Leibesübung den Körper gesund erhält, kräftigt und stählt.

Joseph Addison

Bücherfreunde werden diesem Gedanken von Addison spontan zustimmen, weil sie aus eigener Erfahrung die geistigen Impulse kennen, die ihnen das Lesen beschert. Ulrich Wechsler, Leiter der Verlagsgruppe Bertelsmann, fand dafür in einem Vortrag einmal die treffende Formulierung: „Lesen ist Gehirnjogging." Und er meinte, daß es das „Bewußtsein hell, den Verstand gelenkig und kritisch macht, und daß es eine Lust ist, mit einem trainierten Kopf zu leben". Man muß sich wundern, daß diese Erkenntnis nicht längst ins allgemeine Bewußtsein gedrungen ist. Viele Menschen verbrauchen viel Zeit und Energie, um körperlich fit zu bleiben. Sie laufen, radeln, schwimmen, spielen Tennis und treiben sonstige Sportarten. Für ihren Geist tun sie vergleichsweise wenig. Von „Gehirnjogging" haben sie noch nichts gehört. Sonst wäre es unmöglich, daß sie davon nicht mehr Gebrauch machen.

Die Psychologie hat sich in verschiedenen Einzeluntersuchungen mit den Auswirkungen des Lesens beschäftigt, vor allem bei Jugendlichen. Da man die pädagogische Bedeutung der Lektüre längst erkannt hat, war es naheliegend, mit den Untersuchungen hier einmal anzusetzen. Aber Bücher spielen nicht nur im Entwicklungsalter eine Rolle, sondern das ganze Leben lang. Hier liegt noch ein weites Forschungsfeld brach.

Die unmittelbare Wirkung eines Buches wird oft in Biographien und Autobiographien nachgewiesen. Von Heinrich Schliemann weiß man, daß er als junger Mensch eine Ausgabe der Ilias erhielt. Dieses Buch hat sein Schicksal bestimmt. Als reifer Mann hat er sich seinen Jugendtraum erfüllt und das versunkene Troja ausgegraben. Solche Wirkungen sind natürlich eingebettet in die Gesamtsituation eines Menschen. Mit anderen Worten: Nicht jeder, der die Ilias mit Interesse gelesen hat, wird sich zu Schliemannschen Taten aufraffen. Aber ein für den Urlaub geplanter Besuch der Ruinen Trojas kann auch eine höchst anerkennenswerte Wirkung der Lektüre sein.

Wir wollen uns mit den Auswirkungen der Lektüre aber noch etwas näher befassen. Denn so wie verschiedene Sportarten verschiedene Muskelpartien des Körpers kräftigen, so wirken verschiedene Bücher auch auf verschiedene Fähigkeiten unseres Geistes.

Da sind einmal die unschätzbaren Impulse, die unsere *Phantasie* empfängt. Hören wir dazu – statt eines theoretischen Kommentars – ein interessantes

Zitat. Der Bestsellerautor Michael Ende läßt im Roman „Die unendliche Geschichte“ Bastian sagen: „Ich möchte wissen, was eigentlich in einem Buch los ist, so lang es zu ist. Natürlich sind nur Buchstaben drin, die auf Papier gedruckt sind, aber trotzdem – irgend etwas muß doch los sein, denn wenn ich es aufschlage, dann ist da auf einmal eine ganze Geschichte . . .“
Der Sprung von den toten Buchstaben zur aufregenden, abenteuerlichen Geschichte vollzieht sich in unserer Phantasie, diesem kostbaren Instrument, das wir in unserem Gehirn mit uns tragen. Wenn wir ein Buch aufschlagen und uns in seinen Text vertiefen, versenken wir uns in Wahrheit in uns selbst und dringen zu unseren tiefsten Gefühlen, Ahnungen, Sehnsüchten und Erfahrungen vor. Die Sätze des Buches sind gewissermaßen das Programm, das im Computer unseres Gehirns die Welt entstehen läßt, in die uns der Autor führt. Erst durch unsere Phantasie, durch unsere eigene geistige Aktivität wird sie lebendig.
Ein anderes Buch, eine andere Leseerfahrung: „Liebt das Buch, die Quelle des Wissens“, sagt Maxim Gorki. „Nur das Wissen ist rettend, es kann uns allein zu geistig starken, ehrlichen, vernünftigen Menschen machen.“ Und der ehemalige deutsche Bundespräsident Karl Carstens sagte einmal in einer Tischrede: „Ich habe fast alles, was ich weiß und kann, aus Büchern gelernt.“
Lesen ist für unsere Weiterbildung und die *Entfaltung des Intellekts* unerläßlich. Nur wer Bücher liest, kann diese Chance wahrnehmen. Die 6–8% der erwachsenen Bevölkerung, die ernsthaft um ihre Weiterbildung bemüht sind, sind durchwegs Leser. Sie trainieren ihr Gehirn zu differenziertem Denken und damit zu einer Steigerung ihres gesamten psychischen Erlebens.
Und noch ein dritter Aspekt unseres geistigen Lebens wird durch Lektüre nachhaltig stimuliert: das weite Feld der Empfindungen, Emotionen, kurz das *Gemüt*. „Ein gutes Gedicht ist das eindringlichste Mittel zur Belebung des Gemüts“, hat schon Immanuel Kant gesagt. Natürlich muß es nicht immer ein Gedicht sein, das uns emotional bewegt, bei Lyrik ist allerdings die Wirkung auf das Gemüt besonders ausgeprägt, deshalb haben und hatten Gedichte auch stets einen treuen Leserkreis. Phantasie, Intellekt und Gemüt sind also die seelischen Bereiche, die durch das Lesen trainiert, angeregt und bereichert werden. Das sind die Wirkungen auf den einzelnen Leser. Daneben gibt es aber auch Wirkungen auf die ganze Gesellschaft. Damit sind nicht nur Äußerlichkeiten gemeint, wie etwa der Schiwago-Look der 60er Jahre, der durch die Figur des Doktor Schiwago aus dem gleichnamigen Roman von Boris Pasternak ausgelöst wurde. Die Verleihung des Nobelpreises an den Autor, die Verfilmung des Romans hatten der Gestalt weltweite Publizität eingebracht – Auslöser des ganzen Trends war ein Buch.
Bücher – wichtige Bücher, beziehungsweise Werke bedeutender Autoren und Denker – haben zu allen Zeiten das geistige Klima ihrer Zeit mitbe-

stimmt. Beispiele dafür gibt es in Vergangenheit und Gegenwart in Hülle und Fülle. Ohne die Werke von Max Horkheimer und Theodor W. Adorno wäre es kaum zur Studentenrevolte von 1968 gekommen. Und wer heute die geistigen Auseinandersetzungen unserer Zeit verfolgt, wird unvermeidlich auf die Werke von Jacques Monod, Karl Popper, Konrad Lorenz oder Erich Fromm stoßen, um nur einige wenige Namen zu nennen.

Mit einem überzeugenden Beispiel der gesellschaftspolitischen Wirkung eines Buches wollen wir diesen Gedanken beschließen: Als Karl Marx ab 1867 sein dreibändiges Hauptwerk „Das Kapital" herausbrachte, ahnte er – bei aller kämpferischen Absicht – gewiß nicht, daß dieses Buch einmal die politische Situation eines großen Teiles der Welt verändern würde. Dabei wurde es nur von wenigen Menschen gelesen. Aber einer davon war Lenin, der daraus sein revolutionäres Konzept entwickelte. Die Folgen sind als politische Realität allen bekannt.

Doch kehren wir zurück zur Frage nach der Wirkung der Bücher auf den einzelnen Leser. Sind die positiven Wirkungen des Lesens auch persönlich spürbar? Was sagen die Leser selbst dazu? Es gibt dazu eine interessante Untersuchung, die allerdings schon über zehn Jahre zurückliegt. In ihrem Eröffnungsvortrag zur Frankfurter Buchmesse 1974 machte die Leiterin des Allensbacher Instituts für Demoskopie darauf aufmerksam, daß Bücherlesen und Glückserfahrung in einem nachweisbaren Zusammenhang stehen: „In jeder Altersgruppe, jeder Bildungsgruppe, jeder Gruppe, die wir untersuchen, finden wir diejenigen, die Bücher lesen, heiterer als diejenigen, die keine Bücher lesen . . . Wir können nicht zweifeln: Bücherlesen bewirkt etwas, was Menschen wohltut."

Der Hinweis wurde vom Auditorium nicht ganz ernstgenommen, fand aber, weil er sich so mundgerecht formulieren ließ, ein breites Presseecho: Bücherlesen macht glücklich. Im Grunde wurde hier nur mit den Mitteln moderner Sozialforschung eine alte Erfahrung bestätigt: Bücher sind für den echten Leser mehr als Inhaltsvermittler und Wissensspeicher. Sie tragen menschliche Züge, sind Gesprächspartner, Weggenossen, Freunde. „Bücher sind kein geringer Teil des Glücks", schrieb schon Friedrich der Große. Und Börries Freiherr von Münchhausen sagte: „Bücher sind bessere Freunde als Menschen, denn sie reden nur, wenn wir wollen, und schweigen, wenn wir anderes vorhaben. Sie geben immer und fordern nie."

Richtiges Lesen kann uns echte Lebenshilfe bieten; ja sogar Therapie in seelischen Nöten: Bibliotherapie heißt das in der Fachwelt. Ihre Wurzeln liegen in den USA, wo psychotherapeutische Methoden in viel größerem Maße angewendet werden als bei uns. Schon seit den 30er Jahren unseres Jahrhunderts hat man dort in Nervenkliniken, Spitälern und Altersheimen ausgewählte Bücher zur Heilung seelischer Erkrankungen eingesetzt, und

zwar sowohl bei Kindern als auch bei Erwachsenen. Durch diese Bücher sollen die Kranken zu positiven Leitbildern und gesunden seelischen Haltungen hingeführt werden. Daß solche Beeinflussung möglich ist, beweisen negative Beispiele aller Art. Ist es nicht durch Tendenzliteratur ohne weiteres möglich, ganze Bevölkerungsgruppen in einer bestimmten Richtung zu beeinflussen? Man denke nur an die patriotische Literatur zur Zeit des Ersten Weltkrieges oder an die gelenkte Literatur in den totalitären Staaten. Ebenso ist eine positive Beeinflussung durch Bücher möglich. Identifikation mit vorbildlichen Charakteren fördert den Heilungsprozeß, kann Depressionen überwinden helfen und wesentlich dazu beitragen, daß der Leser sein seelisches Wohlbefinden wiederfindet.
An der Kinderklinik der Universität Wien hat man 1979 ein Experiment dieser Art gestartet, das mittlerweile internationales Interesse findet. Die Tätigkeit der „Kinderbuchtante“, einer erfahrenen Bibliothekarin, ist dort in das therapeutische Programm der Klinik integriert. Ähnlich erfolgreich kann Bibliotherapie auch im Erwachsenenbereich angewendet werden, um kritische seelische Situationen zu überwinden. „Was lese ich, wenn ich traurig bin?“ lautet der Titel einer kürzlich erschienenen Broschüre, die zu einzelnen Problemkreisen ganz konkrete Beispiele bringt. Und der Wiener Psychotherapeut Viktor E. Frankl sagt aus seiner langjährigen Erfahrung: „Das rechte Buch zur rechten Zeit hat viele Menschen vor der Verzweiflung bewahrt ... In diesem Sinne leistet das Buch echte Lebenshilfe.“

Leseforschung

Eine wissenschaftliche Buch- und Leseforschung entwickelte sich erst nach dem Zweiten Weltkrieg. Sie ist ein Teil der Medien- oder Kommunikationsforschung, die sich mit der Wirkung aller Medien und ihrer Bedeutung im Leben des einzelnen wie der ganzen Bevölkerung befaßt.
Was will die Leseforschung untersuchen? Ein japanischer Soziologe hat dazu eine recht brauchbare Formel vorgeschlagen, die er die Acht-W-Formel nannte: Wer? Liest was? Wieviel und wie? Wann und wo? Warum? Und mit welcher Wirkung?
Damit sind alle Forschungsbereiche klar umschrieben. Wenn diese Fragen durch demoskopische Untersuchungen einwandfrei beantwortet würden, wüßten wir eine Menge über das Leseverhalten der befragten Bevölkerung. Es gäbe glaubhafte Statistiken und vergleichbare Ergebnisse. Aber von diesem Idealzustand ist die Leseforschung – international gesehen – noch weit entfernt. Sie wird in den einzelnen Ländern recht unterschiedlich gehandhabt. Es ist deshalb nicht möglich, internationale Vergleiche anzustellen. Selbst zwischen den alten Kulturländern Europas kann das nur in groben Zügen geschehen.
Im deutschen Sprachraum haben schon vor dem Zweiten Weltkrieg einige Verlage einschlägige Untersuchungen angestellt. Das 1961 vom Bertelsmann-Konzern gegründete Institut für Buchmarktforschung hat dann bahnbrechende Arbeit geleistet, ebenso der Wolfenbütteler Arbeitskreis für Buchgeschichte. An mehreren deutschen Universitäten gibt es heute Lehrstühle für Buchforschung. Große demoskopische Institute führen im Auftrag von Verlagen, Verbänden oder Behörden einschlägige Befragungen durch, so daß man über das Leseverhalten der deutschen Bevölkerung ziemlich genau Bescheid weiß. Ähnliches gilt auch für Österreich und die Schweiz, wenngleich hier die Leseforschung organisatorisch noch nicht so verankert ist. In allen drei Ländern führt auch das „Internationale Institut für Jugendliteratur" gelegentlich Untersuchungen durch.
Ehe wir nun auf einzelne Ergebnisse näher eingehen, sei noch einmal auf die grundsätzliche Problematik der Leseforschung hingewiesen: auf die Schwierigkeit, ihre Zentralbegriffe *Lesen* und *Buch* verbindlich zu definieren. In einer Analyse internationaler Untersuchungen schreibt die Leseforscherin Petra E. Dorsch: „Es ist verwirrend, was den Urhebern der Untersuchungen einfällt, um mit ein, zwei Worten begrifflich unzweifelhaft zu machen, was sie mit ‚Lesen' meinen. So tritt zum Beispiel der ‚regelmäßige Leser' neben den ‚Gewohnheitsleser', und ‚allgemeines Lesen' soll als ‚Massenlesen' oder ‚populäres Lesen' verstanden werden. Um die Verwirrung zu vergrößern,

wird dann an anderer Stelle wieder die ‚hohe Literatur' der ‚Massenliteratur' gegenübergestellt." Kein Wunder, daß bei so verschiedenartigen Formulierungen die Ergebnisse der Umfragen kaum miteinander zu vergleichen sind. Schließlich muß auch berücksichtigt werden, daß das Leseverhalten abhängig ist von Buchbesitz und Einkommen, vom Beruf, von der Schulbildung, vom Elternhaus und dem sozialen Milieu, vom Alter, Wohnort, ja selbst von der Jahreszeit: Eine gleichlautende Umfrage wird im Dezember bedeutend mehr „Leser" ermitteln als etwa in den Sommermonaten. Im Grunde kann man weder mit quantitativen noch mit qualitativen Kriterien zu einer völlig klaren Definition des Begriffes Leser kommen.

Schwierigkeiten gibt es auch beim Begriff Buch. Was ist ein Buch? Wo ist die Grenze zwischen einem Groschenroman und einem dünnen Buch? Ist die Seitenzahl überhaupt ein Kriterium? Oder die Qualität? Wo sind die Grenzen zwischen schöngeistiger Literatur, Unterhaltungsliteratur, Romanen und Massenliteratur – allen jenen Begriffen, die in den Umfragen wahllos verwendet werden? Nein, die Leseforscher haben es nicht leicht. Dennoch können sie heute bereits auf viele interessante Ergebnisse und allgemein anerkannte Erkenntnisse hinweisen.

Am Anfang steht in der Regel eine Bestandsaufnahme: Wie groß ist die Zahl der Leser im Verhältnis zur Gesamtbevölkerung? Wenn man davon ausgeht, daß regelmäßige Leser im Monat mindestens ein Buch lesen, dann kommt man nach übereinstimmenden Ergebnissen verschiedener Untersuchungen zu folgenden Richtzahlen: Die Anzahl der regelmäßigen Leser liegt unter der Hälfte, aber deutlich über einem Drittel der Gesamtbevölkerung. Im allgemeinen rechnet man im deutschsprachigen Raum mit 40–45% regelmäßigen Lesern. Dazu kommen etwa 20–25% der Bevölkerung, die gelegentlich nach einem Buch greifen. Insgesamt können also knapp zwei Drittel der erwachsenen Bevölkerung im weitesten Sinn als Leser bezeichnet werden. Ebenso viele (oder vielleicht etwas mehr) sind auch im Besitz von Büchern.

Die Leseforschung beschäftigt sich nun vor allem mit den Gewohnheiten der regelmäßigen Leser und hat dabei eine Reihe interessanter Einflüsse nachgewiesen. Je höher das Einkommen und der soziale Status, desto größer ist auch die Zahl der regelmäßigen Leser. Auch wirkt sich höhere Bildung auf die Lesefreudigkeit aus, ebenso der Einfluß des Elternhauses und das Milieu, in dem man lebt. Zwischen Stadt- und Landbewohnern besteht ein großer Unterschied, das hängt mit der Berufsstruktur der Bevölkerung zusammen. Auch ist das Buchangebot in den Städten größer als auf dem Lande, wo fast nur Mitglieder von Buchklubs sich als regelmäßige Leser bekennen.

Interessant ist auch, wie die Menschen, die man als Leser kennt, von ihrer Umgebung eingeschätzt werden. Überwiegend wird ihnen Intelligenz zugeschrieben. Und natürlich Freude und Interesse an kulturellen Erlebnissen,

was durchaus als Anerkennung zu verstehen ist. Romanleser, denen es vor allem um Unterhaltung oder Zerstreuung geht, genießen weniger Ansehen als Bildungsleser.
Negative Einschätzungen, wie: „Diese Leute haben eben Zeit" oder „Sie haben viel Geld und können sich's leisten", sind höchstens noch in der bäuerlichen Bevölkerung zu hören. Sonst wird Lesen ganz allgemein als wertvoll empfunden. Deshalb wollen die meisten Eltern ihren Kindern Freude an Büchern vermitteln, auch wenn sie selbst keine regelmäßigen Leser sind.
Ein aktuelles Ergebnis berichtete das Allensbacher Jahrbuch der Demoskopie (1983) über die Rolle, die das Buch in Kreisen der Arbeitslosen spielt. Die weitverbreitete Vorstellung, daß sie wohl am liebsten in der Kneipe oder vor dem Bildschirm hocken, entpuppte sich als Vorurteil. Nicht weniger als 41% von ihnen beschäftigen sich intensiv mit Büchern. Auch unter der älteren Generation scheint Lesen zunehmend Anerkennung zu finden. Grundsätzlich ist ja der Anteil der Leser hier deutlich niedriger als bei den Jüngeren: Am lesefreudigsten sind die Jahrgänge zwischen 20 und 40 Jahren. Dann folgt – wegen familiärer und beruflicher Verpflichtungen – ein Rückgang, der im Alter nur in den höheren Bildungsschichten wieder aufgeholt wird. Nun hat man bei Berufstätigen, die knapp vor ihrer Pensionierung standen, eine Umfrage durchgeführt, was sie sich für den Ruhestand vorgenommen haben. Und siehe: 36% von ihnen wollten mehr lesen. Das ist deutlich mehr, als der Anteil der Leser im Rentenalter bisher betrug.
Die Leseforschung hat auch ermittelt, welche Buchkategorien bevorzugt werden. Sie hat dabei geschlechts- und altersspezifische Unterschiede herausgefunden und vieles mehr. Es würde zu weit führen, hier alle diese Ergebnisse anzuführen. Wir werden aber in anderen Abschnitten immer wieder auf Zahlen und Erkenntnisse stoßen, die uns die Leseforschung geliefert hat.

Was bedeutet Lesbarkeit?

Ein Spezialgebiet der Leseforschung befaßt sich mit der Lesbarkeit oder Verständlichkeit eines Textes. In den USA ist die Lesbarkeits („readability")-Forschung am weitesten fortgeschritten, bei uns befaßt sich damit nur ein kleiner Kreis von Fachleuten. Rein gefühlsmäßig kann jeder von uns einen Text als leicht, durchschnittlich oder schwierig einstufen. Die Lesbarkeitsforschung versucht, das objektiv zu erfassen und in Zahlen auszudrücken.

Ein und dasselbe Buch kann für einen Leser ganz einfach, für einen anderen schwierig zu lesen sein. Die Lesbarkeit hängt also sowohl vom Text als auch vom Leser ab. Sprachbeherrschung und Bildungsgrad des Lesers sowie sprachliche Faktoren und Stil des Textes bestimmen im wesentlichen die Lesbarkeit eines Buches. Die einzelnen Merkmale sind jedoch von unterschiedlichem Gewicht.

Beginnen wir mit dem *Leser.* Hier spielt der Wortschatz eine überragende Rolle. Wir wissen, daß er sich vom Kindesalter an ständig entwickelt. Eine Wortschatz-Zusammenstellung für das erste Schuljahr enthält zum Beispiel 1000 Wörter. Wenn die Fibel mehr als 5% Wörter enthält, die die Kinder noch nicht beherrschen, dann ist der Text zu schwierig. Für Erwachsene ist optimale Lesbarkeit dann gegeben, wenn der Text in seinem Wortschatz dem Bildungsgrad des Lesers entspricht. Damit ist auch schon die ganze Bandbreite subjektiver Abweichungen angedeutet.

Neben dem Wortschatz spielt die Leseleistung eine Rolle. „Buchreife" setzt eine gewisse Lesegeschwindigkeit voraus. Sowohl die Lesegeschwindigkeit als auch der Wortschatz sind bei regelmäßiger Lektüre äußerst entwicklungsfähig. Selbstverständlich kommt es auch auf den Bildungsgrad eines Lesers sowie auf das Interesse an, das er einem Text entgegenbringt. Der Satz: „Ich denke, daher bin ich" bereitet sprachlich keinem Leser Schwierigkeiten. In seiner Bedeutung voll verstehen wird ihn aber nur ein Leser, der sich schon mit philosophischen Gedankengängen befaßt hat und sich grundsätzlich für solche Probleme interessiert.

Das eigentliche Untersuchungsfeld der Lesbarkeitsforschung sind die *sprachlichen Faktoren.* Die Lesbarkeit wird maßgebend durch die Wort- und Satzlänge bestimmt. Man ermittelt also zunächst die Wortlänge, indem man an verschiedenen Textstellen die Silbenzahl von 100 Wörtern zählt. Dabei gelten folgende Erfahrungswerte:

110–130 Silben je 100 Wörter = sehr leicht,
130–160 Silben je 100 Wörter = durchschnittlich,
160–200 Silben je 100 Wörter = schwierig.

Einsilbige Wörter machen einen Text leicht lesbar. Man ermittelt deshalb auch die Häufigkeit der gebräuchlichsten Wörter. Je größer die Zahl der ungebräuchlichen, seltenen Wörter ist, desto schwieriger wird der Text. Häufig vorkommende lange Wörter werden deshalb gerne gekürzt: Wir sagen Auto statt Automobil, Demo statt Demonstration, Lok anstatt Lokomotive. Aus dem gleichen Trend erklärt sich auch die Verwendung künstlicher Abkürzungen: UNO für United Nations Organization (Vereinte Nationen), USA, BRD und andere. Sprachästheten mißbilligen die Verwendung solcher Abkürzungen. Aber in der lebenden Sprache wirken auch rationelle Tendenzen, das ist nicht zu ändern.

Die Satzlänge ist nicht minder wichtig als die Wortlänge. Sie wird wie diese an verschiedenen Stellen eines Textes ermittelt und der Durchschnitt errechnet. Erfahrungsgemäß gelten Sätze mit weniger als zehn Wörtern als leicht, Sätze mit bis zu 15 Wörtern als mittelschwer, mit mehr als 15 Wörtern als schwer zu lesen. Dabei kommt es aber auch auf die Art der Sätze an. Reiht ein Schriftsteller Hauptsatz an Hauptsatz, dann ist sein Text einfach zu lesen, selbst wenn die Länge einzelner Sätze manchmal etwas größer ist. Nebensätze erschweren die Lesbarkeit, besonders sogenannte „Schachtelsätze". Anschauliche Schilderungen sind einfacher zu verstehen als abstrakte Formulierungen, Fachausdrücke sollten stets erklärt werden. Besonders beliebt und leicht lesbar ist in Romanen die direkte Rede.

In der Lesbarkeitsforschung werden nun alle hier erwähnten Elemente: Wortlänge, Zahl der Einsilber, der Mehrsilber, der seltenen und besonders langen Wörter sowie die Satzlänge ermittelt und in Zahlen festgehalten. Diese Zahlen werden dann in mathematische Formeln gebracht. Verschiedene Forscher haben verschiedene Formeln entwickelt, die das eine oder andere Merkmal stärker berücksichtigen. In den einzelnen Sprachen müssen dabei auch unterschiedliche Besonderheiten beachtet werden. Jede dieser Formeln aber ergibt schließlich eine Maßzahl, die den untersuchten Text eindeutig charakterisiert und die mit den Maßzahlen anderer Texte verglichen werden kann. So können Fachleute die Lesbarkeit eines Textes dann objektiv beurteilen.

Besondere Bedeutung hat die Lesbarkeitsforschung bei Schulbüchern. Die Schulbuchforschung – ein weiteres Spezialgebiet der Leseforschung – hat nämlich festgestellt, daß das sprachliche Vermögen der Kinder und die Lesbarkeit der in ihrer Klasse verwendeten Lehrbücher oft bestürzend weit auseinanderklaffen. Das ist der Grund, warum viele Kinder so wenig Lust zeigen, in ihren Lehrbüchern zu lesen. In den Diskussionen zwischen Wissenschaftlern und Lehrern, aber auch zwischen Lehrern und Eltern wird deshalb in Zukunft häufig von Lesbarkeit die Rede sein.

Für den erwachsenen Bücherfreund hat die Lesbarkeitsforschung darüber hinaus auch insofern Bedeutung, als sie vielleicht eines Tages dazu führen wird, daß amtliche Formulare, Gebrauchsanweisungen für technische Geräte, Beipackzettel für Medikamente, öffentliche Bekanntmachungen und so weiter in einer einfacheren, allgemein verständlichen Sprache abgefaßt werden. Das wäre auch dringend notwendig. Daß eines Tages auch das Juristendeutsch unserer Gesetze und Verordnungen für jedermann verständlich wird, dürfte freilich noch längere Zeit ein Wunsch bleiben. Immerhin arbeitet in Bonn bereits eine erfahrene Germanistin an der Formulierung der Gesetze mit. Man scheint das Problem also erkannt zu haben.

Natürlich kann auch Erwachsenenliteratur aller Art auf ihre Lesbarkeit untersucht werden. So hat man festgestellt, daß zum Beispiel Heinz G. Konsalik bedeutend leichter zu lesen ist als Heinrich Böll und dieser wieder leichter als Thomas Mann. Aber kein Autor wird aus Gründen der Lesbarkeit seinen Stil ändern. Umgekehrt wird jeder gute Leser sein Leseverhalten dem Text und seinen Leseabsichten anpassen. Ein Sachbuch mit wissenschaftlichen Informationen muß anders gelesen werden als ein Krimi. Und bei schwierigen literarischen Texten wird man versuchen, ihre sprachliche Schönheit auszukosten und allen Gedanken und Andeutungen des Autors zu folgen. Das erfordert langsames, vielleicht auch halblautes Lesen und volle Konzentration. Angst zu haben vor schwierigen Texten braucht kein geübter Leser. Notfalls liest man einen Abschnitt eben zweimal und versucht, den Inhalt dann mit eigenen Worten zusammenzufassen. Dieser Zwang zur Formulierung fördert das Verständnis ungemein. Für manche Leser sind anspruchsvolle Texte geradezu eine Herausforderung, die ihnen besonderes Vergnügen bereitet.

Neben Leser und Text spielen in der Lesepraxis auch drucktechnische Momente eine Rolle, mit denen sich die Lesbarkeitsforschung kaum befaßt. Wir wollen sie dennoch nicht übersehen, haben wir doch alle schon einmal ein Buch aus der Hand gelegt, weil es unangenehm klein gedruckt und deshalb „schwer lesbar“ war. Die Schriftgröße wird in Schriftgraden angegeben, die historische Namen haben und nach Punkten geordnet sind. Ein Punkt entspricht dabei 0,376 Millimetern. Es ist vielleicht ganz nützlich, uns die gebräuchlichsten Schriftgrade (nach denen auch in Kreuzworträtseln oft gefragt wird) einmal zu vergegenwärtigen:

Perl	5 Punkte = 1,880 mm
Nonpareille	6 Punkte = 2,256 mm
Colonel	7 Punkte = 2,632 mm
Petit	8 Punkte = 3,008 mm
Borgis	9 Punkte = 3,384 mm
Garmond (Korpus)	10 Punkte = 3,760 mm
Cicero	12 Punkte = 4,512 mm

Größere Schriftgrade werden nur für Titelzeilen verwendet. Normale Texte werden in Borgis oder Garmond gedruckt, selten in Petit. Wichtig für die Lesbarkeit ist dabei der sogenannte Durchschuß, das ist der Abstand zwischen den Zeilen. Auch die Zeilenbreite entscheidet. Sie ist bei etwa 10 Zentimetern optimal. Breitere Zeilen werden oft in Spalten unterteilt. Die besonders kurzen Zeilen, wie sie manche Zeitungen verwenden, sind vom Standpunkt der Lesbarkeit nicht günstig, weil sie viele und daher störende Worttrennungen erfordern. Kursivschriften sind weniger gut lesbar als Normalschriften. Besonders schwer lesbar sind Versalien (Großbuchstaben), die deshalb keineswegs für längere Texte verwendet werden sollten. Der ganze Text schließlich sollte durch Abschnitte unterteilt werden, das fördert die Überschaubarkeit.

Das Druckbild einer Buchseite kann das Lesevergnügen stark beeinflussen. Nicht nur ältere Menschen klagen oft über zu kleine Schriftgrade und zu wenig Durchschuß, wodurch ihre Augen rasch ermüden. Die Hersteller der Verlage sollten das bei allen verständlichen Rationalisierungsbemühungen nicht vergessen: Das wäre ihr Beitrag zu einer optimalen Lesbarkeit.

Wie kann man denken ohne Bücher?
George Bernard Shaw

Lesen – ein Kulturbarometer

Lesefreudigkeit ist ohne Zweifel ein Gradmesser für das kulturelle Niveau eines Volkes. Als Beispiel seien zwei Beobachtungen hier vorangestellt, wie sie jeder von uns machen kann. Der Schweizer Autor Peter Bichsel bemerkte während einer längeren Bahnfahrt in Finnland, daß fast alle Mitreisenden ein Buch in der Hand hielten und eifrig lasen. Er fand das höchst interessant und fast ein bißchen komisch. In seiner Heimat oder sonst irgendwo in Mitteleuropa war ihm noch nie etwas Ähnliches aufgefallen. Eine andere Szene am Badestrand einer griechischen Insel: Die Gäste sind vorwiegend Engländer, daneben auch Deutsche, Holländer und Franzosen. Die meisten britischen Gäste, die da am Strand liegen, lesen ein Buch, einige wenige eine Zeitung. Bei den Deutschen und Franzosen hingegen überwiegen die Zeitungen. Offensichtlich haben die meisten von ihnen vergessen, ein Buch in ihren Urlaubskoffer zu packen. Natürlich sind solche Beobachtungen zufällig und nicht sehr aussagekräftig. Aber sie verdeutlichen doch den Umstand, daß es nationale Unterschiede im Leseverhalten wie in der Leseintensität gibt.

Wenn wir seriöse Untersuchungsergebnisse zugrunde legen, lassen sich in Europa zwei deutliche Linien feststellen: es gibt ein West-Ost-Gefälle und ein noch stärker ausgeprägtes Nord-Süd-Gefälle. In England und den Benelux-Ländern wird mehr gelesen als bei uns. Das Buch ist dort in höherem Maße ein selbstverständlicher Teil der Lebensgestaltung. Auch in den skandinavischen Ländern lesen die Menschen gerne. Je weiter man nach Süden kommt, desto weniger Leser werden gezählt. Die Rangordnung nach Lesequantität in Westeuropa sieht etwa folgendermaßen aus: Dänemark und die skandinavischen Länder, England, die Niederlande, Frankreich, die Schweiz, Bundesrepublik Deutschland, Österreich, Italien, Spanien, Portugal.

Wie groß die Zahl der Leser (in Prozentzahlen der Bevölkerung) in den einzelnen Ländern ist, können wir nicht verbindlich festlegen, weil die Umfragemethoden und daher auch die Ergebnisse zu unterschiedlich sind. Im deutschen Sprachraum – das haben wir im Abschnitt über die Leseforschung bereits behandelt – rechnet man nach heutiger Auffassung mit 40–45% regelmäßigen Lesern. Eine kürzlich durchgeführte Untersuchung über das Lese- und Buchkaufverhalten in der Bundesrepublik kam auf 63% der erwachsenen Bevölkerung, die im Jahr mindestens ein Buch gelesen haben. In den Kommentaren, die diese Umfrage auslöste, sprach man daraufhin von „fast 70% Lesern" – eine sehr weitherzige Auslegung des Begriffes, selbst wenn man berücksichtigt, daß dabei auch die gelegentlichen Leser mit einbezogen wurden.

Doch derart widersprüchliche Meldungen gibt es überall. In einem Vergleich zwischen Frankreich, Deutschland und den Niederlanden schnitt kürzlich Frankreich besonders schlecht ab. Nur 34% der Bevölkerung sollen dort im letzten Monat ein Buch gelesen haben. Kurz darauf erschien eine Untersuchung des französischen Kulturministeriums, in der es hieß, daß drei von vier Franzosen im Monat mindestens ein Buch gelesen hätten, wobei Romane mit über 80% an der Spitze lagen. Die vielen Romane, die da gemeldet wurden, waren wohl größtenteils Romanheftchen. Aber das Ministerium brauchte vielleicht eine Erfolgsmeldung und formulierte die Fragen entsprechend.

In den sozialistischen Ländern des Ostens bringen offizielle Untersuchungen in der Regel überraschend hohe Leserquoten, die man nicht überbewerten darf. Die städtische Bevölkerung in der Sowjetunion ist aber tatsächlich lesefreudig. Die Nachfrage nach schöngeistiger Literatur oder Kinderbüchern ist größer als das Angebot, das infolge Papiermangels beschränkt bleibt. Man darf dabei freilich nicht übersehen, daß das sowjetische Verlagswesen in 60 verschiedenen Sprachen publizieren muß, die alle innerhalb der Sowjetunion beheimatet sind. Das erklärt gewisse Mängel, die es im Westen nicht gibt. Im übrigen aber ist das Buchangebot infolge der strengen Zensur ideologisch gleichgeschaltet. Bücher haben nun einmal ebenso wie die Presse die Funktion eines „kollektiven Erziehers, Propagandisten und Agitators", wie es Lenin gefordert hat.

In Polen zählen nach amtlichen Angaben 60% der Bevölkerung zu den Lesern, aber nur 41% besitzen Bücher. Das allein relativiert die erstgenannte Leserzahl, sie dürfte sich in Wahrheit langsam mitteleuropäischem Niveau nähern. Unterhaltungsbelletristik überwiegt in hohem Maße, Bildungsleser sind noch selten. In der DDR mit ihrer in vielen Landesteilen hochindustrialisierten Bevölkerung dürfte der Anteil der Buchleser etwas höher liegen als in der Bundesrepublik. Fast 70% der Bevölkerung bezeichnen sich als Buchkäufer. Sehr hoch entwickelt ist das Bibliothekswesen.

Machen wir den Sprung über den Atlantik in die USA, so treffen wir dort auf ähnliche Verhältnisse wie in Westeuropa. Allerdings gibt es große ethnische Unterschiede. Der englischsprechende Bevölkerungsteil hat die Lesetradition aus der europäischen Heimat mitgenommen. Etwa ein Drittel bis zur Hälfte der Bevölkerung zählt zu den Lesern (je nach Fragestellung), wobei die Frauen deutlich vor den Männern liegen. Beim spanischsprechenden Bevölkerungsteil sowie unter den Farbigen liegt die Leserzahl hingegen bei bloß 10% und darunter. Die Versorgung der Leser ist relativ gut, europäisches Niveau erreicht sie aber nur in den Großstädten des Ostens.

Ähnliche Verhältnisse werden auch aus dem englischsprachigen Teil Kanadas gemeldet, vor allem aus den Zentren im Osten. Das Angebot wird von den Verlagen der USA dominiert. Im französischen Landesteil ist die Versorgung schwieriger und die Lesekultur noch weniger entwickelt.

Die lateinamerikanischen Länder haben erst Ansätze eines eigenen Verlagswesens. Lesen ist dort noch ein Privileg der Bildungselite. Die Entwicklung dürfte aber wie auch auf wirtschaftlichem Gebiet relativ rasch verlaufen. Einzelne Autoren aus dem lateinamerikanischen Raum haben im letzten Jahrzehnt bereits weltweite Anerkennung gefunden.
Wir wollen unsere kurze Übersicht noch mit einem Blick auf Ostasien ergänzen. In China lebt eine alte Kulturtradition weiter, Lesen gilt dort als höchst erstrebenswerte Freizeitbeschäftigung. 1979 wurden fast 4 Milliarden Bücher verkauft, davon allerdings rund 1,4 Milliarden Schulbücher. Bücher werden nicht nur von einer staatlichen Handelskette, sondern auch von zahlreichen Wanderhändlern in Parks und auf Märkten angeboten. Da das Angebot viel zu gering ist, werden sie oft „blind“ gekauft, also unabhängig vom Titel.
Anders liegen die Dinge in Japan. Diese äußerst aktive Industrienation ähnelt in ihrem Leseverhalten stark den westeuropäischen Ländern. Unter den 40% regelmäßigen Lesern ist ein hoher Anteil an Bildungslesern. Neben Büchern spielen auch Wochen- und Monatszeitschriften eine große Rolle. Das Verlagswesen ist voll entwickelt und sehr produktiv.
Eine Sonderstellung nimmt Israel ein, wo mehr als 70% der Bevölkerung zu den Lesern zählen. Die Bestrebungen um die Erhaltung der hebräischen Sprache haben große Teile der Einwohner zu Lernenden und Lesenden gemacht. Vertiefung des nationalen Bewußtseins ist dort eine der Hauptfunktionen des Buches. Zusammen mit einem hochentwickelten Medienwesen führt das zu einer überdurchschnittlichen Lesekultur.
Soweit unser kurzer Blick rund um die Welt. Die Lesefreudigkeit eines Volkes spricht tatsächlich für sein kulturelles Format. Wenn jedoch die Statistiken allzu hohe Werte zeigen, sollten sie mit Vorsicht beurteilt werden. Veränderungen im Leseverhalten einer Nation oder auch nur einzelner Bevölkerungsteile vollziehen sich in ganz kleinen Schritten. Von einer Generation zur nächsten mögen sich die Werte um einige Prozent verschieben, alles andere ist unrealistisch.

Bildung und Bücher

Nichts beeinflußt das Leseverhalten mehr als die Bildung. Das gilt für den einzelnen wie für die ganze Gesellschaft. Die Bildung ist vor allen anderen Dingen dafür ausschlaggebend, ob jemand überhaupt Leser wird und wie intensiv er sich mit Büchern befaßt.

Der Begriff ist nicht leicht zu definieren. Keineswegs ist Bildung identisch mit Wissen. Man versteht darunter vielmehr die Entfaltung aller geistigen Kräfte durch Aneignung kultureller Werte. Anhäufung von Wissen, wie es die Schulbildung vermittelt, ist also nur ein Schritt auf dem Weg zu echter Persönlichkeitsentwicklung. Dennoch geht die Leseforschung bei ihren Untersuchungen über Bildung und Lesen bloß von der Schulbildung aus. Sie hat keine andere Möglichkeit, weil nur der Schulabschluß in den Umfragen erfaßt werden kann. Wir müssen die Vereinfachung zur Kenntnis nehmen, wenngleich sie dem komplexen Bildungsbegriff nicht gerecht wird.

Bildung steht auch nicht isoliert im luftleeren Raum, sondern im engsten Zusammenhang mit Beruf, Einkommen und sozialem Status. Wenn wir nun aus verschiedenen Untersuchungen über den Zusammenhang zwischen Bildung und Lesen Durchschnittswerte ermitteln und das Gesamtergebnis vorwegnehmen, dann kommen wir zu folgenden Zahlen: Der Anteil der Leser (die wöchentlich etwa ein Buch konsumieren) beträgt unter Volksschulabsolventen 10–15%; unter Fachschulabsolventen ist er zweimal, unter Abiturienten dreimal, unter akademisch Gebildeten viermal so groß. Faßt man den Begriff Leser etwas weitherziger auf (etwa ein Buch pro Monat), dann sind die durch die höheren Bildungsgrade bewirkten Steigerungsraten nicht mehr so hoch. Sie liegen bei Berufsschulabsolventen 40%, bei Abiturienten 70% und bei Hochschulabsolventen 86% über den Werten der Volksschulabsolventen.

Über das Volksschulniveau hinausführende Schulbildung fördert also das Lesen umso mehr, je höher der Bildungsweg führt. Bemerkenswert ist der Sprung bei den Absolventen höherer Schulen. Offensichtlich werden auf diesem Bildungsweg so viele Anregungen vermittelt, daß Bücher und Lesen einfach selbstverständlich werden. Bei den akademisch Gebildeten ist die kleine Zahl der Nichtleser meist im Zeitmangel begründet.

Ein Faktor wurde bisher noch nicht erwähnt, der bei Lesern große Bedeutung hat: die Intelligenz. Es gibt ehemalige Nur-Volksschüler, die eifrige Leser geworden sind. In diesen Fällen läßt sich meist eine überdurchschnittliche Begabung auf einem oder mehreren Gebieten nachweisen. Je einfacher die Schulbildung, desto mehr hängt das Interesse an Büchern vom Intelligenzniveau ab. Umgekehrt ist höhere Schulbildung bei niedrigem Intelligenzniveau (das gibt es natürlich auch) keine Garantie für besonderes Interesse an Büchern.

Ein interessantes Detail zum Thema Bildung und Bücher hat eine Untersuchung des Allensbacher Instituts geliefert. Bei dem Test wurden die Namen von 14 Autoren auf Karten gedruckt, und die Befragten sollten jene Namen heraussuchen, von denen sie schon einmal gehört hatten. Es waren durchwegs Autoren, deren Namen oft in den Schaufenstern unserer Buchhandlungen zu finden sind, wie Böll, Brückner, Danella, Grass, Simmel, Walser und andere. Die meisten Nennungen fielen auf Heinrich Böll und Johannes M. Simmel. Beide Autoren waren rund 85% der Befragten bekannt. 8% der Volksschulabsolventen kannten keinen der 14 Namen. Bei den Absolventen höherer Schulen schrumpfte die Zahl der Uninteressierten auf 1%.

Aber damit genug der Statistik. Bildungspolitik ist heute in allen Kulturländern ein sehr ernstes Problem, und Leseförderung ist damit eng verbunden. Überall stößt man aber auch auf den Begriff Bildungsreform. Ihre Notwendigkeit ergibt sich aus einem Wandel des Bildungsideals und den Erfordernissen, die die technisch-industrielle Entwicklung mit sich gebracht hat. Das humanistische Bildungsideal des 19. Jahrhunderts war das Programm einer Minderheit. Seine großen Vertreter wie Herder, Goethe, Alexander von Humboldt bis herauf zur Kunsterziehungsbewegung um die Jahrhundertwende verstanden es in sehr moderner Weise als Entwicklung der gesamten Persönlichkeit. Schiller spricht von einem „ganzen Menschen", der zu einem harmonischen Leben finden müsse. In der Praxis des Schulbetriebes blieb von diesem Ideal freilich nicht viel übrig. Latein- und Griechischpauken stand im Mittelpunkt. Und da diese Bildung dem Großteil der Bevölkerung verschlossen blieb, war sie im Grunde alles andere als humanistisch.

Heute ist das allgemeine Recht auf Bildung anerkannt. Der Vormarsch der Naturwissenschaften und die Entwicklung der Technik haben völlig neue Bildungserfordernisse geschaffen, mit denen die Schulen in allen ihren Abstufungen erst fertig werden müssen. Das Pendel schwingt nach der anderen Seite aus. Die humanistische Bildung gilt als überholt, dafür muß der Umgang mit Computern in der Schule gelehrt werden. Schulversuche, neue Lehrpläne sind an der Tagesordnung. Das Rad der Reformen dreht sich, wenn auch in den einzelnen Ländern unterschiedlich schnell.

Aber war nicht schon Goethe, der sich intensiv mit der Farbenlehre und der Morphologie der Pflanzen befaßt hat, ein Vorläufer naturwissenschaftlicher Bildung? Und von dem großen Physiker Einstein stammt der programmatische Hinweis, daß der Fortschritt der Naturwissenschaften ganz neue Möglichkeiten eines humanen Lebens eröffnet. Ziel der Bildungsreformen kann daher nur sein, das Ideal der Persönlichkeitsentwicklung zu bewahren und gleichzeitig das nötige Wissen und technische Rüstzeug zu vermitteln, das die

moderne Gesellschaft braucht. Das erfordert wahrscheinlich mehr Zeit als bisher, die künftige Bildungsgesellschaft wird eine umfassendere Ausbildung brauchen als noch die Generation um die Jahrhundertmitte.
Moderne Leseerziehung wird im Rahmen dieser umfassenden Bildung eine bedeutende Rolle spielen. Ziel ist dabei die Entwicklung des Denkens, der Phantasie, die schöpferische Auseinandersetzung mit dem Gedankengut der Bücher. Schöngeistige Werke werden mehr der Bereicherung des Erlebens, Sachbücher dem Erwerb neuer Kenntnisse und Informationen dienen. Und die Schule wird nicht so sehr Detailwissen, sondern die Fähigkeit vermitteln müssen, wie man sich Wissen selbst aneignet. Nämlich durch Lesen.

Wer dem Buche dient, der dient dem Geiste; wer dem Geiste dient, der dient der Welt.

Ernst von Wildenbruch

Kinder wollen lesen

Dieses Buch ist nicht für Kinder geschrieben, wohl aber für Eltern, die daran Interesse haben, daß ihre Kinder zum Lesen erzogen werden. Die positive Einschätzung des Lesens ist heutzutage weit verbreitet. Selbst Eltern, die selbst kaum Bücher zur Hand nehmen, wünschen, daß ihre Kinder zu Lesern werden. Die Erziehung zum Lesen ist zunächst Aufgabe der Schule. Dort werden ja mit dem Schreib- und Leseunterricht die Voraussetzungen geschaffen, daß ein Kind zum Lesen fähig wird. Die fortgesetzte Übung der Lesefertigkeit, die Erweiterung des Wortschatzes sowie die Verbesserung der Sprachbeherrschung in Wort und Schrift sind die nächstliegenden Ziele, die der Deutschunterricht anstrebt. Spätestens im zweiten oder dritten Schuljahr sollte ein Kind die „Buchreife" erreichen, das heißt in der Lage sein, altersgemäße Texte zu lesen und ihren Inhalt zu verstehen. Wo aber ist der Schritt von dieser theoretischen Buchreife in die Lesepraxis anzusetzen und wo wird er vollzogen?

Das Lesebuch oder die Fibel ist das bekannte Lehrmittel im Deutschunterricht. Gibt es Kinder, die – außerhalb der Schule – zum Vergnügen im Lesebuch lesen? Über die Didaktik der Lesebücher ist eine umfangreiche pädagogische Literatur erschienen. Vieles in den Lesebüchern wurde in jüngster Zeit geändert, verbessert, modernisiert. Das Lesebuch mit seinen vielen Beiträgen soll den Kindern ein altersgemäßes Bild der Umwelt bieten. Die einzelnen Beiträge sind relativ kurz, sie müssen ja im Rahmen einer Unterrichtsstunde bewältigt und sollen dann nach Möglichkeit auch noch diskutiert werden. Was das Kind auf solche Weise einmal gelesen hat, kennt es zur Genüge. Und im übrigen ist das Lesebuch Pflichtlektüre in der Schule. Von ihm führt kein Weg zum privaten Lesevergnügen daheim.

Bei aller Hochachtung vor dem Bemühen vieler Lehrer, die Situation ist keineswegs rosig. Hans-Jürgen Schmelzer, selbst ein Pädagoge, gibt in einem Essay dazu folgende Schilderung: „Unsere Zehnjährigen kennen gängige Märchen fast nur noch von Fernsehkinderstunden oder Sprechkassetten. Die Lesebücher sind dürr geworden. Kaum noch trifft man dort auf Till Eulenspiegel, Schilda, Reineke Fuchs. Siegfried und Dietrich von Bern sind . . . ebenso unbekannt wie Andersen oder Sindbads Reisen . . . Besonders ‚fortschrittlich' kommen sich Kollegen vor, die beliebte Jugendbücher zum Gegenstand ihrer Deutschstunde machen . . . Man mache sich das einmal klar: Karl May als Unterrichtsstoff. Winnetous Abenteuer vor der Tafel referiert, segmentiert, analysiert, klassifiziert, rezensiert . . . Der zwölfjährige Oliver hält sich beide Ohren zu. Er will sich seinen Apachenhäuptling nicht verleiden lassen."

Ähnliches wie hier mit Karl May geschieht vielfach auch im Literaturunterricht der höheren Schulen mit den großen Werken der Klassiker. Aus einem falsch verstandenen Literaturbegriff heraus wird so lange analysiert und kommentiert, bis jedes Interesse an dem Stoff abgetötet ist. So mancher ehemalige Gymnasiast wird sich nie mehr im Leben den „Faust" oder „Maria Stuart" ansehen, man hat sie ihm in der Schule ein für allemal vergällt.
Die Vorschriften des Lehrplans, der Zeitdruck, die immer größer werdende Stoffülle stehen einer Erziehung zum Lesen in der Schule im Wege. Vielleicht ist die Schule damit tatsächlich überfordert. Eine Lösung wäre eine gut ausgestattete und stets zugängliche Schulbibliothek. Dann könnten sich die Lehrer – und zwar Lehrer aller Fächer – in der Unterrichtsstunde auf Hinweise und Anregungen beschränken. Die Kinder könnten sich die empfohlenen Bücher holen und daheim ihrem ungetrübten Lesevergnügen nachgehen, das gleichzeitig auch sinnvoller Stoffvermittlung dient.
Die Bedeutung von Schulbibliotheken wird längst allgemein anerkannt. In manchen Ländern ist auch schon viel geschehen. So gibt es in Dänemark in jeder Klasse eine Bibliothek zur freien Verfügung der Kinder. Aber von diesem Idealzustand ist man bei uns noch weit entfernt. Warum ist in einer Schule ein Lesesaal mit Bücherregalen an den Wänden nicht ebenso selbstverständlich wie ein Turnsaal oder ein Saal für naturwissenschaftliche Experimente? Ist das Geistestraining durch Lektüre weniger wichtig als die körperliche Ertüchtigung? Natürlich ist das Ganze auch ein finanzielles Problem, denn der Erfolg einer Schulbibliothek steht und fällt mit ihrer Ausstattung. Sie sollte nicht nur eine reiche Auswahl erzählender Literatur, sondern auch die ganze Bandbreite der Sachbuchliteratur und Nachschlagewerke umfassen, und zwar für alle Lehrgegenstände und alle Altersstufen.
Zum Glück ist die Schule nicht der einzige Ort, an dem Kinder zum Lesen erzogen werden. Ebenso wichtig ist der Einfluß des Elternhauses. 75% der Leser glauben, daß das Beispiel des Elternhauses sie zum Buch geführt hat. Das beginnt schon mit den Bilderbüchern, die dem kleinen Kind helfen, seine Umwelt kennenzulernen. Dann kommen die Geschichten, die die Mutter erzählt, später die Märchen, die Mutter und Großmutter vorlesen. In lesebewußten Familien geschieht das auch heute noch, und es bereitet mehr Vergnügen als das Abspielen einer Kassette. Der entscheidende Schritt aber folgt dann, wenn das Kind fähig geworden ist, selbst zu lesen. Dann ist es das Beispiel der Eltern, das Kinder zum Bücherschrank führt. Vielleicht haben sie dort oder in ihrem Kinderzimmer bereits selbst ein Regal mit ihren Lieblingsbüchern. Kinder haben vom ersten Lesealter an bis gegen Ende ihrer Schulzeit ein ungeheures Erlebnisbedürfnis. Sie wollen mit Büchern die Welt erkunden. Das ist ein psychologisches Grundbedürfnis. Viel lesen bedeutet viel erleben – wer wollte das nicht? Man braucht Kinder also zum Lesen nicht

zu zwingen. Im Gegenteil: Pflicht und Zwang, diese Begriffe hängen mit Schule zusammen. Das Lesen in der Freizeit aber wird als privates Vergnügen empfunden. Es sollte daher nicht durch „Leseaufgaben" überflüssigerweise belastet werden.

Bei der Erziehung zum Lesen durchläuft ein Kind verschiedene Entwicklungsphasen, die seiner geistigen Gesamtentwicklung entsprechen und die von den Eltern beachtet werden müssen, weil sie es ja sind, die für ihre Kinder die Bücher besorgen. Schon vor dem Zweiten Weltkrieg hat die damals in Wien wirkende Kinderpsychologin Charlotte Bühler eine Phasenfolge entwickelt, die sie folgendermaßen bezeichnete:

Struwwelpeteralter (2.–4. Lebensjahr),
Märchenalter (4.–8. Lebensjahr),
Robinsonalter (9.–12. Lebensjahr),
Heldenalter (12.–15. Lebensjahr).

Seitdem haben andere Psychologen diese streng abgegrenzten Phasen in Zweifel gezogen, zumal sich auch die Altersgrenzen etwas verschoben haben. Das Erleben der eigenen Innenwelt und die Erfassung der Außenwelt beeinflussen die kindliche Entwicklung nicht getrennt nacheinander, sondern wellenartig und wechselseitig. Doch kommt auch die moderne Lese-Psychologie zu einer Stufenfolge, die den Bühlerschen Phasen sehr ähnlich ist. Wir werden im zweiten Teil dieses Buches im Abschnitt über Kinderbücher noch einmal auf dieses Problem zurückkommen.

Die Grundforderung jeder Leseerziehung lautet: Das richtige Buch zur richtigen Zeit dem richtigen Kind! Elterlicher Ehrgeiz ist dabei fehl am Platz. Kinder sollten nicht überfordert werden, indem man ihnen zu schwierige Lesestoffe anbietet. Lassen wir ihnen ihr ungetrübtes Lesevergnügen, auch wenn sie gelegentlich nach Kitsch greifen. Es kommt bei ihrer Lektüre nicht so sehr auf den Inhalt an, sondern auf die gesamte geistige Aktivität, die durch das Lesen ausgelöst wird.

Neben Schule und Elternhaus gibt es natürlich auch noch andere Erziehungseinflüsse, die nicht unerwähnt bleiben sollen. Der Freundeskreis vor allem ist sehr wichtig. Da werden Erfahrungen ausgetauscht, Tips gegeben, man spricht über Bücher wie über Fernsehsendungen und Filme. Und um mitreden zu können, muß man dieses oder jenes Buch gelesen haben. Die gesamte engere und weitere Um- und Mitwelt lenkt und formt den jungen Menschen und damit auch den jungen Leser. Aber das ist ein Feld, das sich unseren erzieherischen Einflüssen schon meist entzieht. Wir haben unsere Kinder zum Buch geführt und ihnen damit alle Möglichkeiten zur Weiterentwicklung geöffnet. Mehr können Eltern nicht tun.

Leseförderung – ein öffentliches Anliegen

Der Einfluß der Druckmedien auf das kulturelle und geistige Klima eines Volkes ist sehr groß, und Bücher sind ein sehr wichtiger Teil davon. Die Lesesituation in einem Land kann deshalb den Verantwortlichen nicht gleichgültig sein. So wie jeder einzelne von uns sich bemüht, seine Kinder zum Lesen zu erziehen, so bemühen sich Kulturpolitiker aller Länder, das Lesen durch öffentliche Maßnahmen zu fördern und immer mehr Menschen zum Buch hinzuführen.

Die gesellschaftliche Funktion von Buch und Lesen wird jedoch nicht überall in gleicher Weise gesehen. Europa, und zwar das demokratische Westeuropa, ist der Kontinent mit der ältesten Buchtradition. Diese Tradition ist auch in den USA und Teilen Kanadas lebendig und wirksam. In diesem Bereich der westlichen Industrienationen wird das Buch einfach als Kulturträger verstanden. Die Lesekultur ist hier am höchsten entwickelt, das Buch am weitesten verbreitet. Vor ein bis zwei Generationen war es noch ein Medium der geistigen Elite. Heute ist es auf dem besten Weg, ein Massenmedium zu werden. Nur in den mediterranen Randgebieten Portugal, Spanien und Süditalien hinkt diese Entwicklung noch nach.

Grundsätzlich ist das literarische Schaffen – wie das gesamte kulturelle Schaffen – frei, es gibt keine gesetzlichen Beschränkungen. Aber natürlich beeinflussen gesellschaftliche und wirtschaftliche Entwicklungen auch das Lesen. Die eben im Gang befindliche elektronische Revolution der Arbeitswelt kann in diesem Zusammenhang nicht übersehen werden. Die Leistungsgesellschaft der Zukunft wird ganz allgemein mehr Bildung erfordern. Mehr Bildung bedeutet mehr Bücher und mehr Lesen. Eine vorausschauende Kulturpolitik kann diese auf uns zukommenden Anforderungen nicht übersehen. Leseförderung ist eine gezielte Investition in die Zukunft.

Anders ist die Situation in den sozialistischen Ländern. Hier wird das Buch – wie Presse, Radio und Fernsehen – vor allem als Instrument der politischen Bildung verstanden. Und da politische Bildung äußerst wichtig ist, werden die einschlägigen Maßnahmen oft mit großem Nachdruck durchgeführt. Von der erfolgreichen Kampagne gegen den Analphabetismus in der Sowjetunion, die bis in die 50er Jahre gedauert hat, war schon die Rede. Denn natürlich müssen die Menschen lesen können, wenn man sie durch Druckmedien beeinflussen will. In Ungarn werden durch ein Programm für „intelligentes Lesen“ ganze Schülergenerationen erfaßt und in Leselagern an das Buch herangeführt. Ähnliche Bestrebungen gibt es auch in anderen sozialistischen Ländern.

Literatur unterliegt wie das gesamte Kulturschaffen den Beschränkungen, die

die Staatsideologie gebietet. Die Welt und ihre Probleme dürfen nur so dargestellt werden, wie es die politische Propaganda wünscht. Das russische Lesepublikum war nicht wenig überrascht, als 1962 nach dem Ende der Stalinära Alexander Solschenizyns Erzählung „Ein Tag im Leben des Iwan Denissowitsch“ herauskam. Nie vorher war das Leben in einem sibirischen Straflager so realistisch dargestellt worden. „Der Solschenizyns Erzählung zugrunde liegende, aus dem Leben gegriffene Stoff ist in der Sowjetunion ungewohnt“, schrieb damals der Chefredakteur der Literaturzeitschrift „Nowyi mir“, „aber solange wir arbeiten, können und müssen wir vieles klarstellen und der Partei und dem Volk die Wahrheit sagen ...“ Die Freiheit war allerdings nur von kurzer Dauer. Solschenizyn mußte später emigrieren und konnte seine weiteren Werke erst im freien Westen herausbringen.

Wieder anders ist die Situation des Buches in der sogenannten Dritten Welt. Hier ist das Lesen noch ein Privileg einer kleinen Elite, und diese liest meist englische und französische Bücher. Die jungen Staaten müssen zuerst das Sprachproblem lösen, müssen ein eigenes Verlags- und Buchwesen aufbauen. Aber noch stecken sie in den Anfangsschwierigkeiten ihres Schulwesens, der Analphabetismus ist noch lang nicht überwunden. Eines Tages aber will man in Büchern die alte kulturelle Tradition festhalten. Durch das Lesen sollen die Menschen ihre eigene nationale Identität wiederfinden. Also auch hier, wenn man so will, zunächst politische Ziele. Daran ändert auch die Tatsache nichts, daß einzelne Autoren aus den Entwicklungsländern inzwischen ein weltweites Publikum gefunden haben, wie etwa der Lyriker Leopold S. Senghor, der Staatspräsident von Senegal. Sie werden in der westlichen Welt derzeit noch mehr gelesen als in ihrer Heimat. Der nächste Schritt in der Entwicklung kann in diesem Teil der Welt nur sein, über die kleine Führungselite hinaus einen qualifizierten Mittelstand heranzubilden, der im Schulwesen, in der Wirtschaft wie in der Verwaltung dringend gebraucht wird.

So hat die Leseförderung in den verschiedenen Teilen der Welt verschiedene Ziele, aber überall ist sie ein ernstes kulturpolitisches Anliegen. Sie ist auch ein dringendes Anliegen! Denn die Gesellschaft der Zukunft wird eine Bildungs- und Kommunikationsgesellschaft sein, und die Entwicklung wird viel schneller verlaufen, als wir denken.

Welches sind nun die Maßnahmen der öffentlichen Leseförderung? Hier muß eine Fülle von Einzelaktivitäten aufgezählt werden. Ein großes Gesamtkonzept gibt es nirgends. Praktisch beginnt die Leseförderung schon im Kindergarten, wo viele Kinder zum ersten Mal ein Buch in die Hand bekommen. Dann folgt die Schule mit ihren – wie wir gehört haben – beschränkten Möglichkeiten. Entwicklungsfähig wäre hier vor allem das Bibliothekswesen. Dadurch könnte das Beispiel des Elternhauses in seiner Wirkung wesentlich

verstärkt, der Umgang mit Büchern zu einer Selbstverständlichkeit werden. Natürlich spielt das gesamte Bibliothekswesen für die Lesekultur eines Volkes ein große Rolle. Damit wollen wir uns aber später befassen.
Viele Förderungsmaßnahmen sind einfach Werbemaßnahmen. Sie sollen die Aufmerksamkeit des Publikums auf neue Bücher und ihre Verfasser lenken. Dichterlesungen gehören hierher, Buchausstellungen und informative Kataloge, die bei solchen Anlässen verteilt werden. In vielen Schulen wird ein Vorlesewettbewerb durchgeführt, es werden Landessieger und so weiter ermittelt. Die Lokalpresse berichtet darüber. Ähnlich ist es bei der Verleihung der vielen Literaturpreise, die alljährlich vergeben werden. Auch sie finden ein Echo in den Medien, man spricht wieder einmal über Bücher, ihre Autoren und über das Lesen. Das ist nicht nur bei uns so. In Frankreich und England zum Beispiel trägt die Berichterstattung über die wichtigsten Literaturpreise wesentlich zum Erfolg der preisgekrönten Werke bei. In der Bundesrepublik gibt es zwei Institutionen, die sich um die Leseförderung bemühen. Die „Stiftung Lesen" der „Deutschen Lesegesellschaft" (ursprünglich von der „Bertelsmann-Stiftung" ins Leben gerufen) wird von privaten Sponsoren, hauptsächlich Verlagen, finanziert. 1985 wurde im Rahmen des „Börsenvereins" die „Aktion Lesen" gegründet, an der alle wichtigen Verbände der Buch- und Zeitschriftenbranche beteiligt sind. Als ersten Schwerpunkt will man sich der Schulbibliotheken annehmen. Rund 60% der weiterführenden Schulen verfügen über Computer, aber nur 5% haben eine sachgemäß aufgebaute, gut geführte Schülerbibliothek – da gibt es tatsächlich noch viel zu tun!
Andere Förderungsmaßnahmen dringen nicht an die Öffentlichkeit. Das sind staatliche Subventionen, die an Autoren oder auch an Verlage vergeben werden, um das Erscheinen bestimmter Bücher zu ermöglichen. Werbeaktivitäten des Buchhandels haben vor allem lokale Bedeutung. Über die Behandlung von Buch und Lesen in den Medien wollen wir in einem anderen Abschnitt sprechen.
Ein wichtiges Gebiet der Leseförderung ist die Erwachsenenbildung. Es gibt in den einzelnen Ländern ganz unterschiedliche Aktionen. Zwei der interessantesten seien hier kurz skizziert: 1947 wurde von der Great Books Foundation, Chikago, das sogenannte „Programm der großen Bücher" propagiert. Es besteht aus einem Kanon von 112 Werken der Weltliteratur und umfaßt klassische Titel belletristischen, aber auch philosophischen, religiösen oder politischen Inhalts. Der Kanon ist in sieben Jahreszyklen zu je 16 Titeln unterteilt. Die Beschäftigung mit diesen Werken vollzieht sich in Arbeitsgruppen, die vierzehntägig zusammenkommen. Bei jeder Zusammenkunft wird ein Werk diskutiert, das von den Teilnehmern in den beiden Wochen vorher gelesen wurde. Die Teilnehmer dieses anspruchsvollen Programms

lernen in den sieben Jahren also einen Querschnitt der Weltliteratur kennen, zu dem sie sonst vielleicht keinen Zugang gefunden hätten.
Ein anderer Versuch, der sich mit Unterhaltungsliteratur befaßt, wird aus Frankreich berichtet. Er wurde vom französischen Bildungswerk „Peuple et Culture“ entwickelt und läuft unter der Bezeichnung „Club de Lecture“ in verschiedenen Orten, und zwar stets in Zusammenarbeit mit den örtlichen Bibliotheken. In einem Zyklus von Leseabenden wird jeweils ein Roman durch auszugsweises Lesen vorgestellt. Nach der Lesung, die etwa eine Stunde dauert, unterhält sich der Diskussionsleiter mit seinem Publikum über die Problematik, das Milieu, die Hauptgestalten des Romans. Kein Zweifel, daß viele der Teilnehmer darauf den vollständigen Roman lesen wollen. Auf diese Weise kann in der Volksbildung auch das Lesebedürfnis des breiten Publikums gefördert werden.
Ähnliche Programme kleineren Umfangs finden wir in vielen Institutionen der Erwachsenenbildung, doch arten sie oft in trockene Lehrveranstaltungen aus, und das ist nicht immer nach Wunsch der Hörer. Die oben skizzierten beiden Beispiele sind für zwei verschiedene Niveaus vorbildlich. Es gäbe auf dem Sektor der Erwachsenenbildung für die Leseförderung also noch viele Möglichkeiten.
Auch die UNESCO, die Weltorganisation für Erziehung, Wissenschaft und Kultur, hat sich mit der Leseförderung befaßt und bereits 1972 ein „Jahr des Buches“ proklamiert. Zehn Jahre später trafen sich 350 Delegierte aus 90 Ländern wieder zu einem „World Congress on Books“ in London. Dabei wurde eine Erklärung verabschiedet, aus der hier einige Passagen zitiert seien (Börsenblatt Nr. 55/1982): „Wir sind der Auffassung, daß das Buch seine Vorrangstellung als Mittler von Wissen, Bildung und kulturellen Werten in der menschlichen Gesellschaft behalten wird. Es dient sowohl der nationalen Entwicklung wie auch der Bereicherung des individuellen menschlichen Lebens . . .“ Weiter heißt es dort: „Bücher haben eine grundlegende Bedeutung für die Schaffung einer Gesellschaft, in der alle Menschen ihre Fähigkeiten voll entfalten und ein erfülltes Leben führen können . . .“ Und abschließend wird das Ziel noch einmal umrissen: „Wir streben eine Welt an, in der es Bücher für alle gibt, eine Welt, in der jedoch auch alle lesen können . . . Wir erwarten von der Zukunft nicht nur eine Welt ohne Analphabeten, sondern eine weltweite Lesegesellschaft.“
Offizielle Deklarationen dieser Art sind von der Praxis weit entfernt, das weiß man. Aber sie geben die Richtung an, in der weltweit Tausende und Abertausende in der Leseförderung tätig sind. Nur durch das Zusammenwirken all dieser Bemühungen und Aktivitäten kann erreicht werden, was ein Teilnehmer des vom deutschsprachigen Buchhandel alljährlich veranstalteten „Literaturgesprächs“ einmal so formuliert hat: „Die wichtigste Leseförde-

rung ist die Schaffung eines Klimas, in dem Lesen und Kultur als etwas so Wichtiges angesehen wird wie Essen und Trinken."

Bücher sind im Komfort des Lebens ein notwendiger Hausrat.

Günter Scholz

Die Hausbibliothek

Nach all den theoretischen Überlegungen, die wir bisher angestellt haben, stehen wir nun vor unserer eigenen Bücherwand, also mitten in der Lesepraxis. Was bedeutet uns die kleine Bibliothek? Wie kommt man zu einer solchen Hausbibliothek und was sollte man bei ihrem Ausbau beachten?

Was da im Regal vor uns steht, was sich im Laufe der Jahre angesammelt hat, ist unser geistiger Besitz. Viele Bände stammen aus der jüngsten Vergangenheit, andere sind vor Jahrzehnten, vielleicht vor Jahrhunderten erschienen. Wir haben sie alle in uns aufgenommen, ihre Figuren sind in unserer Erinnerung lebendig, ihre Gedanken wirken in uns weiter. Sie sind ein Teil unserer Wirklichkeit. Der Philosoph Karl Popper hat dafür den Begriff „Welt drei" geprägt. Neben der realen Welt der physischen Gegenstände und der Welt des Bewußtseins, also der psychischen Zustände, bildet sie den dritten Teil unserer Wirklichkeit: die Welt des Denkens, der Schöpfungen des menschlichen Geistes. Sie sind „wirklich", weil sie auf uns wirken. Mythen, Erzählungen, Dichtungen, alle Leistungen von Kunst und Wissenschaft gehören hierher. Unsere Hausbibliothek ist ein klassisches Beispiel für diese „Welt drei" der Philosophen. Der Dichter Hermann Hesse sagt das so: „Das in Büchern niedergelegte Denken und Wesen der Autoren aller Zeiten ist nichts Totes, sondern eine lebendige, durchaus organische Welt."

Wie viele Bücher stehen im Durchschnitt in der Hausbibliothek eines Lesers? Die Leseforschung läßt uns bei dieser Frage im Stich. Von zwei an sich gründlichen Untersuchungen in der Bundesrepublik kommt eine auf 80 bis 90 Bücher pro Haushalt, eine andere spricht von exakt 186 Büchern. Die Ergebnisse hängen davon ab, wie der Begriff Buch abgegrenzt wurde. Manche der Befragten zählten Taschenbücher und sonstige Broschüren nicht dazu, andere summierten auch die Heftchenromane, die sie gesammelt hatten. Aber der statistische Durchschnitt sagt ohnehin wenig aus, weil wir Hausbibliotheken ja nur bei Lesern finden. Aus der eigenen Lesepraxis können wir jedoch recht gut auf die Größe einer üblichen Hausbibliothek schließen. Wer im Jahr etwa ein Dutzend Bücher kauft, kommt in der Zeit seines Berufslebens mühelos auf einige hundert Bände. Wenn in einer Familie mehrere regelmäßige Leser sind, wird die Zahl größer sein, bei bloß gelegentlichen Lesern entsprechend kleiner.

Wie kommt man überhaupt zu einer Hausbibliothek? Nicht jeder, der gelegentlich ein Buch liest, hat auch die Absicht, sich eine eigene Bibliothek anzuschaffen. Wer aber vom Elternhaus her gewohnt war, Bücher im Haus zu wissen, für den ist es selbstverständlich, daß er seine Bücher sammelt und die Bibliothek vergrößert. Das Lesemilieu der Kindheit wirkt also in uns weiter, und unsere Bibliothek wird wieder auf unsere Kinder wirken. Viele Familienbibliotheken haben einen kleinen Kern, der ererbt wurde. Da stehen vielleicht noch einige Romane der Marlitt oder Courths-Mahler, an denen sich unsere Großmutter erfreut hat, oder eine Gesamtausgabe von Ludwig Ganghofer. Ein vielbändiges altes Konversationslexikon findet sich da oder eine Prachtausgabe von Goethes Werken in Goldschnitt. Oft sind diese ererbten Bände mit einem Exlibris versehen, das ihre früheren Besitzer anfertigen ließen. Es war damals in guten Kreisen üblich, seine Bücher auf der Innenseite des Deckels mit einem solchen persönlichen Besitzzeichen zu versehen. Meist war es ein Holzschnitt oder Linolschnitt, der neben dem Namen des Besitzers auch ein für ihn typisches Symbol zeigte. Es gibt künstlerisch sehr hübsche Entwürfe darunter, und Exlibris werden deshalb auch gesammelt. Heute ist die Verwendung solcher Buchzeichen nur noch selten zu finden. Bücher gelten mehr als Gebrauchsgegenstände. Trotzdem brauchen wir unsere ererbten, vergilbten Bände mit ihrem künstlerischen Exlibris nicht in den hintersten Winkel zu stellen. Sie sind ein schöner Beweis für die Lesetradition der Familie.

Der ererbte Teil unserer Bibliothek wird in der Regel nicht groß sein. Den größten Teil haben wir selbst angeschafft, und dieser Teil ist nun von unseren persönlichen Interessen und Vorlieben geprägt, beziehungsweise von den Vorlieben aller Familienmitglieder. Gibt es da nicht einige Lieblingsschriftsteller, von denen wir mehrere Bände besitzen? „Der Leser hat's gut", hat Kurt Tucholsky gemeint, „er kann sich seine Schriftsteller aussuchen." Und von dem chinesischen Autor Lin Yutang, der in den USA gelebt hat, stammt folgendes hübsches Zitat: „Es gibt so etwas wie eine geheime Verwandtschaft der Geister, und man muß sich unter den Schriftstellern . . . einen aussuchen, dem man sich geistig zugehörig fühlt. Wer dieser Lieblingsautor ist, kann einem niemand sagen, es ist wie Liebe auf den ersten Blick . . ."

Natürlich wird es nicht bei einem Lieblingsautor bleiben. Die Interessen eines Lesers sind vielfältig, auch wenn ausgesprochene thematische Vorlieben zu erkennen sind. Da finden wir etwa die stattliche Reihe der Liebes- und Gesellschaftsromane, die die Mutter bevorzugt. Ganz moderne Titel sind darunter, aber auch Selma Lagerlöf und Sigrid Undset und vieles andere, Anspruchsvolles und einfach Unterhaltendes. Der Vater liest gerne Kriminalromane, das verrät die lange Reihe der farbigen Taschenbücher. Daneben stehen Agentenromane und Politthriller, die neuerdings gern gelesen werden. Und Tierbücher aller Art bis zur modernen Verhaltensforschung, denn das ist Vaters spezielles Hobby. Im unteren Fach stehen die Bücher der Kinder, zerlesen und viel gebraucht, das sieht man. Alles in allem eine stattliche Bücherzahl, die schon die Frage erlaubt, wie man eine solche Familienbibliothek vernünftig ordnen sollte.

Guter Rat ist hier nicht teuer. Solange die Gesamtzahl einige hundert Bände nicht überschreitet, bedarf es keiner besonderen Ordnung. Man reiht einfach Band an Band, und jeder Benützer wird rasch finden, was er sucht. Wird die Zahl aber größer, dann ist es gut, wenn jedes Familienmitglied seine besonderen Fächer hat. Bei größeren Bibliotheken, die nicht mehr mit einem Blick überschaubar sind, empfiehlt sich eine Teilung in Belletristik (die man dann sinnvollerweise nach den Autorennamen alphabetisch ordnet), Sachbücher (die man nach Themengruppen zusammenstellt) und Kinderbücher. Das ist eine praxisorientierte und -erprobte Anordnung. Die Hausbibliothek ist ja nicht als literarisches Museum gedacht, sondern soll von allen Familienmitgliedern mit raschem Zugriff benützt werden können.
Wer regelmäßig liest, wird staunend bemerken, wie seine Bibliothek von Jahr zu Jahr wächst. Und eines Tages wird er sich fragen: Was fehlt mir eigentlich noch? Welche neuen Titel soll ich mir anschaffen, damit meine Bibliothek zeitgemäß bleibt? Erfahrene Leser wissen, daß die Flut der jährlichen Neuerscheinungen unüberschaubar ist. Wie und wo kann sich der Interessent informieren und orientieren?
Diese Frage wird in einem späteren Abschnitt zu beantworten sein. Im Zusammenhang mit unserer Hausbibliothek aber geht es ja nicht nur um aktuelle Neuerscheinungen. Da gibt es doch noch zahllose Titel und Autoren aus unserem oder dem letzten Jahrhundert, die man als gebildeter Mensch kennen sollte. Ein Minimum dieses geistigen Schatzes möchte jeder gerne in seiner eigenen Hausbibliothek haben. Gewiß ist das ein Anspruch, der sich erst bei höherer Lesekultur einstellt. Aber wem der Ausbau seiner Bibliothek wirklich ein Anliegen ist, der wird sich unweigerlich mit dieser Frage beschäftigen.
Wir müssen auch dieses Problem auf spätere Abschnitte verschieben, wenn wir uns mit den einzelnen Buchkategorien näher befassen. Nur soviel sei hier vorausgeschickt: Eine überschaubare Liste jener Werke, die man als kultivierter Mensch kennen sollte, gibt es nur noch für Kinder. Erwachsene müssen sich mit Beispielen begnügen und können sich dabei nur von ihren persönlichen Interessen und Neigungen leiten lassen. Auch wenn die Hausbibliothek Tausende von Bänden zählen sollte, kann sie den Reichtum, der uns Lesern zur Verfügung steht, nur andeutungsweise erfassen.

Was ist von Bestsellern zu halten?

Diese Frage wird häufig von Bücherfreunden gestellt und diskutiert. Wie wird ein Buch zu einem Bestseller? Wer ermittelt die Bestseller und die Bestsellerlisten, die im „Spiegel", im „Stern" oder anderen Zeitschriften veröffentlicht werden? Was ist der Unterschied zwischen diesen Bestsellerlisten und diversen Empfehlungslisten, die man wieder in anderen Medien findet? Welchen Wert haben diese Listen für den Durchschnittsleser?

Bestseller – also Bücher, die besser verkauft wurden als andere – hat es zu allen Zeiten gegeben. Die Bezeichnung ist allerdings relativ jung. Sie gewann ihre Bedeutung erst nach dem Zweiten Weltkrieg mit der Entwicklung der modernen Medienlandschaft, verläßlicher Umfragemethoden und dem Vordringen moderner Werbepraktiken im Buch- und Verlagswesen. Heute gibt es Bestsellerlisten in allen Ländern, in denen es ein funktionierendes Buch- und Verlagswesen gibt. Da die Problematik überall dieselbe ist, können wir uns auf den deutschen Sprachraum beschränken.

Am bekanntesten ist dem Publikum wohl die jede Woche im „Spiegel" veröffentlichte Liste. Sie wird von der buchhändlerischen Fachzeitschrift „Buchreport" ermittelt, wo auch das Regulativ der Ermittlung genau angegeben ist: „Ausgewertet werden die Meldungen von 500 ausgewählten Sortimentsbuchhandlungen, die einem statistisch-repräsentativen Querschnitt des Sortiments-Buchhandels in der Bundesrepublik und Westberlins entsprechen . . . Sie führen die Titel jeweils in der Rangfolge auf, die aus der Häufigkeit des Verkaufs hervorgeht." „Buchreport" veröffentlicht dann wöchentlich die 50 meistverkauften Titel, und zwar getrennt nach Belletristik, Sachbüchern und Taschenbüchern. Der „Spiegel" bringt wenige Tage später davon die zehn Spitzentitel der Belletristik und Sachbücher als aktuelle Kulturnachricht. Zum Jahresende wird außerdem von „Buchreport" eine Liste der Jahresbestseller errechnet, auf der jene Titel aufscheinen, die sich am längsten auf der Bestsellerliste behauptet haben. Die von „Buchreport" ermittelte Liste der meistverkauften Taschenbücher wird vom Fernsehmagazin „Gong" ausgewertet.

Seit einigen Jahren veröffentlicht auch die Illustrierte „Stern" im Rahmen einer wöchentlichen Medienanalyse eine Liste der erfolgreichsten Bücher. Befragt werden dabei rund 200 Buchhandlungen, die von einem demoskopischen Institut ausgewählt wurden. Die veröffentlichten Titel – getrennt in Belletristik und Sachbücher – sind mit der Liste des „Spiegel" nicht unbedingt identisch, doch werden weitgehend dieselben Autoren und Titel genannt, wenn auch oft in verschiedener Rangfolge.

Neben diesen beiden Listen, die ein breites Publikum erreichen, gibt es

natürlich noch weitere Versuche ähnlicher Art. So ermittelt „Titel“, das Quartalsmagazin für Bücher, durch Befragung von 20 ausgewählten Buchhandlungen vier separate Bestsellerlisten – für Belletristik, Sachbuch, Taschenbuch und die bestverkauften Longseller – und bietet sie auflagenstarken Zeitungen zur Veröffentlichung an. Auf regionaler Ebene versuchen oft Landesverbände der Buchhändler oder auch besonders initiative Sortimenter durch die Ermittlung von Sellerlisten Leseanstöße und Verkaufsimpulse zu geben. In der Schweiz erstellt die Pressestelle des Schweizerischen Buchhändler- und Verleger-Verbandes eine wöchentliche Trendsellerliste, aus der dann eine „Trendliste des Monats“ ermittelt wird. Viele Tages- und Wochenzeitungen drucken diese Liste ab. Daneben gibt es noch eine Taschenbuch-Hitliste und eine spezielle Trendsellerliste für Zürich. Nach dem Vorbild des „Stern“ veröffentlicht auch die „Schweizer Illustrierte“, „Was die Schweizer am liebsten lesen“. Wenngleich lokale Einflüsse in diesen Schweizer Listen eine große Rolle spielen, finden wir dort doch viele der Titel, die auch vom „Spiegel“ oder „Stern“ genannt wurden.
Auch in Österreich gibt es seit kurzem Ansätze zu einer heimischen Bestsellerliste. Die „Wochenpresse“ bringt – nach dem Vorbild des „Stern“ – einen Medienreport „Was die Österreicher am liebsten sahen, hörten und lasen“, allerdings nur einmal im Quartal. Dort werden jeweils 5 Spitzentitel genannt, gegliedert in Sachbücher und Belletristik. Seit April 1986 bringt auch der monatlich erscheinende Informationsdienst „Sortimenterbrief“ für die Insider der Branche die meistverkauften Titel, und zwar die Spitzentitel der Belletristik und Sachbücher. Abgesehen von gelegentlichen lokalen Spezialthemen scheinen hier dieselben Titel und Autoren auf, die wir auch in den bundesdeutschen Bestsellerlisten finden. Das Kaufverhalten des Publikums scheint im westlichen deutschen Sprachraum recht ähnlich zu sein.
Diese Übersicht über die diversen Sellerlisten kann und will nicht vollständig sein. Allen Bemühungen dieser Art ist eine grundsätzliche Problematik gemeinsam: Seit es Bestsellerlisten gibt, sind sie umstritten. Ein prominenter Kritiker hat sie einmal sogar als „Verhöhnung der Leser“ bezeichnet, ein anderer äußerte den Verdacht, sie könnten lediglich ein Instrument der Marktsteuerung, also manipuliert sein. Diesem Mißtrauen wird durch möglichst objektive Ermittlungsverfahren entgegengesteuert, doch ist diese Objektivität natürlich nur gegeben, wenn eine entsprechend große Zahl von Buchhändlern befragt wird und wenn jeder einzelne von ihnen in seinen Antworten strikt bei der Wahrheit bleibt.
Vielleicht können wir die Problematik des Bestsellerwesens dadurch eingrenzen, daß wir uns einmal fragen, wie denn eigentlich ein Buch zum Bestseller wird. Dazu eine nette Geschichte, wie das in früherer Zeit vor sich ging: Ein englischer Romancier namens Shorthouse hatte um die Jahrhundertwende

einen Roman geschrieben, den er vergeblich mehreren Verlagen anbot; aber keiner wollte ihn drucken. Da ihm sein geistiges Kind aber sehr wichtig war, ließ er auf eigene Kosten einige hundert Exemplare herstellen und verschenkte sie an seine Londoner Freunde, unter anderem auch an einen stadtbekannten Photographen. Zu diesem Photokünstler kam nun eines Tages Premierminister Gladstone, um ein Bild von sich machen zu lassen, weil ihn eine illustrierte Zeitschrift darum ersucht hatte. Nun war die offizielle Aufnahme eines Staatsmannes damals ein wichtiges Unterfangen. Mr. Gladstone wurde vor eine passende Staffage gestellt, die Beleuchtung wurde arrangiert, und schließlich drückte der Photograph seinem Kunden auch noch ein Buch in die Hand, das sah sehr seriös aus. Die Aufnahme gelang vortrefflich, und bald darauf konnte ganz London den Staatsmann in dem illustrierten Blatt bewundern – samt dem Buch, das er, deutlich sichtbar, in der Hand hielt. Und nun geschah es: Was der Premier las, mußte man doch auch kennen, nicht wahr? Also stürmte man die Buchhandlungen und fragte nach dem Roman eines gewissen Shorthouse. Als dieser von der plötzlichen Nachfrage erfuhr, ließ er flink nachdrucken. Eine Auflage jagte die andere, und innerhalb weniger Monate wurden hunderttausende Exemplare seines Romans verkauft. Ein echter Bestseller, auch wenn man ihn damals noch nicht so nannte.

Nun, heute wäre ein solch blindes Spiel des Zufalls unmöglich, wenngleich sich der Nachahmungstrieb der Menschen kaum geändert haben dürfte. Dafür spielen andere Umstände eine entscheidende Rolle. Der Verlag, der ein Buch herausbringt, der Verlagsvertreter, der es den Buchhändlern anbietet, der Buchhändler, der es seinen Kunden empfiehlt, sie alle sind daran interessiert, daß möglichst viele Exemplare ihren Weg zum Leser finden. Der harte Wettbewerb – die Zahl der jährlichen Neuerscheinungen ist ja ungeheuer groß – zwingt zu ausgeklügelten Werbestrategien. Noch vor Erscheinen werden von wichtigen Büchern broschürte „Leseexemplare" an Buchhändler und Kritiker ausgeschickt. Nach ihrem Erscheinen werden diese Werke dann in besonderen Veranstaltungen der Presse und dem Fachpublikum vorgestellt. Je bekannter ein Autor ist und je aktueller das Thema, umso größer ist in der Regel das Presseecho. Anzeigen in der Fachpresse, aber auch in Tageszeitungen und Wochenzeitschriften stellen das Werk dann dem breiten Publikum vor. Manchmal werden auch Plakate, ja sogar Rundfunk- oder Fernsehspots eingesetzt. Durch alle diese kostspieligen Maßnahmen soll das Interesse des Publikums geweckt, die Nachfrage gefördert werden. Und der Gipfel des Erfolges ist erreicht, wenn das Buch schließlich auf der Bestsellerliste aufscheint, also zu den meistverkauften Titeln der Saison zählt. Wenn ein Buchhändler diesen Titel dann noch nicht in ausreichendem Maße auf Lager hat, wird er nachbestellen. Denn natürlich möchte keiner das anlaufende Geschäft versäumen. Die Bestsellerliste selbst erweist sich dann als das effektivste Werbemittel.

Von einem Aspekt war bisher noch nicht die Rede: von der Qualität der Bestseller. Sind sie nicht nur die meistverkauften, sondern auch die besten und wichtigsten Bücher einer Saison? Der Großteil des Publikums ist der Meinung, daß es meist Werke sind, die sich an einen breiten Leserkreis wenden. Anspruchsvolle Leser sind deshalb skeptisch. Sie halten sich lieber an Empfehlungslisten, die von fachkundigen Kritikern erstellt werden. Am bekanntesten ist dabei wohl das „Buch des Monats", das von der Darmstädter Jury ausgewählt wird. Seit 1952 wird dort von zehn namhaften Kritikern in einer internen Diskussion monatlich eine Neuerscheinung gekürt, die von überzeugender Qualität ist. Einige Dutzend Zeitungen und diverse Rundfunkanstalten informieren das Publikum über das ausgewählte Werk. Ähnlich ist es mit der „Bestenliste" des Südwestfunks. 25 Literaturkritiker nennen dort in freier Auswahl vier Neuerscheinungen, denen sie „möglichst viele Leser" wünschen. Die Titel werden nach der Zahl der Nennungen gereiht, die zehn meistgenannten später im „Börsenblatt" und verschiedenen anderen Zeitschriften veröffentlicht. Es gibt noch weitere Listen ähnlicher Art, wir können sie nicht alle erwähnen. Gemeinsam ist ihnen, daß die Bücher dabei ausdrücklich nach ihrer literarischen Qualität bewertet werden. Vielleicht ist aber gerade dies der Grund, weshalb diese Empfehlungslisten den Markt weniger beeinflussen als die Bestsellerlisten, die sich am Verkaufserfolg orientieren.

Trotzdem wäre es falsch, die Titel der Bestsellerlisten pauschal als billige Massenware abzuqualifizieren. Das war vielleicht vor einigen Jahrzehnten so, als es noch möglich war, durch einen forcierten Werbefeldzug auch einen Trivialroman in die Bestsellerliste hinaufzutrommeln. Seitdem haben sich aber die Verhältnisse geändert. So spielt die Aktualität eine maßgebende Rolle. Als sich seinerzeit Stalins Tochter Swetlana in den Westen absetzte, schnellten ihre Memoiren für kurze Zeit an die Spitze der Bestsellerliste hinauf. Und als vor einigen Jahren die Aerobic-Welle, von den USA kommend, Europa überschwemmte, fand sich bald darauf der einschlägige Ratgeber von Jane Fonda auch auf unserer Bestsellerliste. Belanglose Themen können sich freilich nicht lange in dieser Position halten. Denn über Erfolg oder Mißerfolg eines Buches – und das ist die grundsätzlich positive Bilanz der Entwicklung – entscheidet letzten Endes niemand anderer als der Leser. Und der Lesergeschmack erweist sich immer häufiger als wirksames Regulativ mit überraschenden Ergebnissen.

Von den vielen Beispielen seien nur ein paar erwähnt. Da sind einmal die phantastischen Romane von Michael Ende: „Die unendliche Geschichte" und „Momo". Sie führen den Leser in eine Traumwelt, die es bis dahin in der

Unterhaltungsliteratur kaum gab. Offenbar erfüllten sie aber eine Sehnsucht des Publikums. Die Fantasy-Welle ist ja seitdem immer stärker geworden. Endes Romane blieben deshalb jahrelang Spitzenreiter der Bestsellerliste.
Oder der 1982 im Hanser Verlag erschienene historische Roman „Der Name der Rose" des italienischen Gelehrten Umberto Eco. Als Autor war er bei uns unbekannt. Wie kam ein so anspruchsvolles Werk auf die Bestsellerliste? Der Verlag hatte eine gezielte Werbekampagne veranstaltet, und dann setzte die Mundpropaganda der Leser ein. Zwei Monate nach Erscheinen tauchte der Titel bereits in der Bestsellerliste auf, in deren Spitzengruppe er sich über drei Jahre hielt.
Ähnliche Beispiele ereignen sich fast jedes Jahr. Dem 1984 im Suhrkamp Verlag erschienenen Roman der chilenischen Autorin Isabel Allende „Das Geisterhaus" war ebenfalls ein lange anhaltender Erfolg beschieden. Die Leser fanden an der äußerst bewegten Handlung und dem für europäische Begriffe exotischen Milieu offensichtlich Gefallen. Ein Jahr darauf erzielte der anspruchsvolle Roman von Patrick Süskind „Das Parfüm" einen ähnlichen Erfolg. Das im Diogenes Verlag erschienene Werk muß eindeutig der modernen Literatur zugeordnet werden, ist also alles andere als Massenware. Es blieb an der Spitze der Bestsellerliste, bis es im Herbst 1985 von Heinrich Bölls letztem Roman „Frauen vor Flußlandschaft" und anderen Neuerscheinungen bedeutender Autoren abgelöst wurde. Diese Beispiele mögen zur Ehrenrettung des angezweifelten Begriffes Bestseller genügen. In der Jahres-Bestsellerliste 1985 war Suhrkamp, also ein eindeutig literarischer Verlag, mit 8 Titeln am häufigsten vertreten. „Im Geschmack und Anspruch des Lesers hat sich qualitativ etwas verändert, noch nie war dies so greifbar deutlich", schrieb der Verleger Siegfried Unseld zu dieser Erfolgsmeldung.
Auch auf dem Sachbuchsektor überwiegen qualifizierte Autoren und wichtige Themen. Wer sich also über die interessantesten Neuerscheinungen einer Saison informieren will, darf in den Bestsellerlisten eine durchaus brauchbare Orientierungshilfe sehen. Das Publikum scheint das auch mehr und mehr zu praktizieren. 30% der Leser gaben in einer Umfrage an, daß sie die Listen lesen, mehr als 25% beachten sie beim Bücherkauf.

Zeitungen, Zeitschriften und Romanhefte

Selbst der eifrigste Leser liest nicht immer nur Bücher, sondern auch Zeitungen und Zeitschriften. Wir wollen uns deshalb diese anderen Druckmedien einmal etwas genauer ansehen. In einem Kiosk oder Tabakladen (in Österreich: Tabaktrafik) haben wir das ganze bunte Angebot vor uns. Man bezeichnet diese Printmedien deshalb auch gerne mit dem Sammelnamen Kioskliteratur.

Der meistverbreitete Lesestoff ist die Tageszeitung. Rund 80% der deutschsprachigen Bevölkerung nehmen täglich oder doch mehrmals in der Woche eine Zeitung zur Hand. Das entspricht ziemlich genau der Zahl jener, die auch täglich oder mehrmals wöchentlich den Fernsehapparat einschalten. Der Aufwand für die Zeitung ist allerdings kleiner. Meist wird die Zeitung nur überflogen, in spätestens einer halben Stunde wird sie wieder weggelegt. Zum Fernsehen nimmt man sich im Durchschnitt dreimal so viel Zeit.

In ihrer etwas mehr als 200jährigen Geschichte haben die Zeitungen erstaunliche Wandlungen durchgemacht. Zum ersten Mal traten sie bei uns um die Mitte des 18. Jahrhunderts in Erscheinung. Damals gab es im städtischen Bürgertum nur noch wenige Analphabeten. Die Post- und Verkehrsverbindungen erlaubten allmählich eine regelmäßige Berichterstattung aus vielen Teilen der Erde. So kam es in den größeren Handelsstädten alsbald zur Gründung kleiner Nachrichten- und Neuigkeitsblättchen. Eine Neuigkeit aus Konstantinopel oder St. Petersburg konnte dabei durchaus mehrere Wochen alt sein, das tat ihrer Aktualität keinen Abbruch. Schnellere Nachrichtenübermittlungen gab es ja nicht. Die Auflagen waren klein, das einzelne Exemplar nicht billig. Dennoch hieß es schon 1771 in einer Leipziger Zeitung: „Alles, was lesen kann, beschäftigt sich den ganzen Tag mit Zeitungsblättern."

Die Entwicklung zur Massenpresse erfolgte dann in raschen Schritten. Die Erfindung des Telegraphen und später des Telephons, die Entwicklung immer leistungsfähigerer Satz- und Druckmaschinen, die Verbilligung des Papiers durch Massenfertigung, das waren die technischen Voraussetzungen für ein modernes Pressewesen. In der 2. Hälfte des 19. Jahrhunderts erweiterte sich auch der Inhalt. Die Zeitungen boten jetzt nicht mehr nur Neuigkeiten, sondern auch „gemeinnützige Kenntnisse" in belehrender, bald auch in unterhaltender Form. Und natürlich Anzeigen als wichtiges Mittel zur Finanzierung, das ist bis heute so geblieben. Seit der Erfindung des Klischeedrucks fand auch das Bild immer mehr Eingang in die Tageszeitung.

Wir wollen uns weitere Einzelheiten der geschichtlichen Entwicklung ersparen. Nur auf eines sei noch hingewiesen, nämlich auf die Vertriebsform der

Kolportage. Im Gegensatz zu den seriösen Zeitungen, die durch Abonnements vertrieben wurden, konnte man in den Großstädten bald auch Zeitungen auf der Straße (in Paris: auf den Boulevards) um einen Bagatellbetrag erstehen. Solche „Boulevardblätter", die auf den Massengeschmack zugeschnitten sind, spielen bis auf den heutigen Tag im Pressewesen aller Länder eine bedeutende Rolle.

Tageszeitungen können von sehr verschiedenem Niveau sein. Neben den Boulevardblättern mit ihren Millionenauflagen gibt es eine reichhaltige regionale und lokale Tagespresse sowie eine Anzahl großer, national verbreiteter Zeitungen. Dementsprechend verschieden ist auch das Lesepublikum. Die Boulevardblätter werden vom Massenpublikum gekauft. Der Inhalt ihrer Meldungen und Kommentare ist so ausgerichtet, daß er der Meinung des breiten Publikums entgegenkommt. Dazu kommt eine sprachlich einfache, aber sensationslüsterne Diktion und eine durch Blickfänge von Schlagzeilen und Bildern geprägte Gestaltung.

Nichtleser und sogenannte Kurztextleser greifen nach diesen Boulevardblättern, weil sie genau ihrem Lesevermögen entsprechen. Menschen mit höheren Ansprüchen lesen diese Massenblätter allenfalls zur raschen Information. Im übrigen bevorzugen Buchleser etwas anspruchsvollere Zeitungen und lesen sie gründlicher. Buch und Zeitung verstärken und ergänzen einander bei der Befriedigung der Lesebedürfnisse. Männer widmen der Zeitungslektüre mehr Zeit als Frauen.

Mit der fast lückenlosen Verbreitung von Funk und Fernsehen hat sich der Inhalt der Tageszeitungen in den letzten Jahrzehnten etwas verändert. Früher wollte man aus der Zeitung vor allem Neuigkeiten erfahren. Wenn wir heute am Morgen die Zeitung zur Hand nehmen, wissen wir meist schon, was uns erwartet: Wir haben ja die letzten Meldungen im Radio gehört. Der Neuigkeitenhunger ist also schon gestillt. Die Zeitungen bringen daher jetzt hauptsächlich die Hintergründe des Geschehens und kommentieren die Zusammenhänge. Sie haben damit fast die Funktion von Zeitschriften übernommen, die sich ja auch nicht auf bloße Nachrichtenübermittlung beschränken. Engagierte Zeitungsleser besorgen sich deshalb gern mehrere Zeitungen, um die verschiedenen Kommentare miteinander vergleichen zu können. Der ideale Ort dafür ist natürlich das Kaffeehaus, zumindest in seiner österreichischen Form, weil dort alle gängigen Zeitungen aufliegen.

Die Anfänge der Zeitschriften reichen noch weiter zurück als die der Zeitungen. Kurze Lesestoffe mit aktuellem Inhalt, doch ohne Tagesneuigkeiten, Belehrung und Wissen in unterhaltender Form, das war von Anfang an das Anliegen der Zeitschriften und ist es bis heute geblieben. Schon in den letzten Jahrzehnten des 17. Jahrhunderts gab es die ersten Blätter dieser Art. Sie wandten sich an einen eng begrenzten Leserkreis, nämlich an die Damen und

Herren der oberen Bürgerschicht, Hofbeamte, Gelehrte und Kaufleute. Die Aufklärung brachte im 18. Jahrhundert den Typ der „Moralischen Wochenschriften" hervor, der allerdings mehr auf den protestantischen Norden beschränkt blieb. Gleichzeitig erschienen immer mehr Unterhaltungszeitschriften, in denen oft namhafte Autoren mitarbeiteten. So schrieb Schiller seinen Roman „Der Geisterseher" für die Zeitschrift „Thalia". Auch die Lügengeschichten des Freiherrn von Münchhausen erschienen ursprünglich in einer Zeitschrift.

Nach 1848 finden wir in den Unterhaltungsstoffen der Zeitschriften auch sozialkritische Themen. 1853 erschien erstmals die „Gartenlaube", in deren Fortsetzungsromanen vor allem das Landleben verherrlicht wurde. In der beginnenden sozialen Auseinandersetzung stand die „Gartenlaube" meist auf seiten des Adels und der Industrieherren. Anders die seit 1891 erschienene liberale „Berliner Illustrierte", in der Autoren wie Vicki Baum und Hans Fallada auch soziale Mißstände anprangerten. Nach dem Zweiten Weltkrieg kam mit der Entwicklung des Tiefdruckverfahrens die Bildpublizistik voll zum Durchbruch. Der Typ der Illustrierten beherrscht seitdem den Zeitschriftenmarkt und hat zu einer unerhörten Mannigfaltigkeit des Angebots geführt.

Insgesamt erreichen die Publikumszeitschriften aller Art (also ohne Fachzeitschriften) mit fast 90% der Bevölkerung noch mehr Leser als die Tageszeitungen. Der Zeitaufwand, der für das Zeitschriftenlesen aufgebracht wird, ist allerdings etwas kleiner. Auch für Bücher wird mehr Zeit aufgewendet als für Zeitschriften. Die Leserkreise überschneiden sich: Zeitungsleser wie Buchleser greifen gern auch nach Zeitschriften. In Österreich und der Schweiz ist der Leserkreis der Zeitschriften kleiner als in der Bundesrepublik. Der beschränkte Markt trägt hier keine großen internationalen Illustrierten, und die importierten Blätter aus der Bundesrepublik werden doch nicht so intensiv gelesen.

Je nach der Popularität ihrer Themen erreichen die einzelnen Zeitschriftengattungen verschieden große Leserkreise. An der Spitze stehen die Programmzeitschriften, die vor allem wegen des kommentierten aktuellen Fernsehprogramms beliebt sind. Sie werden von über 50% der Bevölkerung gelesen. An zweiter Stelle folgen die aktuellen Illustrierten mit fast 40%. Ähnlich groß ist die Leserschaft der Frauenillustrierten und monatlich erscheinenden Frauenblätter. Politische Wochenmagazine werden von knapp 20%, Elternzeitschriften von knapp 15% gelesen. Sportzeitschriften mit etwas über 6% der Bevölkerung schließen die Liste der auflagenstarken Zeitschriften.

Manche der populären Illustrierten sind nicht unumstritten, weil sie allzu sehr auf „sex and crime" spezialisiert sind. Aber das entspricht nun einmal dem Tratsch- und Klatschbedürfnis vieler Menschen. Moralische Verurteilungen sollten sich weniger an die Herausgeber dieser Blätter als an deren Leserschaft richten.

Ebenfalls zur Kioskliteratur zählen die Romanhefte. Sie sind ein sehr wichtiger Teil des Lesegutes der breiten Bevölkerung. Mit der Entwicklung des Rotationsdrucks haben sie sich allmählich von den unterhaltenden Zeitschriften des vorigen Jahrhunderts abgelöst und sind zu einer eigenen Spezies geworden: einfach in der Herstellung, bescheiden im Umfang und Preis, der Umschlag knallig. Die Literaturwissenschaft beurteilt sie als Produkt der „Kulturindustrie" sehr kritisch. In den USA wurde der Seriengedanke entwickelt. Beliebte Themen erscheinen in endlosen Fortsetzungen, deren jede eine abgeschlossene Geschichte bietet. Heute gibt es bei uns ein halbes Dutzend großer und ebenso viele kleinere Verlage, die über 100 solcher Serien herausbringen. Ihre Gesamtauflage betrug zu Beginn der 70er Jahre circa 350 Millionen Exemplare im Jahr, derzeit dürfte sie bei 450 Millionen liegen. Rund 35% der Bevölkerung sind ihre Leser, 7% lesen monatlich mehr als fünf Heftchen.

Auf ihre Themen und deren Gestaltung werden wir im zweiten Teil dieses Buches im Zusammenhang mit der Trivialliteratur noch zu sprechen kommen. Für die Lesepsychologie sind sie der Einstieg ins Lesen überhaupt. Sie sind sozusagen Märchen für Erwachsene, fern aller Realität. Ihre Leserschaft überschneidet sich stark mit der der einfachen Unterhaltungsliteratur: Fast 60% der Heftchenleser nehmen gelegentlich auch ein Buch zur Hand, und mancher Buchleser wird mitunter auch nach solchen Heften greifen. Man könnte auch sagen: Was die Boulevardblätter für den Zeitungsleser, das sind die Heftchenromane für den Liebhaber von Unterhaltungsliteratur.

Freizeit – Fernsehen – keine Zeit zum Lesen?

Unser Freizeitverhalten hat sich seit der Nachkriegszeit gewandelt. Bis gegen Ende der 50er Jahre war Freizeit in erster Linie der Erholung gewidmet. Sie war Regeneration nach der Arbeit und für die Arbeit. In den 60er und 70er Jahren erlebten wir die konsumorientierte Freizeit. Das Auto, der Fernsehapparat, Wochenendfahrten ins Grüne standen im Mittelpunkt. Teilhaben an allem, was man sich leisten konnte, das war das Leitmotiv. In den 80er Jahren verlor diese Konsumbesessenheit ihre Anziehungskraft. Das neue Zauberwort heißt Aktivität. Wir befinden uns in einer erlebnisorientierten Freizeitphase, und dieser Trend ist für das Buch nicht ungünstig, weil man Lesen mittlerweile als wertvolle geistige Aktivität schätzengelernt hat.
Wir haben heute mindestens zwei Stunden mehr tägliche Freizeit als vor 20 Jahren, und im Zuge der Arbeitszeitverkürzung wird diese Zahl noch größer werden. Was macht nun der Durchschnittsbürger mit seiner Freizeit? Im allgemeinen wählt er unter folgenden Möglichkeiten:

Fernsehen (und in bescheidenem Maße Kino, Theater und andere kulturelle Aktivitäten),
Lesen von Zeitungen, Zeitschriften und Büchern,
Familie, Haushalt und Garten,
Ausflüge, Reisen und sportliche Tätigkeiten aller Art,
Geselligkeit, Spielen, Plaudern und soziale Aktivitäten.

Die drei letztgenannten Bereiche sind neutral und allein von den Lebensumständen abhängig. Fernsehen und Lesen aber sind die beiden konkurrierenden Möglichkeiten, die unser Bedürfnis nach Unterhaltung und kulturellen Anregungen befriedigen. Als das Fernsehen gegen Ende der 50er Jahre bei uns seinen Siegeszug antrat, hat es tatsächlich den Alltag verändert. Das Angebot an abendfüllender Unterhaltung, die Menge der aktuellen Informationen, das alles war neu und reizvoll zugleich. Kein Wunder, daß die Besitzer eines Fernsehgeräts den Großteil ihrer Freizeit vor dem Bildschirm zubrachten. Den Lesern unter ihnen blieb weniger Zeit für ihre Bücher. Pessimisten sahen schon das Ende der Lesekultur herankommen. Man sprach von der „Buchkrise“, die durch das Fernsehen unweigerlich herbeigeführt würde. Neuere Untersuchungen weisen jedoch zu anderen, realistischeren Vorstellungen. Man hat eingesehen, daß Fernsehen und Lesen im Freizeitverhalten nebeneinander ihren Platz, aber durchaus nicht dieselbe Bedeutung haben. Was das Fernsehen betrifft, ging die erste Begeisterung inzwischen vorüber. Selbst Optimisten haben eingesehen, daß es nicht die „hohe Schule des Volkes“ geworden ist, die manche erhofft hatten. Trotz allen Bemühens um Sendungen von höherem kulturellen Anspruch erwies sich, daß das

Massenmedium in erster Linie dem Unterhaltungsbedürfnis vieler dienen muß. Und daran wird auch eine noch so große Vielfalt der Programme nichts ändern. Das bis dahin führende Massenmedium der Unterhaltungsindustrie, das Kino, bekam die neue Konkurrenz sofort zu spüren. Auch das Lesen stagnierte, das heißt, es gewann von der neu gewonnenen Freizeit nichts dazu. Aber es verschwand keineswegs, die Stunden mit einem Buch wurden nur umso kostbarer.

Heute sitzt der Durchschnittsbürger – so das Ergebnis letzter Forschungen – an einem Werktag etwa zwei Stunden täglich vor dem Bildschirm. Dem Buch widmet er lediglich eine halbe Stunde. Diese statistischen Zahlen machen das quantitative Übergewicht des Fernsehens deutlich. Da es aber nur halb so viele Leser wie Benützer des Fernsehens gibt, sieht der Zeitaufwand für die beiden Medien im Alltag eines Lesers doch etwas anders aus. Trotzdem ist die Klage, die man gelegentlich von seiten der Buchbranche hören kann, berechtigt: Zu viele Menschen lesen zu wenig Bücher.

Leser unterscheiden sich von Nichtlesern aber nicht nur in bezug auf den Zeitaufwand, sondern auch durch eine kritische Programmauswahl. Sie benützen das Fernsehen selektiver, wollen sich also einen Rest ihres selbständigen Denkens auch vor dem Bildschirm bewahren. Sie bezeichnen Lesen – im weitesten Sinn, also einschließlich Zeitungen und Zeitschriften – nach wie vor als beliebteste Freizeitbeschäftigung. Dann folgen Musikhören und Spazierengehen. Bei Nichtlesern steht Fernsehen unangefochten an der Spitze ihrer Lieblingsbeschäftigungen. Es ersetzt nicht nur das Kino, sondern vielfach auch die früher gepflegte Geselligkeit.

Zum Unterschied vom Lesen gilt Fernsehen als passive Tätigkeit. Der Zuschauer bekommt durch die Bilderfolge alles fertig serviert, seine Vorstellungskraft wird nicht gefordert. „Lesen ist Fernsehen mit dem Gehirn", heißt es deshalb in einer einschlägigen psychologischen Studie. Über den Qualitätsunterschied zwischen dem, was unsere Phantasie liefert, und dem, was uns der Bildschirm vorsetzt, gibt es keinen Zweifel. Machen wir doch selbst einmal den Versuch, wenn wieder einmal ein literarischer Stoff im Fernsehen gesendet wird, den wir früher gelesen und noch in Erinnerung haben. Natürlich zeichnet das Fernsehen die Handlung genau nach. Aber wie dürftig ist die Schilderung der Charaktere, wie viele hübsche Andeutungen und Episoden fehlen in der Fernsehfassung! Alles scheint vergröbert und flüchtig, trotz der schauspielerischen Leistungen der Darsteller. Dieser Eindruck wird noch verstärkt, wenn wir nach dem Fernsehen den Roman vielleicht nochmals lesen. Dann finden wir mitunter sogar die Hauptgestalten im Film verzeichnet. Das Bild, das unsere Phantasie entwirft, wirkt einfach überzeugender. Der Wiener Fernsehkritiker Martin Maier fand dafür einmal folgende Formulierung: „Erstaunlich, wie wenig vom Fernsehen haften bleibt. Wäre das Bild nicht anatomisch verwirrend, könnte man sagen: Fernsehen geht zum einen Auge hinein, zum anderen heraus . . . Daraus ist zu erkennen: Fernsehen ist eine flüchtige Liaison. Bücherlesen, das ist Heirat."

Dieses Dilemma ist den Fachleuten der Film- und Fernsehbranche nicht fremd. Sie wissen um die Schwierigkeiten, literarische Stoffe adäquat umzusetzen. Selbst erfahrene und erfolgreiche Regisseure sind daran schon gescheitert. Am Beispiel literarischer Unterhaltungsstoffe im Fernsehen läßt sich aber noch etwas anderes beobachten. Während generell die Unterhaltungslektüre durch das Fernsehen reduziert wird, gibt es auch gegenteilige Effekte, besonders bei erfolgreichen Serien. Als vor Jahren die „Forsythe Saga" von John Galsworthy in Fortsetzungen über die Bildschirme lief, wollten viele Zuschauer diesen großen Familienroman selbst lesen. Verlag und Buchhandel reagierten rasch auf die unerwartete Nachfrage. Der Roman, der schon jahrzehntelang kaum mehr gefragt worden war, gewann mit einem Schlage Hunderttausende neuer Leser. Ähnliches ereignete sich bei den wiederholten Verfilmungen der „Buddenbrooks" von Thomas Mann. Am auffallendsten aber war wohl der Erfolg des polnischen Nobelpreisträgers Reymont mit seinem Roman „Die Bauern". Dieses 1904 bis 1909 erschienene große Werk war bei uns so gut wie unbekannt. Eine ausgezeichnete Fernsehserie verschaffte ihm beim deutschsprachigen Lesepublikum einen sensationellen Erfolg. In letzter Zeit haben die „Dornenvögel" der australischen Autorin Colleen McCullough ähnlich eingeschlagen.

Das Fernsehen nimmt den Lesern zwar Zeit weg, es vermittelt aber auch neue Anregungen und unterstützt damit das Lesen. Dabei sind die von Diskussionen, Dokumentationen oder Interviews ausgehenden Wirkungen auf Bildungsleser noch intensiver als die Einflüsse auf Unterhaltungsleser. So ist man heute der Auffassung, daß Lesen und Fernsehen einander nicht verdrängen. Sie ergänzen einander wechselseitig. Das Fernsehen führt zum Buch, indem es Appetit auf zusätzliche Informationen weckt, die das Sachbuch befriedigt. Oder es weckt den Wunsch nach dem Originalroman einer Literaturverfilmung. Aktive Buchhändler wissen um diesen Trend; in ihrem Schaufenster finden wir häufig ein oder mehrere Bücher mit dem Hinweis: „Das Buch zur Fernsehsendung".

Bestand nach dem Einsetzen der Fernsehwelle zwischen Lesen und Fernsehen ein Konkurrenzverhältnis, so haben sich die Dinge inzwischen wohl gewandelt. In einer Zusammenfassung mehrerer internationaler Untersuchungen über diese Frage schreibt die Leseforscherin Petra E. Dorsch: „Das Fernsehen hat sich von China über Finnland, die Bundesrepublik Deutschland, die Niederlande bis hin zur UdSSR . . . als Buchpromotor erwiesen. In China ist mit dem Fernsehen der Buchverkauf stark gestiegen und das Buch zum Film attraktiv geworden. In Finnland ist das Interesse an Sachbüchern gewachsen, die Zahl der ausgeliehenen Bücher hat sich verzwölffacht. Fernsehen und Lesen sind komplementäre Tätigkeiten geworden . . . Die gegenseitige ‚Eskalation der Medien' ist ein immer wieder beobachtetes Phänomen."

Auch die neuen audio-visuellen Medien (Tonbänder, Videokassetten, Bildplatten und was immer auf diesem Gebiet noch auf uns zukommen mag) werden diese Entwicklung nicht ändern. Sie münden ja alle schließlich auf dem Bildschirm. Und die Zeit, die wir davor verbringen, scheint stationär zu bleiben. Selbst im fernsehbesessenen Amerika melden die Statistiken keine weitere Steigerung. Die wachsende Freizeit, die bisher allein vom Fernsehen okkupiert wurde, wird in Zukunft auch wieder dem Lesen zugute kommen. Im gesamten Medienangebot hat das Buch eben Vorteile aufzuweisen, die es einfach unentbehrlich machen. Wir wollen uns diese Vorzüge noch einmal vergegenwärtigen:

Lesen kann man fast überall und zu jeder Zeit, wann immer man Lust hat. Alle anderen Medien sind an einen bestimmten Ort und bestimmte Voraussetzungen gebunden.

Bücherlesen kann man ganz individuell steuern. Man kann viel oder wenig, flüchtig oder intensiv lesen und ist nicht abhängig von irgendwelchen Programmabläufen.

Bücher sind ohne weitere technische Zusatzgeräte nutzbar (von Lesebrillen abgesehen). Sie sind billig und trotzdem wertbeständig und können, weil fast unbegrenzt haltbar, immer wieder hervorgeholt werden, wenn wir sie brauchen.

Buchproduktion und Verlagswesen

Wenn man eine größere Buchhandlung betritt, staunt man über die Unzahl der Bücher, die da in den Regalen ringsum an den Wänden stehen. Dazu kommen die Türme der Taschenbücher in ihren Ständen. Wie viele Bände mögen das insgesamt sein? Fünftausend, zehntausend – oder noch mehr? Und dennoch wissen wir, daß das alles nur ein kleiner Teil dessen ist, was es an lieferbaren Büchern gibt. Kein Buchhändler wäre in der Lage, die ganze lieferbare Produktion in deutscher Sprache auf Lager zu halten.

In früherer Zeit, als Bücher nur vom gebildeten Bürgertum gekauft wurden, waren die Produktionsziffern bescheiden. Um 1800 gab es jährlich etwa 4000 Neuerscheinungen in deutscher Sprache. Dann setzte der technische Fortschritt in der Papierindustrie ein (1799 mechanisierte Papierfabrikation). Die Erfindung der Schnellpresse (1819) und der Setzmaschine (1884) waren weitere Marksteine der Entwicklung, die der Buchindustrie immer gewaltigere Produktionssteigerungen ermöglichten. 1870 lag die Zahl der jährlichen Neuerscheinungen in deutscher Sprache bereits über 10.000, bis 1920 stieg sie weiter auf mehr als 30.000.

Um eine ungefähre Vorstellung von der Buchproduktion unserer Tage zu geben, sei die letzte Statistik der Internationalen Verlegerunion auszugsweise wiedergegeben. Demnach erreichte die Produktion an neuen Titeln und Neuauflagen (jedoch ohne Berücksichtigung der Taschenbücher) 1982 folgende Zahlen:

Bundesrepublik	67.100
Österreich	6.800
Schweiz	8.200
Frankreich	26.000
Dänemark	10.100
Großbritannien	48.300
Niederlande	13.300
Italien	19.600
Spanien	30.100

Dazu die wichtigsten außereuropäischen Buchproduzenten:

USA	38.500
UdSSR	rund 80.000 (inklusive Broschüren)
Japan	41.100
Indien	15.000

Von 100 neuen Titeln entfielen rund 70 bis 80 auf echte Neuerscheinungen, der Rest waren Neuauflagen erfolgreicher älterer Werke. Nur in Frankreich überwogen die Nachdrucke. Hier lagen auch belletristische Titel vor den Sachbüchern, während es in allen anderen Ländern umgekehrt war. Rechnet man die Produktionszahlen auf die Bevölkerungszahlen der einzelnen Länder

um, dann liegen Dänemark und die Niederlande eindeutig an der Spitze. Buchproduktion und Lesekultur hängen also eng zusammen.
Die obige Statistik sagt nichts aus über die Auflagenhöhe der einzelnen Titel, also über die Zahl der produzierten Exemplare. Diese kann auch nicht ermittelt werden, doch gilt grundsätzlich folgendes: Maßgebend für die Höhe der Auflage ist der Markt, auf dem ein Buch angeboten werden kann. Ein österreichischer Verleger, der sein Werk im ganzen deutschen Sprachraum anbieten kann, wird deshalb höhere Auflagen riskieren als etwa sein dänischer Kollege. Eine untere Auflagengrenze setzt lediglich die Technik. Die modernen Maschinen erfordern aus Rentabilitätsgründen eine gewisse Mindestauflage (etwa 1000 bis 2000 Exemplare, je nach Format und Ausstattung). Eine Obergrenze der Auflagen gibt es nicht.
So erfreulich das alljährliche Angebot so vieler neuer Titel ist, es bringt auch Probleme mit sich. Der Leser hat Schwierigkeiten, sich laufend zu informieren und das Beste und Aktuellste herauszufinden. In der Buchhandlung aber überrollt und verdrängt jede neue Produktion die alte. Nur wenige Titel überleben das erste oder zweite Jahr nach ihrem Erscheinen. Im Abschnitt über den Buchhandel werden wir darauf noch einmal zurückkommen.
Jetzt aber wollen wir uns einmal der Leistung zuwenden, die jedes einzelne Buch für sich darstellt. Von der Idee des Verfassers bis zum fertigen Band in der Hand des Lesers ist ein langer Weg. Geistige Leistungen, industrielle Fertigung und ein weitverzweigtes Vertriebsnetz sind dazu notwendig. Die geistige Arbeit wird vom Autor, anschließend vom Verlag geleistet. An der Spitze des Verlages steht der Verleger. Er pflegt den Kontakt mit dem Autor, prüft das Manuskript und schließt mit dem Verfasser den Verlagsvertrag. Damit erwirbt er das Recht, das Buch veröffentlichen zu dürfen. Der Lektor macht das Manuskript druckreif, der Hersteller plant die äußere Gestaltung (Satzbild, Umfang, eventuelle Illustrationen und Bindeart) und setzt sich mit dem Graphiker in Verbindung, der den Schutzumschlag anfertigen soll. Gleichzeitig wird die Kalkulation erstellt, man holt Offerte für Druck und Bindung ein und legt aufgrund dieser Gesamtkosten den späteren Verkaufspreis fest. Eine andere Abteilung des Verlages bereitet inzwischen die Werbung vor. Anzeigen in den Fachzeitschriften werden veröffentlicht, die Vertreter, die den Buchhändlern das Werk anbieten, werden informiert. Schließlich ist das Buch fertig und wird an den Buchhandel und an die Presse ausgeliefert. Bald darauf liegt der Band vielleicht schon in den Schaufenstern der Buchhandlungen, und jetzt erfährt auch der Leser von der Neuerscheinung, das Buch findet seinen Käufer.
Diese Vielzahl der Aufgaben macht es notwendig, daß größere Verlage viele Mitarbeiter brauchen, die durchwegs über Spezialkenntnisse verfügen müssen. Es gibt aber auch kleine und kleinste Verlage, bei denen der Verleger

z. B. mit seiner Frau und eventuell einer Sekretärin die Geschäfte allein führt. Die Produktion solcher kleiner Verlage ist mitunter sehr beachtenswert. Andererseits haben große Verlagshäuser die Möglichkeit, die besten Autoren an sich zu binden.

Viele Verlage widmen sich einem oder mehreren Spezialgebieten. Man spricht dann von ihrem Verlagsprofil. Der Leser weiß, daß er sich bei einem Titel dieses Verlages auf gediegene Qualität verlassen kann. Wenn man spezielle Themengebiete bevorzugt, ist es empfehlenswert, auch die wichtigsten Verlage zu kennen, die diese Gebiete pflegen. Ein wenig Branchenkenntnis macht sich also auch für Laien bezahlt. Allerdings sind die Profile vieler Verlage in den letzten Jahrzehnten durch die wachsende Produktionsflut stark verwischt worden. Verlage, die sich früher nur am Rande mit Belletristik befaßt haben, bringen plötzlich bestsellerverdächtige Thriller heraus. Der Gewinn aus diesen Titeln ermöglicht es ihnen, andere wichtige, jedoch weniger erfolgsversprechende Werke zu verlegen, die sonst vielleicht keine Chance gehabt hätten. Der Verleger muß also stets sein Gesamtprogramm im Auge haben, wenn er sowohl seine Verlagslinie bewahren als auch wirtschaftlichen Erfolg haben will.

Weltweit zählt die letzte Auflage des Internationalen Verlagsadreßbuches (1985) rund 160.000 Verlage, wobei auch Klein- und Alternativverlage sowie verlegende Behörden mitgezählt sind. Etwa 90.000 Verlage sind im Buchhandel eingeführt, sie bilden das Rückgrat der Branche. Während die Produktionszahlen in den 70er Jahren durchwegs steigend waren, ist die Tendenz in den letzten Jahren fallend. Wirtschaftliche Gründe zwingen zur Programmkonzentration, und das ist – auch im Sinne des Käufers und Lesers – eine durchaus vernünftige Entwicklung.

Bücher zu produzieren ist nicht vergleichbar mit der Produktion irgendeiner anderen Ware. Denn Bücher sind geistige Leistungen, die über ihren Handelswert weit hinauswirken. Jeder einzelne Titel ist ein Mosaiksteinchen unseres kulturellen Lebens. Andererseits ist er auch ein Handelsartikel, der den Gesetzen des Marktes unterliegt. Dieses Doppelgesicht des Produkts Buch prägt die ganze Branche, die damit zu tun hat.

Ausstattung und Auflage bestimmen den Preis

Den Leser interessiert vor allem der Inhalt des Buches. Aber auch die Ausstattung ist ihm nicht egal, und natürlich auch nicht der Preis, der von der Ausstattung und der Auflagenhöhe abhängt. Wollen wir den Band in unsere Bibliothek stellen, dann legen wir Wert auf gutes Papier, leicht lesbaren Satzspiegel, gediegenen Einband und einen attraktiven Schutzumschlag. Ein Buchhändler erzählte einst auf einer Tagung von mehreren Kunden, die ein Buch abgelehnt haben, weil ihnen die Laufrichtung des Titels am Rücken nicht zugesagt hat. Eine Lächerlichkeit, gewiß, aber tatsächlich geht es in diesem Punkt in unserer Bibliothek drunter und drüber, einmal von oben nach unten, daneben von unten nach oben. Warum die Hersteller in dieser Frage zu keiner einheitlichen Lösung kommen?

Die technische Qualität der Bücher wird übrigens von der Buchbranche selbst kontrolliert. Es gibt einen Wettbewerb, bei dem Material und technische Verarbeitung überprüft werden. Die am höchsten bewerteten Werke werden dann in Anzeigen und auf Ausstellungen als „die schönsten Bücher des Jahres" dem Publikum vorgestellt. Mancher Laie ist schon ratlos vor diesen meist prächtigen Bänden gestanden, weil er das Prädikat „schönste" irrtümlich auf den Inhalt bezogen hat.

Kauft man ein Buch nur zur raschen, vielleicht einmaligen Lektüre, dann wählt man am besten ein Taschenbuch. Dieser Buchtyp ist relativ jung und besonders preiswert. Die ersten Taschenbücher erschienen 1939 auf dem amerikanischen Markt. 1950 brachte der Rowohlt Verlag, Hamburg, die ersten Taschenbücher in deutscher Sprache heraus. Sie waren kleiner im Format als die üblichen Bücher, wurden im Rotationsdruck auf billigem Papier gedruckt, im Klebeverfahren gebunden, der Schutzumschlag bestand aus einem einseitig bedruckten, leichten Karton. Der Preis betrug einen Bruchteil eines normalen Buches, das man im Fachjargon als „hardcover" (Hartdeckel) bezeichnet.

Taschenbücher wandten sich zunächt an Jugendliche, vor allem Studenten, die mit ihrem Budget haushalten mußten. Sie erschlossen zum Teil neue Leserschichten und trugen wesentlich dazu bei, das Buch zu einem Gebrauchs- und Massenartikel zu machen. In unseren Tagen werden Taschenbücher längst nicht mehr nur von Jugendlichen gekauft. Etwa die Hälfte aller Leser gibt bei Umfragen an, fallweise Taschenbücher zu kaufen. In der Produktion entfallen im deutschsprachigen Raum rund 15% der Gesamttitel auf Taschenbücher.

Der Schriftsteller Bernt Engelmann sagte einmal anläßlich des Jubiläums eines Taschenbuchverlages: „Taschenbücher sind die bislang demokratischste

Erscheinungsform von Literatur. Sie haben Kurt Tucholskys vor einem halben Jahrhundert aufgestellte Forderung: ‚Macht unsere Bücher billiger!' auf vorbildliche Weise erfüllt. Sie sind . . . eine wirksame Werbung für das Buch, für das Lesen überhaupt, nicht selten auch für die gebundene Ausgabe dieses Werkes."

Heute gibt es nicht nur in den USA, sondern auch in der Bundesrepublik, in Großbritannien, Frankreich, Japan und der UdSSR große Taschenbuchverlage. Da sie stets relativ hohe Auflagen produzieren müssen, brauchen sie einen entsprechend großen Markt. Sie arbeiten auf Lizenzbasis, das heißt, sie erwerben vom Originalverlag das Recht, einen Titel in Taschenbuchform herausbringen zu dürfen. Taschenbuchausgaben erscheinen also in der Regel einige Jahre nach der Originalausgabe. Das Themenspektrum umfaßt heute bei den führenden Taschenbuchverlagen die ganze Bandbreite vom Trivialroman und Krimi bis zum Klassiker und zur Gegenwartsliteratur, vom populärwissenschaftlichen Sachbuch und Ratgeber bis zum Lexikon. Es gibt auch Taschenbuchprogramme zu speziellen Themen aller Art, darunter auch Kinderbücher. In den letzten Jahren sind die großen Taschenbuchverlage auch dazu übergegangen, selbst Originalrechte zu erwerben und Erstveröffentlichungen herauszubringen, die dann oft gar nicht als Hardcover-Ausgabe erscheinen.

Eine Mittelstellung zwischen Taschenbüchern und gebundenen Büchern nehmen die sogenannten Broschüren und Pocketbooks ein. Sie haben in der Regel normales Buchformat und sind auf gutem Papier gedruckt. Nur der Einband hat keine Einlage aus Pappe, er besteht meist aus bedrucktem, strapazfähigem Papier oder Kunststoff. Ein Schutzumschlag fehlt. Diese preiswerte Ausstattung hat in den romanischen Ländern und in England eine alte Tradition.

Der Preis eines Buches hängt natürlich von seinem Umfang, das heißt vom Papierbedarf, sowie vom technischen Aufwand ab, der zu seiner Herstellung notwendig ist. Kunstbände mit farbigen Illustrationen sind teurer als einfache Textbände. Im allgemeinen aber sind Bücher absolut preiswert. Der Werbechef eines Verlags hat sich einmal den Spaß gemacht, das Publikum darauf hinzuweisen, wie wenig eine Stunde Lesevergnügen in einem normal ausgestatteten, gebundenen Buch eigentlich kostet. Und in der Tat: eine Kinokarte kostet etwa zweieinhalbmal, ein Theaterbesuch mindestens viermal, eine Tennisstunde sechsmal so viel. Und dabei kann das Buch von vielen Lesern, also mehrfach benützt werden. Heutzutage sind Bücher wirklich für jedermann erschwinglich – eine sehr entscheidende Voraussetzung für die Weiterentwicklung unserer Lesekultur.

Ein Wort muß hier noch gesagt werden über den Begriff des festen Ladenpreises, der im Buchhandel üblich ist. Er bedeutet in der Praxis, daß ein Buch im ganzen Land um denselben Preis zu haben ist, den der Verlag festgesetzt hat. Ausnahmen gibt es nur für Lizenzausgaben der Buchgemeinschaften und Taschenbuchverlage sowie für antiquarische Bücher, bei denen der Ladenpreis offiziell aufgehoben wurde. Eine ähnliche Regelung gibt es nur für Medikamente. Bei allen anderen Waren wird der Preis von den Marktgesetzen diktiert: Großmärkte können billiger verkaufen als kleine Händler, das ist verständlich. Das Buch als Kulturgut soll aber vor den Auswüchsen des Rabattwesens geschützt werden. Es soll nicht dazu kommen, daß in den Supermärkten nur gängige Massenware zu billigsten Preisen verkauft wird. Das wäre der Ruin vieler Verlage und Buchhandlungen. Der feste Ladenpreis ist die Voraussetzung für die Reichhaltigkeit des Angebots, die wir nicht missen möchten.

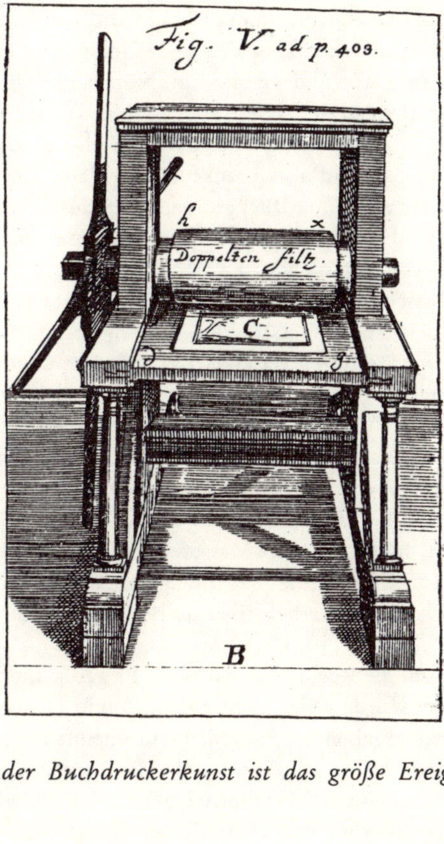

Die Erfindung der Buchdruckerkunst ist das größe Ereignis der Weltgeschichte.

Victor Hugo

Der Buchhandel bringt das Buch zum Leser

Der Buchhandel ist so alt wie Gutenbergs Erfindung, doch hat er in den fünf Jahrhunderten seines Bestehens tiefgreifende Wandlungen durchgemacht. Am Beginn seiner Entwicklung steht der Drucker-Verleger-Händler. Er besorgte sich Druckvorlagen, druckte sie und trieb mit den bedruckten Bogen Handel. Alle drei Arbeitsbereiche waren also in einer Hand vereinigt. Erst später kam es zu einer Spezialisierung: Drucker-Verleger und Verleger-Händler waren die häufigsten Organisationsformen. Beide existieren als Druck- und Verlagsanstalten beziehungsweise Verlagsbuchhandlungen noch heute.

Der Großteil der im 16. Jahrhundert gedruckten Bücher war in lateinischer Sprache abgefaßt: Bibeln, Meßbücher, antike Autoren, Kirchenväter und so weiter. Beim Vertrieb brauchte man sich um die Landessprache nicht zu kümmern, er war daher international. Ein Händler aus Frankfurt besuchte auch die Messen in Paris und Lyon. Ein Nürnberger Buchhändler hatte Filialen in Leipzig, Breslau und Wien, aber auch in Paris, Lyon, Krakau und Ofen (Budapest). Zentren des Handels waren die großen europäischen Messestädte, in Deutschland also Frankfurt am Main. Dort verkauften die Drucker-Verleger einander ihre Bücher, meist im Tauschhandel Bogen gegen Bogen. Was sie auf diese Weise eintauschten, war ihr „Sortiment", das sie ihren Kunden anbieten konnten.

Außerhalb der Messestädte etablierten sich alsbald ortsansässige Buchhändler, besonders in den Universitätsstädten. Wichtige Kunden auf dem Lande, wie die Klöster, wurden durch reisende Buchhändler, sogenannte Buchführer, versorgt. Daneben gewann allmählich auch die volkstümliche Literatur in der Landessprache (Volksbücher, Kalender, Flugblätter und anderes) an Bedeutung. Sie wurde auf Jahrmärkten von kolportierenden Händlern verkauft, die daneben auch andere Waren feilboten. In der 2. Hälfte des 17. Jahrhunderts etablierten sich in den Messestädten Kommissionsbuchhändler, die auch außerhalb der Messetermine Bücher auslieferten. Ihre Tätigkeit war bald so effektiv, daß zu Anfang des 18. Jahrhunderts bereits die heute noch gebräuchliche Werbeformel üblich wurde: „In allen Buchhandlungen zu haben."

Schlimm stand es um die Rechte der Autoren. Es gab keinen Urheberschutz. Im 18. Jahrhundert wurden viel mehr Bücher ohne Genehmigung nachgedruckt als Originalausgaben erschienen. Heute nennt man so etwas Raubdrucke. Damals hatte außer den Autoren niemand etwas dagegen einzuwenden. Einer der bedeutendsten Nachdrucker, der Buchhändler Trattner aus Wien, genoß sogar allerhöchsten kaiserlichen Schutz. Trotz dieser Nach-

drucke war aber die Anzahl neuer Titel immer noch gering. Bei den Buchhändlern überwogen die Bestände älterer Ausgaben die Neuerscheinungen bei weitem.
Wenn ein Buchhändler eine größere Zahl interessanter Titel aufgetrieben hatte, veranstaltete er eine Auktion. Die Interessenten wurden durch Verzeichnisse informiert und eingeladen. Der Gelehrte Leibniz hat sich oft darüber beklagt, wie mühsam es war, sich bei solchen Auktionen die Bücher zu beschaffen, die er haben wollte. Von Lessing wird erzählt, daß er einmal seinen Freund Nicolai bat, bei einer Auktion in Berlin für ihn einige Bücher zu ersteigern. Er hatte aber vergessen, daß er bereits an einen zweiten Bekannten mit derselben Bitte herangetreten war. Die beiden Beauftragten steigerten nun bei der Auktion verbissen gegeneinander und trieben die Preise gewaltig in die Höhe, bis schließlich einer von ihnen die gewünschten Bände in seinen Besitz bringen konnte.
Zur Zeit der Aufklärung begann allmählich die Demokratisierung des Lesens und des Buches. Die Buchhändler trugen durch die Errichtung von Leihbibliotheken wesentlich dazu bei. Leipzig wurde in jener Zeit zum Zentrum des deutschen Buchwesens und blieb es bis zum Zweiten Weltkrieg. Dort waren die großen Kommissionsbuchhandlungen konzentriert, die das wachsende Netz der Sortimentsbuchhandlungen in allen deutschen Landen versorgten. Ende des 18. Jahrhunderts kam es auch zu wichtigen inneren Reformen. Der Buchhandel wurde sich seiner Aufgabe gegenüber der Gesellschaft bewußt. Johann Friedrich Cotta, der Verleger der deutschen Klassiker, forderte nachdrücklich, Bücher so billig wie möglich zu machen.
Aber erst die technischen Fortschritte in der Produktion brachten im 19. Jahrhundert den entscheidenden Durchbruch. 1825 kam es zur Gründung des „Börsenvereins", der überregionalen Standesvertretung der Buchbranche. Sie nahm die spätere Einigung Deutschlands lange vorweg. Ein Markstein der Entwicklung war Reclams Universalbibliothek, jene große und preiswerte literarische Serie, die 1867 gestartet wurde und bestes Lesegut weiten Kreisen zugänglich machte. Gegen Ende des Jahrhunderts wurden in der „buchhändlerischen Verkehrs- und Verkaufsordnung" jene Regeln festgelegt, nach denen der Buchhandel auch heute noch arbeitet. Ihr Kernpunkt ist der feste Ladenpreis. Damals entstand auch der Begriff des Modernen Antiquariats: der Handel mit jenen Büchern, deren Ladenpreis von den Verlagen offiziell aufgehoben worden war. Der Antiquariatsbuchhandel traditioneller Art wurde dagegen vor allem zur Bezugsquelle für Wissenschaftler und Sammler.
Damit stehen wir an der Schwelle unserer Gegenwart. Das alte Zentrum Leipzig hat durch die politische Trennung für den bundesdeutschen Buchhandel seine Bedeutung verloren. Frankfurt am Main ist wieder an seine

Stelle getreten. Dort ist der Sitz des „Börsenvereins des Deutschen Buchhandels“, dort wird auch alljährlich die internationale Messe veranstaltet, die größte Buchmesse der Welt.
Sehen wir uns nun einmal an, welche Vertriebsformen der moderne Buchhandel entwickelt hat und was sie dem Leser bieten.
Der Großteil der Bücher wird in den Sortimentsbuchläden verkauft. Wir finden sie in allen Städten und größeren Orten. Der ehemalige deutsche Bundeskanzler Helmut Schmidt hat sie einmal ein „Netz geistiger Tankstellen“ genannt, und das sind sie in der Tat. Welches Angebot der einzelne Buchhändler führt, entscheidet er selbst nach eigener Erfahrung. Denn natürlich kann auch die bestsortierte Buchhandlung nur einen Teil der jährlichen Neuerscheinungen auf Lager nehmen. Das gilt auch für die neuen großen Buchhäuser, wie sie in den letzten Jahren in mehreren Großstädten entstanden sind. Alle Sortimentsbuchläden müssen neben Neuerscheinungen ja auch die wichtigsten Titel vergangener Jahre und eine große Zahl sogenannter Longseller vorrätig haben, ganz abgesehen von dem immer größer werdenden Angebot an Taschenbüchern.
Beraten wird der Buchhändler von den Vertretern der Verlage, die ihn mehrmals im Jahr besuchen, sowie von den Fachzeitschriften. Die Verlage liefern aber nicht direkt an die Buchhandlungen aus. Der Weg führt vielmehr über den Zwischenbuchhandel (Barsortimenter und Auslieferer). Dieser muß nicht nur sämtliche Neuerscheinungen, sondern das ganze gängige Angebot auf Lager halten, damit die Buchhändler, die bei ihm bestellen, rasch beliefert werden können. Der Leser vertraut darauf, daß ein Buch, das gerade nicht vorrätig ist, binnen weniger Tage besorgt werden kann.
Der Buchhändler versorgt natürlich auch die Schüler mit Lehrbüchern. Und er kennt die Leserwünsche seiner Stammkunden. In der Auslage seines Geschäftes zeigt er die interessantesten und aktuellsten Titel und lädt zum Eintreten und Schmökern ein. Doch ach, da ist die vielgenannte „Schwellenangst“, die viele Menschen abhält, eine Buchhandlung zu betreten: „Da käme ich mir vor, als ob ich in eine Apotheke ginge, ohne ein Rezept zu haben. Was sollte ich da bestellen?“ Nun, auch für ungeübte Leser ist der Besuch einer Buchhandlung kein Risiko. Der Buchhändler oder einer seiner Angestellten wird uns gerne beraten, wenn wir ihm nur andeuten, was wir suchen. Einen passenden Roman für die Mutter, die so gerne von der Jugendzeit schwärmt, findet er allemal. Aber die Angst, die eigene Unkenntnis in literarischen Belangen allzu deutlich zu verraten, bleibt für viele ein Hindernis. Etwa die Hälfte der Bevölkerung betritt nie eine Buchhandlung, das ist demoskopisch nachgewiesen. Und von jenen, die eine Buchhandlung besuchen, will nur etwa ein Drittel persönlich beraten werden. Vielleicht sollte das manche Buchhändler nachdenklich stimmen.

Eine spezielle Form der Buchhandlungen finden wir auf großen Bahnhöfen. Der Bahnhofsbuchhändler braucht für das Reisepublikum ein anderes Angebot als ein Sortimenter in der Stadt. Außerdem muß er die gesamte Kiosklitteratur führen. Vom Modernen Antiquariat, das wir meist nur in größeren Städten finden, haben wir schon gesprochen. Dort kann man Titel vergangener Jahre oft zu stark reduzierten Preisen erhalten. Seriöse Verlage legen aber Wert darauf, daß ihre wichtigen Bücher nicht zu rasch im Antiquariat landen. Das käme einer Mißachtung der Autoren gleich. In letzter Zeit sind allerdings einige Verlage dazu übergegangen, ihre Restauflagen schon nach wenigen Jahren nach Aufhebung der Ladenpreise an das Antiquariat abzugeben.

Eine völlig andere Vertriebsform, die vielen Lesern vertraut sein dürfte, sind die Buchgemeinschaften. Ihre Wurzeln reichen bis in die Zeit nach dem Ersten Weltkrieg zurück. Die im Volksbildungsgedanken der Arbeiterbewegung wurzelnde „Büchergilde Gutenberg" und die in Berlin gegründete „Deutsche Buchgemeinschaft", die sich an das bürgerliche Leserpublikum wandte, konnten neben einigen kleineren konfessionellen Buchgemeinden in den 20er Jahren bereits rund 700.000 Mitglieder gewinnen. Der entscheidende Aufschwung der Buchgemeinschaften kam jedoch erst zu Beginn der 50er Jahre, als im Zuge des Wiederaufbaus und als Folge der langen geistigen Isolation eine ungeheure Nachfrage nach Büchern bestand. Damals entstanden in rascher Folge die „Deutsche Hausbücherei" (heute „Deutscher Bücherbund"), der „Bertelsmann-Lesering", der „Europäische Buchklub" (EBG), die „Herder-Buchgemeinde" – um nur die bedeutendsten neuen Klubs zu nennen. In Österreich entstand die „Buchgemeinschaft Donauland", in der Schweiz die „Neue Schweizer Bibliothek" und der „Buchclub Exlibris". Insgesamt versorgen diese Klubs im deutschen Sprachraum rund 8 Millionen Mitglieder, beziehungsweise Haushalte, regelmäßig mit Büchern. Aus Untersuchungen geht hervor, daß rund drei Viertel dieser Mitglieder vorher mehr oder weniger ohne Bücher lebten. Die Klubs haben also ungeheuer viel zur Verbreitung des Lesens beigetragen.

Da sich die Klub-Idee als so erfolgreich erwies, wurde sie auch ins Ausland getragen, besonders vom Bertelsmann-Konzern. In Zusammenarbeit mit Verlagshäusern des jeweiligen Landes wurden Buchgemeinschaften in Frankreich, in den Niederlanden und den skandinavischen Ländern, in Spanien und Portugal, England und Italien sowie in mehreren süd- und mittelamerikanischen Ländern ins Leben gerufen. Der französische Klub „France Loisirs" ist heute mit rund 4,5 Millionen Mitgliedern der größte Buchklub der Welt. Dazu kommen Filialen in Belgien, Kanada und in der französischen Schweiz. Die relativ größte Mitgliederdichte aber erreicht „Donauland" in Österreich, wo mit mehr als 800.000 Mitgliedern jeder dritte bis vierte Haushalt erfaßt wird.

Buchgemeinschaftsmitglieder sind verpflichtet, in jedem Quartal wenigstens eine Bestellung zu machen. Seit den 60er Jahren führen die Klubs auch Schallplatten im Angebot. Dazu kamen später Musikkassetten, Musikgeräte und eine Auswahl von Spielen und technischen Geräten aller Art. Der gut funktionierende Vertriebsapparat soll eben möglichst vielseitig genützt werden. Doch im Mittelpunkt stand und steht das Buch. Zur Information der Mitglieder erscheint in jedem Quartal ein Katalog, in dem das Angebot vorgestellt wird. In den USA gibt es keinen großen Klub, der nach der Methode des Quartalsbezugs arbeitet, dafür zahlreiche Klubs mit Spezialprogrammen und monatlicher Lieferung. Insgesamt spielen Buchgemeinschaften im angloamerikanischen Raum keine so große Rolle wie bei uns.

In ihrer Programmpolitik müssen Buchgemeinschaften natürlich die Interessen aller Leserschichten berücksichtigen. Das Gesamtangebot umfaßt etwa 500 Titel und ist eine Auswahl dessen, was jeweils auf dem Markt ist. Die Lizenzausgaben sind ungekürzt und gut ausgestattet. Ihre Preise liegen meist 30% bis 40% unter denen der Originalausgaben der Verlage. Viele Buchhändler haben deshalb die Klubs zunächst mißtrauisch beobachtet. Mittlerweile hat sich aber erwiesen, daß ein großer Teil der Klubmitglieder zusätzlich auch in Buchhandlungen einkauft. Wenn das Lesebedürfnis einmal geweckt ist, geht man eben an einer Buchhandlung nicht mehr so unbeteiligt vorüber wie vorher. Was die Qualität und Aktualität der Programme betrifft, so wissen die Mitglieder, daß sie die wichtigen Neuerscheinungen im nächsten oder übernächsten Jahr auch im Programm ihrer Buchgemeinschaft finden werden. Dafür bürgt die enge Zusammenarbeit der großen Klubs mit allen wichtigen Publikumsverlagen.

Neben den Buchgemeinschaften hat nach dem Krieg auch der Reise- und Versandbuchhandel wieder an Bedeutung gewonnen. Er widmet sich vor allem dem Vertrieb umfangreicher, teurer Sammelwerke. Aus den USA kam das Mailorder-System, bei dem alles auf dem Postweg abgewickelt wird: die Ankündigung durch einen Prospekt, die Bestellung, die Auslieferung und Bezahlung. Vielbändige Lexika, historische Werke großen Umfangs, Kunstbuchserien, aber auch Hausbücher verschiedenster Art werden in der Regel auf diese Weise vertrieben.

Das letzte Jahrzehnt hat uns aber noch weitere Vertriebswege beschert, die mancher Buchhändler mit Sorge betrachtet. So haben die großen Kaufhäuser und Supermärkte durchwegs auch Buchabteilungen eingerichtet, in denen sie vor allem gängige Unterhaltungsliteratur und Kinderbücher anbieten. Soweit es sich dabei um die Originalausgaben einschlägiger Verlage handelt, ist diese Ausweitung des Vertriebsnetzes durchaus zu begrüßen. Warum soll man nicht auch im Supermarkt im Vorbeigehen ein Buch erstehen können? Oft aber werden für die Kaufhäuser ältere Titel, die nicht mehr auf dem Markt sind, auf dem Lizenzweg noch einmal „ausgewertet", wie es im Fachjargon heißt. Das wenig sachkundige Publikum greift dann zu, angelockt vom niedrigen Preis. Ob bei solcher Selbstbedienung, bei der jede Information und Beratung fehlt, der Bücherfreund wirklich zufriedengestellt werden kann, scheint fraglich. Selten sind und werden Supermarktkäufer auch echte Leser.

Neuerdings haben auch andere Vertriebsketten das Buch als Zusatzartikel entdeckt. In Kaffeegeschäften werden fallweise Kochbücher, Tierbücher, ärztliche Ratgeber oder ähnliche Hausbücher zu erstaunlich niedrigen Preisen angeboten. Der Leser fragt sich, wieso diese Bände so billig sein können. Nun, die Kaffeefirma läßt sie durch einen „Producer" in hoher Auflage selbst herstellen. Die Produktionskosten sind daher gering. Die Filialen, in denen das Buch angeboten wird, haben keine nennenswerten Lagerkosten, die Bände werden in kurzer Zeit abverkauft. Die Spesen, die sonst im Verlag, im Zwischenbuchhandel und schließlich beim Buchhändler auflaufen, fallen weg. Der Preis kann deshalb entsprechend niedrig sein.

Der Buchhandel sieht solche Entwicklungen mit Sorge. Der Leser aber darf sich über jede neue günstige Bezugsmöglichkeit freuen, vorausgesetzt, daß bei der Produktion von Bild und Text auf Qualität geachtet wird. Diese zu kontrollieren, wäre Sache einer an Kundendienst orientierten Medienkritik. Doch bisher haben sich die Kritiker um solche Produkte am Rande des Buchangebots noch nicht gekümmert.

Alle neuen Möglichkeiten im Vertrieb der Bücher sind grundsätzlich zu begrüßen, weil sie zur weiteren Demokratisierung von Buch und Lesen beitragen. Der traditionelle Buchhandel aber wird auf seine kulturelle Funktion zu achten haben. Jedes Buch, ob wir es nun im Buchhaus einer Großstadt, bei unserem Stammbuchhändler oder in einem bescheidenen Schreibwarengeschäft eines kleinen Ortes erstehen, ist eine geistige Leistung, also ein Stück Kultur. An dieser Auffassung wollen wir Leser festhalten. Und da sich alle Vertriebsformen des Buchhandels an uns Leser wenden, haben wir letzten Endes das entscheidende Wort.

Von Bibliophilen und anderen Sammlern

Sammeln ist ein beliebtes Hobby. Was wird da nicht alles gesammelt: Ansichtskarten, Autogramme, Banknoten, Bierdeckel, Briefmarken, Exlibris, Gläser, Graphiken, Käfer, Medaillen, Mineralien, Münzen, Puppen, Schmetterlinge, Streichholzschachteln, Zinnsoldaten und vieles andere. Und natürlich Bücher!

Bei den Büchersammlern gibt es zwei ganz verschiedene Motive und Typen. Der eine sammelt Kostbarkeiten. Den Inhalt der Bücher liest er kaum. Alte Drucke und seltene Ausgaben interessieren ihn, besonders schöne, wertvolle Einbände, Bücher mit einer Widmung des Verfassers, kurzum alles, was alt und kostbar ist und was man gelegentlich in Antiquariaten aufstöbern kann. Er ist ein Bibliophile, also ein Bücherfreund und -sammler, und die Leidenschaft, der er frönt, ist die Bibliophilie. Dem anderen kommt es nur auf den Inhalt an. Ihm ist es einerlei, ob es sich um eine Erstausgabe oder um ein Taschenbuch handelt, wenn es nur um sein Lieblingsthema geht, das er sammelt und natürlich sofort liest. Auch er ist ein Bücherfreund, aber einen Bibliophilen würde er sich nicht nennen.

Bleiben wir zunächst bei den Bibliophilen. Es gab sie schon vor der Erfindung des Buchdrucks, denn die Leidenschaft, seltene und kostbare Dinge zu sammeln, ist wahrscheinlich so alt wie die menschliche Kultur. Und die von den Mönchen geschriebenen und von ihnen kunstvoll in Leder gebundenen Handschriften des Mittelalters waren tatsächlich Kostbarkeiten. Dasselbe gilt natürlich auch von den frühen Drucken des 15. und 16. Jahrhunderts. Außerhalb der Klöster hatten meist nur hohe weltliche und geistliche Herren die Möglichkeit, solche Schätze zu sammeln. Ulrich Fugger († 1510), ein Mitglied der berühmten Augsburger Kaufmannsfamilie, wurde von seinen Angehörigen unter Vormundschaft gestellt, weil er zu viel Geld für Bücher ausgab. Man sagte, seine Bibliothek habe so viele Bücher wie der Himmel Sterne. Von dem italienischen Renaissancedichter Francesco Petrarca († 1374) weiß man, daß er ein begeisterter Sammler war. In einem Brief schrieb er einmal: „Du mußt wissen, daß mich eine unersättliche Begierde gefangenhält, die ich bisher weder zügeln kann noch will . . . Um Bücher handelt es sich, von denen ich einfach nicht genug haben kann. Doch geben Bücher eine tiefe Befriedigung . . . und jedes Buch weckt den Wunsch, weitere kennenzulernen."

Die frühen Drucke vergrößerten das bis dahin auf Handschriften beschränkte Angebot, auch wenn die Druckauflagen damals noch sehr klein waren. Die Auflage der Gutenberg-Bibel (1455), die aus zwei Foliobänden mit zusammen 1282 Seiten (zu je zwei Spalten) bestand, dürfte zwischen 200 und 300

Exemplaren betragen haben. Heute sind davon nur noch 47 Exemplare erhalten, die sich durchwegs im Besitz großer nationaler Bibliotheken befinden und praktisch unbezahlbar sind. Die erste Auflage von Luthers Bibelübersetzung (1522) betrug bereits rund 3000 Exemplare. Das erste mit einem Kupferstich illustrierte Buch ist 1477 in Florenz erschienen. In der Folge wurden Kupferstiche in Büchern oder auch als Einzelblätter begehrte Sammelobjekte und sind es bis heute geblieben.
Auch das Buchbinderhandwerk, das sich parallel zu den Druckereien entwikkelte, bescherte den Bibliophilen wertvolle Sammelobjekte. In Holland erfand man Prägestempel für den Schmuck des Einbands. Aus Italien kamen Einbände mit orientalischen Mustern in Goldprägung. Diese „persisch" gebundenen Bücher waren Spitzenleistungen der Handwerkskunst und dementsprechend teuer. Für Kenner der Buchkunst gab es also immer mehr interessante Objekte, bis im 18. Jahrhundert die Bibliophilie ihren Höhepunkt erreichte. Die Bibliothek wurde zum Standessymbol, nicht nur für Gelehrte und die hohe Geistlichkeit, sondern auch für den Adel. Die Mode ging während der Rokokozeit von Frankreich aus und wurde, wie der französische Lebensstil insgesamt, in ganz Europa nachgeahmt. Wer etwas auf sich hielt, mußte Bücher sammeln.
Die Französische Revolution machte dieser Entwicklung ein jähes Ende. Die meisten Adelssitze wurde geplündert, und ungeheure Mengen seltener Bücher landeten auf den Büchertischen der Trödler an den Seine-Quais. Das führte zu einem rapiden Preisverfall, da es gleichzeitig auch an Käufern mangelte. So fand man schließlich für viele Exemplare eine andere Verwendung: Man trennte das wertvolle Leder von den Einbänden und verarbeitete es zu Taschen, Lampenschirmen oder Damenstiefeln. Einige Millionen unersätzliche Werke dürften damals vernichtet worden sein.
Heute findet der bibliophile Büchersammler im Angebot der Antiquariate nur noch selten ganz wertvolle Kostbarkeiten aus der Frühzeit der Buchkunst. Aber deutsche und lateinische Werke aus dem 18. Jahrhundert, Traktate, Heiligengeschichten, historische, geographische, naturwissenschaftliche Werke und dergleichen gibt es noch in jedem Katalog, den der Antiquar an seine Stammkunden verschickt. So findet der Kenner auch heute noch ein weites Jagdrevier, auch wenn das eine oder andere alte Werk vielleicht „kleine Wurmspuren" oder der Einband „Stockflecken" aufweist. Als „alt" gelten in der Sammlerpraxis alle Bücher, die erschienen sind, ehe um 1830 die Produktion mit der Schnelldruckpresse anlief. In manchen größeren Städten haben sich die Bibliophilen, wie andere Sammler auch, zu Vereinen zusammengeschlossen.
Antiquariate sind auch der einzige Schnittpunkt, wo sich die Interessen der Bibliophilen und jener Sammler treffen, die Bücher wegen ihres Inhalts

sammeln. Auch sie sind Spezialisten, aber nur bezüglich der Themen, für die sie sich interessieren. Die Vielfalt solcher Spezialgebiete ist so bunt wie das Leben selbst. Da gibt es Sammler, die sich nur für Napoleon-Literatur begeistern. Viele hundert Bände hat da mancher in seinem Besitz, von wissenschaftlichen Geschichtswerken bis zu Trivialromanen über die schöne Josephine und andere Frauen um Napoleon. Sie freuen sich über jeden Fehler, den sie in der Romanliteratur um ihren Helden entdecken. Oft wissen sie genau, wer wo „abgeschrieben" hat und wie so manche Geschichtslüge zäh am Leben bleibt. In einem Napoleon-Quiz würden sie jede Frage beantworten können. Dieses lückenlose Wissen auf ihrem Spezialgebiet gibt ihnen offensichtlich eine unerhörte Befriedigung.

Andere sammeln Kriegsbücher, wieder andere Gespenstergeschichten oder Almanache. Einer ist auf den Amazonas spezialisiert, ein anderer auf Marilyn Monroe, und ein weiterer befaßt sich seit vielen Jahren mit der Gestalt Buddhas und seiner Lehre. Auch die verschiedenen Ausgaben eines Lieblingsautors werden gerne gesammelt. Auf diese Weise sind schon große, wertvolle Sammlungen entstanden, wie etwa die Cervantes-Sammlung des Spaniers Mecheta, die 9000 Bände umfaßte. Darunter befanden sich über 2000 verschiedene Ausgaben des Don Quichote in 51 Sprachen. Der Sammlerleidenschaft sind keine Grenzen gesetzt, es seien denn finanzielle. Wenn jemand zum Beispiel alle Literatur über seine Heimatstadt sammelt, wird er auch manchmal auf alte, kostbare Werke bibliophilen Charakters stoßen, die ihren Preis haben. Dennoch kann man auf jedem finanziellen Niveau zum Büchersammler werden, das schöne Hobby ist heute kein Privileg der begüterten Klassen mehr.

Relativ neu und sehr beliebt ist das Sammeln von Autogrammen bekannter Autoren. Dazu gibt es in unserer Zeit des Autos und Flugzeugs oft Gelegenheit. In jedem größeren Ort werden von Zeit zu Zeit Dichterlesungen veranstaltet. Im Anschluß an die Lesung gibt der Autor gern in vorbereitete Exemplare eines seiner Bücher sein Autogramm. Auch Signierstunden in Buchhandlungen, die oft im Zuge von Werbeaktionen für Neuerscheinungen veranstaltet werden, bieten dieselbe Gelegenheit. Das Exemplar mit dem Autogramm des Verfassers ist dem Bücherfreund in Erinnerung an die persönliche Begegnung dann besonders wertvoll. Eine Umfrage im Bereich des Buchhandels hat ergeben, daß die Zahl der Bibliophilen und Büchersammler nicht sehr groß ist und eher stagniert. Sammeln setzt eben ein sehr ausgeprägtes, konstantes Interesse voraus. Vielleicht nimmt der Buchhandel hier seine Chancen nicht genug wahr. Mancher Stammkunde könnte vielleicht zu einem Sammler erzogen werden, wenn er regelmäßig und behutsam zu seinen Lieblingsthemen hingelenkt würde.

Im Lesepublikum unserer Zeit bilden Bibliophile und Themensammler also eine Minderheit. Doch wo ist die Grenze zwischen einem Sammler und einem vielseitig interessierten Leser, der sich regelmäßig Bücher verschiedenster Art anschafft und sie seiner Bibliothek einverleibt? Ist nicht jede schöne, vernünftig aufgebaute Hausbibliothek eine kleine Sammlung, auf die ihr Besitzer stolz sein darf?

Das Buch kommt nicht zum Menschen: der Mensch muß zum Buch kommen und Zeit haben für das Buch – nur ein freier Mensch vermag das.

Leo Weismantel

Buchkritik in den Medien und andere Informationsquellen

Wer Bücher liest, braucht angesichts des großen Angebots Informationen, Ratschläge, Orientierungshilfen. Wo findet er sie? Beginnen wir beim Nächstliegenden, den Buchbesprechungen in den Zeitungen.

In großen Zeitungen ist der Kritiker ein Fachmann für Literatur. Von ihm erwartet der Leser „sachverständigen Rat", wie Friedrich Sieburg, der Altmeister der Literaturkritik, einmal sagte. Er will etwas hören über den Autor eines Werkes und über den Inhalt. Und schließlich wünscht er sich eine abschließende kritische Stellungnahme. Doch hier beginnt bereits das Dilemma. Die Fachwelt unterscheidet gerne zwischen Literaturkritik und Buchkritik. Erstere beurteilt ein Werk ausschließlich unter dem Aspekt der Ästhetik und der Literaturtheorie. Nur die schlichte Buchkritik bringt Informationen für den Leser.

Die Literaturkritiker der großen Zeitungen schreiben für eine kleine, gebildete Minderheit. Ein paar Literaturpäpste entscheiden über Bedeutung oder Bedeutungslosigkeit eines Werkes, die anderen übernehmen in der Regel dieses Urteil. Wo bleiben da die Interessen eines Durchschnittslesers, der vor allem informiert und beraten werden will? Einer von ihnen hat seine Meinung einmal so formuliert, nachdem er den superklugen Verriß eines Buches aus der Feder eines maßgebenden Kritikers gelesen hatte: „Da wird ein Autor lächerlich gemacht, den ich nicht kenne. Ein Inhalt verrissen, von dem ich nichts weiß und auch nichts erfahren habe. Und das alles in einer Sprache, die ich kaum verstehe. Was soll ich damit?"

Nun muß es nicht immer so schlimm sein. Schließlich sitzen in den Kulturredaktionen unserer großen Zeitungen kluge Leute, die sich ihrer Aufgabe wohl bewußt sind. Aber vielleicht müßte eben diese Aufgabe im Sinne einer umfassenden Leseerziehung einmal neu überdacht werden. Empirische Untersuchungen der Buchkritik in den deutschsprachigen Zeitungen haben jedenfalls typische Fehlhaltungen ans Licht gebracht: Die besprochenen Werke werden oft nicht nach ihrem „Gesprächswert" ausgewählt, sondern einseitig nach ihrer ästhetischen oder wissenschaftlichen Bedeutung. Damit werden viele potentielle Leser von vornherein ausgeschlossen. Auch für den Buchhandel wird durch die einseitige Auswahl die Werbewirkung erheblich eingeschränkt. Viele Kritiker können sich die Auseinandersetzung mit einem Werk nur als Fachgespräch vorstellen. Die modernen Darstellungsformen des Journalismus, wie Glosse, Interview, Reportage oder einfache Nachricht, sind auf den Feuilletonseiten nicht zu finden. Das Ergebnis sind die „Rezensionsfriedhöfe" auf den Literaturseiten, die der Durchschnittsleser meist überblättert.

Und wie steht es mit den regionalen und lokalen Zeitungen? Sie bringen nur selten Buchkritiken. Theaterpremieren, Konzerte und natürlich Filme werden besprochen. Für den Buchkritiker ist selten Platz auf der Kulturseite. Er macht sich's deshalb auch leicht und begnügt sich oft mit einem Auszug aus dem Klappentext. Diese seltsame Zurücksetzung der Bücher gegenüber den anderen Sparten des kulturellen Alltagslebens finden wir im ganzen großen Blätterwald. Sie kann auch durch ein paar Seiten „Buchempfehlungen zur Weihnachtszeit" nicht aufgewogen werden.

Die Wirksamkeit der Buchbesprechungen in der Presse ist deshalb gering. Nur 15% bis 20% der Buchkäufer geben an, durch ihre Zeitung zum Kauf eines Buches angeregt worden zu sein. Natürlich haben Fachleute längst darüber nachgedacht, wie dieser Zustand zu ändern wäre. Voraussetzung ist wohl eine neue Einstellung zu Buch und Leser im Sinne einer zeitgemäßen Kulturpolitik. Man redet von Chancengleichheit in der Bildung, tut aber wenig dazu, das Lesen – als Voraussetzung dafür – zu einer Selbstverständlichkeit zu machen. Anläßlich der Verleihung des Ingeborg-Bachmann-Preises 1985 faßte der Vorsitzende der Jury, Marcel Reich-Ranicki, die Meinung über einen interessanten, aber relativ einfachen Text so zusammen: „Das ist ein Buch für Leser, nicht für Kritiker." Warum diese unselige Unterscheidung? Warum können sich Kritiker nicht auch mit lesbaren, unterhaltenden Büchern befassen? So wie sich Musikkritiker heutzutage bemühen, die Grenzen zwischen E- und U-Musik (ernster und unterhaltender Musik) abzubauen, so sollten sich auch Literaturkritiker bemühen, den künstlichen Graben zwischen literarischen Werken einerseits und unterhaltenden oder informativen Büchern andererseits nicht weiter zu vertiefen, sondern zu überwinden. Ihre Kollegen in Frankreich, England oder den USA praktizieren das längst, und das Publikum dankt es ihnen mit nachgewiesenem Interesse.

Schwieriger als die Printmedien haben es Radio und Fernsehen, wenn sie über Bücher berichten. Im Radio gibt es aber im Rahmen des Bildungsprogramms fast überall feste Sendungen, in denen Buchbesprechungen gebracht werden. Sie bieten in der Regel etwas mehr Darstellung der Inhalte und weniger literarische Analysen als die Druckmedien und werden deshalb von engagierten Lesern gerne gehört.

Das Fernsehen steht, was Bücher betrifft, vor keiner einfachen Aufgabe. Denn ein Buch ist nun einmal nicht telegen, der Autor auch nicht immer. Es hat schon viele Versuche gegeben, Büchersendungen lebendig zu gestalten. Da gab es Interviews mit Autoren, Lebensbilder, Fragespiele und anderes. Viele Sendungen wurden wieder eingestellt, weil sie nicht ankamen. Aber immer wieder macht man einen neuen Anlauf, zuletzt in der Schweiz. Zu guter Sendezeit werden dort einmal im Monat Lesetips von Prominenten,

Autoreninterviews, Informationen über die Schweizer Bestsellerliste sowie ein einfaches Ratespiel zu einer bunten Sendung verpackt, die zunächst den Titel „Gut aufgelegt" führte, mittlerweile aber in „Literaturmagazin" umbenannt wurde.
Am aktivsten im deutschsprachigen Bereich scheint das Österreichische Fernsehen (ORF) zu sein mit derzeit drei regelmäßigen Sendereihen, von denen die „Spiegelbilder" (ein Ratespiel um das Lieblingsbuch eines Prominenten) beim Publikum am besten ankommen. 1985 hat der ORF mit seinen „Bücherspots" darüber hinaus einen neuen Versuch unternommen. Im Anschluß an verschiedene aktuelle Sendungen wird jeweils in einer kurzen Einblendung ein zum Thema passendes Buch vorgestellt. Das ergibt im Laufe eines Jahres viele hundert Informationen über interessante Titel und ihre Autoren, wobei Sachbücher zum Thema Lebenshilfe überwiegen.
Am stärksten von allen westeuropäischen Sendeanstalten engagiert sich das französische Fernsehen für das Bücherlesen, und zwar nicht nur im Zusammenhang mit den großen nationalen literarischen Preisen, die traditionsgemäß in allen Medien große Beachtung finden. Da gibt es unterhaltende und informative Sendungen verschiedenster Art bis hin zu einem Ratelotto, bei dem fünf belletristische und fünf Sachbuch-Bestseller vorgestellt werden, von denen das Publikum die Verkaufsziffern erraten soll. Die Verhältnisse jenseits des Rheins sind jedenfalls ein Beweis dafür, daß bei uns die Möglichkeiten noch lange nicht ausgeschöpft sind. Wir Leser wollen aufmerksam beobachten, was uns das Fernsehen heute oder morgen zu bieten hat, ohne aber dieses Medium zu überfordern. Am wirkungsvollsten sind zweifellos die Anregungen, die von literarischen Filmen und Serien oder wissenschaftlichen Sendungen ausgehen. Insgesamt gaben rund 30% der Buchkäufer an, durch Funk und Fernsehen zum Kauf angeregt worden zu sein.
Damit haben wir aber noch nicht alle Möglichkeiten erschöpft, uns über das Buchangebot zu informieren. Die Buchbranche selbst – Verleger und Buchhändler – stellt uns weiteres Material zur Verfügung. So geben die Verlage ein- oder zweimal im Jahr Kataloge heraus, in denen sie ihre Neuerscheinungen vorstellen. Diese Verlagskataloge sind in erster Linie für die Buchhändler bestimmt, die sie auf Wunsch an ihre Kunden weitergeben. Wer für die Produktion eines bestimmten Verlages Interesse hat, sollte seinen Buchhändler regelmäßig um die neuen Kataloge ersuchen. Natürlich werden dort die Neuerscheinungen nicht kritisch, sondern werbemäßig vorgestellt.
Die Fachzeitschriften des Buchhandels („Börsenblatt für den Deutschen Buchhandel", „Buchreport", „Buchmarkt", dazu der „Anzeiger des österreichischen Buchhandels" und „Der Schweizer Buchhandel") dienen der Information der Verleger, Buchhändler und aller ihrer Mitarbeiter. Für das Publikum sind sie nicht bestimmt. Es gibt aber auch informative Magazine

für Leser, die rührige Buchhändler gratis an ihre Kunden abgeben. Dreimal im Jahr erscheint „Buch aktuell" (übrigens bereits seit 1973), sechsmal das „Buchjournal". Beide Werbemagazine werden von Firmen des Buchhandels herausgegeben und durch Verlagsinserate finanziert. Sie bieten Interviews mit Schriftstellern, Abhandlungen über wichtige Themen, Besprechungen vieler Neuerscheinungen und sonstige Lesetips. Leider werden diese Werbe- und Informationsmöglichkeiten noch lange nicht optimal genützt, es gibt noch viel zu viele Buchhändler, die die beiden Magazine nicht führen, ja oft nicht einmal kennen.

Direkt an die Leser wendet sich „Titel – Das Magazin für Bücher". Auf dem reichbestückten Zeitschriftenmarkt ist dies die einzige Spezialzeitschrift für Bücherfreunde. Hier dominieren nicht Verlagsinserate, sondern Beiträge eines qualifizierten Mitarbeiterstabes, der sich aus Autoren und Kritikern zusammensetzt. Alles, was der Leser im Feuilletonteil seiner Zeitung meist vergebens sucht, wird ihm hier geboten: eine umfassende Orientierung über alle literarischen Strömungen und wichtigen Neuerscheinungen. Eine selbstermittelte Bestsellerliste, die neben Belletristik, Sachbüchern und Taschenbüchern auch die meistgekauften Longseller nennt, komplettiert den Inhalt. Neuerdings wird eine 24seitige Sonderausgabe von „Titel" gratis einer weitverbreiteten Programmzeitschrift beigelegt und erreicht auf diese Weise über 2 Millionen Haushalte. So wie sich Modebeflissene regelmäßig Modejournale kaufen, so sollten engagierte Leser „Titel" abonnieren. Das meinungsfreudige, unterhaltende Magazin wird keinen Bücherfreund enttäuschen.

In der Vorweihnachtszeit finden wir in der Tageszeitung oft einen Weihnachtskatalog beigelegt, den ein Buchhändler der Stadt oder auch ein Buchhändlerverband herausgebracht hat. Er enthält neben den wichtigen Neuerscheinungen des Jahres auch die besten Longseller vergangener Jahre. Über die lokalen oder regionalen Zeitungen erreichen diese Beilagen ein breiteres Publikum und stimulieren das Weihnachtsgeschäft. Insgesamt werden durch Kataloge, Prospekte und gemeinschaftliche Werbemittel des Buchhandels und der Verlage rund die Hälfte aller Buchkäufe angeregt.

Mitglieder einer Buchgemeinschaft erhalten regelmäßig ihre Quartalskataloge, die sie über das Angebot informieren. Dabei können allerdings nur die Neuerscheinungen ausführlicher besprochen werden. Auch hier handelt es sich nicht um kritische Stellungnahmen, sondern um Werbetexte. Sie sind für den Leser aber insofern nützlich, als sie vor allem den Inhalt der Bücher wiedergeben. Das Mitglied weiß also, was es kauft. Diese Information und die Möglichkeit, in Ruhe daheim und unter Mitwirkung der Familie die Auswahl treffen zu können, werden neben dem ermäßigten Preis als Hauptvorteil der Klubmitgliedschaft eingeschätzt.

Als letzte Informationsmöglichkeit seien noch die Buchausstellungen erwähnt, die im Spätherbst in vielen Städten stattfinden. Veranstalter sind meist die Landesverbände des Buchhandels, in kleineren Städten oft auch einzelne rührige Buchhändler. Ein besonders interessantes Beispiel einer solchen Bücherschau wird aus Spanien gemeldet. Die „Feria del Libro", die dort seit über 50 Jahren im Juni im Retiro-Park von Madrid veranstaltet wird, lockt etwa 1,5 Millionen Besucher an. In jahrmarktähnlicher, fröhlicher Stimmung bummeln sie an der etwa zwei Kilometer langen Reihe der Buchstände entlang, schmökern in den ausgestellten Bänden oder Broschüren und lauschen den zahlreichen Autoren, die da lesen und signieren. Eine ähnliche Veranstaltung, wenn auch kleineren Ausmaßes, hat man 1985 anläßlich einer Buchhändlertagung in Düsseldorf versucht. Der „Bücher-Bummel" auf der Königsallee war ein voller Erfolg und soll in Zukunft in jedem Jahr stattfinden. Wenn Verleger und Buchhändler in so einladender Weise „auf die Leser zugehen", lassen sich diese nicht lange bitten.

Die Buchmesse in Frankfurt am Main hingegen ist eine Fachmesse. Sie ist die größte Buchausstellung der Welt. 1985 wurden dort rund 320.000 Publikationen (darunter 90.000 Neuerscheinungen) aus 77 Ländern vorgestellt. Sie ist ein Treffpunkt der Verleger, Agenten, Autoren und Journalisten aus aller Welt. Da werden Kontakte geknüpft, Verträge angebahnt, Empfänge und Pressekonferenzen jagen einander und halten die Medien in Atem. Das lesende Publikum, das nur zum Wochenende Zutritt hat, kommt sich dort ein wenig verloren vor. In Scharen drängt es dann durch die Hallen, sammelt Prospekte und freut sich, wenn zufällig ein prominenter Autor zu sehen ist. Dem nachdenklichen Besucher wird hier wie nirgends sonst deutlich, welche Bedeutung der Buchbranche in unserer Zeit zukommt. Und wenn er dann wieder daheim vor seiner eigenen kleinen Bibliothek steht, weiß er, daß auch sie ein Teil jener geistigen Welt ist, die sich auf der Messe in Frankfurt so überwältigend präsentiert.

Vom Ausleihen der Bücher

Heutzutage kauft sich ein Leser den Großteil seiner Bücher selbst oder besorgt sie sich im Freundeskreis. Die öffentlichen Bibliotheken haben nicht mehr jene Bedeutung, die ihnen in früherer Zeit zukam. Historisch gesehen hätte es aber ohne Bibliotheken nie zu jener Ausbreitung und Demokratisierung der Lesekultur kommen können, derer wir uns heute erfreuen.

Wir müssen uns also ein wenig in der Geschichte umsehen. Aus der Antike kennen wir die Bibliothek von Alexandrien, die zu den kulturellen Höchstleistungen des Altertums zählte. Mit ihren rund 700.000 Papyrusrollen war sie für die Überlieferung der griechischen Literatur und Wissenschaft von überragender Bedeutung. Öffentliche Bibliotheken im heutigen Sinn gab es aber erst im Rom der Kaiserzeit. Unter Konstantin soll es 28 Zweigstellen gegeben haben, die das lesekundige, kultivierte Publikum mit dem ganzen lateinischen Schrifttum versorgten. Die Klosterbibliotheken des Mittelalters hingegen waren von ganz anderer Art. Sie dienten ausschließlich theologischen Zwecken und waren selbst für Gelehrte außerhalb der Klostermauern kaum zugänglich.

Das reiche kulturelle Erbe der Antike, das im Abendland so gut wie verlorengegangen war, blieb im islamischen Osten zum Glück erhalten. Zentrum des geistigen Lebens im 8. bis 10. Jahrhundert war die Bibliothek von Bagdad. Später gewannen auch Bibliotheken in Ägypten und Spanien große Bedeutung. Die christliche Welt hatte dem lange nichts Vergleichbares entgegenzusetzen. Erst im 12. bis 14. Jahrhundert entstanden, von Italien ausgehend, einzelne Fürsten- und Universitätsbibliotheken sowie bürgerlich-städtische Ratsbibliotheken.

Bedeutende Privatsammlungen wurden vielfach zu Keimzellen großer nationaler Bibliotheken. So legte Herzog Albrecht V. den Grundstein zur Staatsbibliothek München. Der Große Kurfürst war der Gründer der Schloßbibliothek Berlin. Die Nationalbibliothek Wien geht unter anderem auf Kaiser Maximilian I. zurück. Die schon erwähnte Sammlung Ulrich Fuggers, der wegen seiner Sammelleidenschaft bei seiner Familie in Ungnade gefallen war, kam zunächst an den Erzbischof von Mainz und von diesem später an die Universität Heidelberg. Alle diese wertvollen bibliophilen Sammlungen wurden jedoch eifersüchtig als Privatbesitz gehütet und in entsprechend repräsentativen Bauten untergebracht. Die berühmte Bodleiana in Oxford (nach ihrem Gründer Sir Thomas Bodley benannt) und die Ambrosiana in Mailand (gegründet von dem Grafen Borromeo, Erzbischof von Mailand), die zu Beginn des 17. Jahrhunderts entstanden, waren die ersten großen Sammlungen, die Studenten und Gelehrten zugänglich gemacht wurden. Aus dem deutschen Sprachraum sei noch die 1572 von Herzog August in Wolfenbüttel begründete Bibliothek erwähnt, weil sie kürzlich wieder in den Mittelpunkt des Interesses gerückt ist. Sie zählt mit rund 70.000 Bänden zwar zu den kleineren Sammlungen, hat aber einen besonders reichen Bestand wertvoller alter Handschriften. Als 1983 das Evangeliar Heinrichs des Löwen in London versteigert wurde, konnte ein deutsches Finanzkonsortium die kostbare Handschrift um 32 Millionen DM ersteigern. Nach einer Ausstellungsreise durch mehrere Großstädte Deutschlands soll das einmalige Kulturzeugnis wieder an seinen angestammten Platz, die Herzog-August-Bibliothek in Wolfenbüttel, zurückkehren.

Erst die Aufklärung brachte mit der Idee der allgemeinen Volksbildung die Öffnung der Bibliotheken für breite Kreise. Die Lesekabinette jener Zeit sowie die zahlreichen, von Buchhändlern eröffneten Leihbibliotheken stellten erstmals dem Publikum das Lesegut ihrer Zeit zur Verfügung. In England (ab 1850), in den USA (ab 1851) und in den skandinavischen Ländern nahmen die „public libraries" neben den wissenschaftlichen Bibliotheken der Universitäten einen rasanten Aufschwung. In den deutschsprachigen Ländern setzte sich der Gedanke eines aus öffentlichen Mitteln finanzierten Volksbüchereiwesens erst gegen Ende des vorigen Jahrhunderts durch. Ein Richtungsstreit hemmte lange die Entwicklung. Auf der einen Seite standen die Vertreter der Massenausleihe nach dem Vorbild der „public libraries". Auf der anderen Seite standen jene, die den Bibliotheken einen speziellen Bildungsauftrag zusprachen und sich daher auf literarisch wertvolle Bücher beschränken wollten. Erst seit der Mitte unseres Jahrhunderts hat sich endlich die Auffassung allgemein durchgesetzt, daß öffentliche Bibliotheken der Freizeitgestaltung und Unterhaltung, der Information und Meinungsbildung des breiten Publikums dienen sollten.

Die Vielfalt der heutigen Bibliotheken ist also historisch bedingt und ein Ausdruck ihrer verschiedenen Aufgaben. Die National- und Universalbibliotheken dienen der Sammlung der nationalen Literatur aller Art und aller Zeiten. Universitäts- und Hochschulbibliotheken haben die Aufgabe, die für Forschung, Lehre und Beruf notwendige wissenschaftliche Literatur bereitzustellen. Beide Gruppen sind öffentlich zugänglich. Dem Wissens- und Unterhaltungsbedürfnis der gesamten Bevölkerung dienen die öffentlichen Büchereien, die es heute in allen größeren Orten gibt. Daneben finden wir aber auch noch eine große Zahl von Bibliotheken, die nur einem begrenzten Besucherkreis zugänglich sind, auch wenn ihre Buchbestände ein allgemeines Angebot umfassen: Gewerkschafts- und Parteibibliotheken, kirchliche und Gemeindebibliotheken, Werksbibliotheken, Truppen-, Krankenhaus-, Gefängnisbüchereien und Schulbibliotheken. Ein spezieller Fall sind Blindenbibliotheken, die von den Blindenverbänden verwaltet werden.

Die Effektivität einer Bibliothek hängt vom Bücherbestand, aber auch von der Art ihrer Verwaltung ab. In öffentlichen Bibliotheken gibt es mindestens eine hauptamtliche Kraft, die den Besuchern ganztägig zur Verfügung steht. In kleineren Büchereien wird die Ausleihe meist von freiwilligen Bibliothekaren besorgt. In den Großstädten sind die Volksbüchereien über alle Wohnbezirke verteilt, sie sollen ja leicht erreicht werden können. So gibt es in München 69, in Hamburg 57, in Wien 54 Zweigstellen. Die Buchbestände betragen in diesen Städten über 2 Millionen Bände, auch Hannover, Köln, Essen, Duisburg, Stuttgart und Frankfurt melden noch über 1 Million. Die höchsten Ausleihziffern im Verhältnis zur Bevölkerung werden aber in kleinen Städten beobachtet, wo manchmal mehr als 10 Ausleihen je Einwohner gezählt werden. Das hängt wohl damit zusammen, daß in Großstädten der private Buchbesitz größer und der Zusatzbedarf der Leser entsprechend kleiner ist.

International gesehen ist die Dichte des Bibliothekswesens in England und den skandinavischen Ländern größer als bei uns. In der Bundesrepublik gibt es rund 15.000 öffentliche, davon etwa 7000 staatliche Bibliotheken sowie rund 3000 Hochschulbibliotheken. In der DDR, wo die Volksbildung durch die Büchereien nach wie vor ein kulturpolitisches Ziel ist, gibt es rund 13.000 staatliche sowie 5000 Gewerkschaftsbibliotheken. Diese Zahlen mögen genügen, um die Bedeutung der Bibliotheken für die Lesekultur der Gesellschaft zu veranschaulichen.

Der interessierte Bücherfreund sollte das Angebot der Bibliotheken nützen. Die Beschäftigung mit schwierigen Sachfragen, zu der man umfangreiche Literatur braucht, mag ebenso ein Anlaß dazu sein wie das Interesse für ein bestimmtes Thema oder einen Autor, den man näher kennenlernen will. Dann reicht die eigene Bibliothek nicht aus. In der Volksbücherei um die Ecke findet man alles, was man kennenlernen möchte. In Dänemark oder England ist dieser Weg in die Bibliothek ganz selbstverständlich. Bei uns hat er immer noch einen leichten Anhauch von Bildungsmentalität, der viele stört. Vielleicht sollten die öffentlichen Büchereien selbst ein wenig aktiver sein und den Kontakt zu ihrem Publikum durch Dichterlesungen, Vorträge und Diskussionen intensivieren.

Doch wechseln wir noch kurz das Thema. Wie viele Bücher im privaten Kreis verliehen werden, kann man nur vermuten, aber nicht wissenschaftlich erfassen. Vielleicht ist dieser Bücheraustausch von einem Leser zum anderen zahlenmäßig ebenso wichtig wie die Tätigkeit aller Bibliotheken zusammen. Er hat jedenfalls einen persönlichen Hintergrund, den jeder schätzt: Man kann mit dem Nachbarn, mit dem Freund, dem man ein Buch geliehen hat, darüber sprechen, kann Meinungen austauschen und Urteile vergleichen, kann auch voneinander lernen.

Es gibt viele Anekdoten und Geschichtchen über verliehene Bücher, die nicht wieder zurückgegeben wurden. Jeder von uns hat selbst schon solche Erfahrungen gemacht. Von Immanuel Kant, der ein großer Bücherfreund war, wird erzählt, daß ihn eines Tages ein Kollege um zwei Bände eines kostbaren Werkes bat. Kant erfüllte die Bitte, doch als er nach einem Jahr die beiden Bände noch immer nicht zurückbekommen hatte, schrieb er dem Freund. Als auch der Brief unbeantwortet blieb, packte er die zwei übrigen Bände des Werkes ein und schickte das Paket dem säumigen Kollegen mit dem Hinweis, daß wenigstens einer von ihnen das Werk vollständig haben sollte. Die Sendung tat endlich ihre Wirkung: Kurze Zeit später konnte Kant die vier Bände wieder an ihren alten Platz in seiner Bibliothek zurückstellen.
Nicht alle Geschichten von leidgeprüften Verleihern und oberflächlichen Freunden gehen so gut aus. So manches entliehene Buch landet auch beim Antiquar oder auf dem Flohmarkt. Doch bleiben wir bei Kant. Er hat ja auch die moralische Grundregel formuliert, die im Bücher-Leihverhalten zwischen Freunden gelten sollte. Wir können sie so variieren: Behandle entliehene Bände so, wie du auch deine eigenen verliehenen Bücher behandelt wissen möchtest. Und gib sie nach der Lektüre zurück, denn das erwartest du ja auch von deinen Freunden.

Bücher sind beliebte Geschenke

Vor einigen Jahren erregte eine vom Allensbacher Institut für Demoskopie durchgeführte Untersuchung berechtigtes Aufsehen. Man wollte einmal das Verhalten der Bevölkerung beim Schenken und Beschenktwerden untersuchen. Die Frage, die gestellt wurde, lautete: „Hier haben wir Verschiedenes aufgeschrieben, was man alles verschenken, zu einer Einladung mitbringen kann: Worüber würden Sie sich ganz besonders freuen?" Dazu wurde eine Liste mit 16 verschiedenen Geschenkideen vorgelegt: Blumen, eine Flasche Sekt, Pralinen und so weiter bis zu einem Topflappen. Der oder die Befragte sollte ankreuzen, was am meisten Freude machen würde. Im Untersuchungsergebnis wurden die Geschenkideen dann nach der Zahl ihrer Nennungen gewertet und gereiht. Instinktmäßig war wohl jeder geneigt, dem Blumenstrauß die Favoritenrolle einzuräumen. Aber nein, 50% der Befragten setzten das Buch an die erste Stelle. Mit knappem Abstand folgte die Schallplatte, dann erst, bereits deutlich abgeschlagen, der Blumenstrauß und die Flasche Sekt. Dieses Ergebnis war überraschend.

Eine Aufgliederung nach Altersgruppen ergab nur bei den 16- bis 29jährigen einen Vorrang für die Schallplatte. In allen anderen Altersgruppen überwog die Vorliebe für ein Buch, und zwar mit zunehmendem Alter immer deutlicher. Unterteilte man die Befragten nach ihrer Bildung und sozialen Schicht, dann ergab sich, daß das Buch bei Beamten, leitenden Angestellten und Absolventen höherer Schulen von nicht weniger als 70% bevorzugt wurde. „Das Buch – der Bundesdeutschen Lieblingsgeschenk" hieß es daraufhin in den Schlagzeilen der Presse, die die Untersuchung lebhaft kommentierte. Nun ist gewiß bei Umfragen solcher Art Vorsicht geboten. „Wenn ich die Flasche Sekt ankreuze", wird sich mancher gedacht haben, „gelte ich als Banause. Ich nenne doch lieber das Buch." Aber selbst wenn man den Faktor „Eitelkeit" in Abzug bringt, bleibt die Tatsache unbestritten, daß Bücher beliebte Geschenke sind.

Für uns Leser ist das nicht überraschend. („Wer ein gutes Buch verschenkt, der gibt mehr als Geld . . . Er gibt Freude, Friede und Frohsinn", hat Hermann Löns einmal gesagt.) Der Buchhandel, skeptisch wie er war, ließ daraufhin das Thema noch einmal genauer untersuchen. Bei etwas modifizierter Fragestellung landete diesmal der traditionelle Blumenstrauß tatsächlich an erster Stelle. Dennoch blieb das Buch in der absoluten Spitzengruppe, daran konnten nun auch die Buchhändler nicht mehr zweifeln. Sie stellten bei der Gelegenheit auch fest, daß über 40% aller im Sortiment gekauften Bücher als Geschenke gekauft werden; vor Weihnachten steigt dieser Anteil sogar auf über 50%. Rund zwei Drittel dieser Kunden sind Frauen.

Doch genug der Statistik. Bücher zu schenken, ist uns etwas durchaus Vertrautes. Man darf es sich dabei nur nicht zu leicht machen. Denn ein Buch ist ein sehr persönliches, fast intimes Geschenk. Es muß auf die Interessen und den Geschmack dessen abgestimmt sein, dem wir es überreichen wollen. Unter Freunden fällt das nicht schwer, aber außerhalb des engeren Bekanntenkreises ist das Schenken von Büchern keineswegs problemlos: Niemals sollte ein männlicher Besucher für die Dame des Hauses ein Kochbuch mitbringen; und Tips für moderne Schönheitspflege darf höchstens eine sehr gute Freundin überreichen.

Wenn ein Buch am Geschmack des Beschenkten vorbeigeht, kann es statt Freude Enttäuschung oder sogar Verärgerung auslösen. Die Buchhändler kennen aus ihren Kundengesprächen dieses Geschenkrisiko und empfehlen im Zweifelsfall, sich doch vorher nach dem gewünschten Titel, dem Lieblingsautor oder den interessierenden Themen zu erkundigen. Bücher sind, so heißt es, selten Überraschungsgeschenke.

Anlässe zum Bücherschenken gibt es das ganze Jahr hindurch: Geburtstage, Jubiläen, eine bestandene Prüfung, Familienfeste oder einfach ein geselliges Beisammensein, bei dem man sich bei der Dame des Hauses mit einem kleinen Geschenk bedanken möchte. Wenn wir nun den Geschmack des oder der zu Beschenkenden nicht genau kennen, brauchen wir dennoch nicht auf Spirituosen oder Bonbons auszuweichen. Der Buchhandel hat für solche Zwecke eine Menge geeigneter Bücher parat, die auf alle Fälle Freude machen. Beliebt sind zum Beispiel Bändchen mit Aphorismen oder Anekdotensammlungen. Ein Roman, der gerade im Gespräch ist, oder ein aktuelles Sachbuch, über das man diskutiert, ist in jedem Fall eine gute Wahl. Als kleines Geburtstagsgeschenk – um wenigstens ein Beispiel für viele bewährte Geschenkideen zu nennen – erfreut sich seit einigen Jahren „Das persönliche Geburtstagsbuch“ großen Zuspruchs. Das Geburtstagskind wird darin über den kulturhistorischen Hintergrund seines Festtages informiert.

Die große Zeit des Bücherschenkens ist natürlich Weihnachten. Da darf das gewählte Buch auch ein wenig mehr kosten. Im Fachjargon spricht man von „Geschenkbüchern“. Darunter sind Bände zu verstehen, die besonders hübsch ausgestattet sind. Illustrierte Textbände gehören ebenso dazu wie aufwendige Bildbände. Während der Buchhandel sonst sehr kostenbewußt ist und gewisse Preisschwellen ungern überschreitet, gibt es speziell bei Kunstbüchern für Geschenkzwecke kaum noch eine preisliche Obergrenze.

Gelegentlich hört man von Versuchen aus Buchhandelskreisen, sich bewußt in den weihnachtlichen „Geschenkmarkt“ einzuschalten. Es gibt ja ganze Industriezweige, die bestimmte Geschenkartikel produzieren, die dann durch rührige Vertreter jenen Personen angeboten werden, die zum Weihnachtsfest Geschenke in größerer Zahl versenden „müssen“. Auf diesem

Markt waren Bücher bisher kaum vertreten. Gott sei Dank, möchte man hinzufügen. Denn Bücher wahllos zu verteilen, um einer lästigen Pflicht zu genügen, wäre geradezu eine Antiwerbung für das Lesen.
Ein besonderes Problem beim weihnachtlichen Bücherkauf sind Geschenke für Kinder. Der deutsche Buchhandel hat festgestellt, daß vor Weihnachten fünf bis sechs Millionen Käufer kommen, die selbst überhaupt kein Verhältnis zur Lektüre haben, um für ihre Kinder oder Enkel Bücher zu besorgen. Hier sollte guter Rat nicht teuer, sondern selbstverständlich sein. Denn abgesehen vom Geschenkzweck sollte jedes Buch, das in die Hand eines Kindes kommt, dessen geistiger Entwicklung angemessen sein.
Selbst versierte Leser begehen dabei oft den Fehler, sich zu sehr von ihren Erinnerungen an die eigene Kindheit leiten zu lassen und Bücher zu wählen, die sie selbst seinerzeit gern gelesen haben. Das kann durchaus eine gute Wahl sein, zeitgemäße Kinderlektüre aber bleibt dabei unberücksichtigt, und das ist schade.
Wenn vom Bücherschenken die Rede ist, muß auch der Buchscheck erwähnt werden, den der Buchhandel seit einigen Jahren propagiert. Er ist den Geschenkbons vergleichbar, die auch manche Warenhäuser oder Fachgeschäfte vor Weihnachten anbieten. Mit ihm schenkt man einem Bücherfreund einen bestimmten Geldbetrag, der in jeder Buchhandlung eingelöst werden kann. Damit wird jedes Risiko vermieden, der Beschenkte kann sich selbst den oder die Titel auswählen, die er haben möchte. Allerdings geht dabei auch die persönliche Beziehung verloren, die sonst einem Buchgeschenk anhaftet. Der Buchscheck wird deshalb in Leserkreisen wohl immer eine Verlegenheitslösung bleiben, auch wenn die Buchhändler, wie man hört, mit den Umsätzen ganz zufrieden sind.

Wohnen mit Büchern

Bücher werden von Lesern nicht als Dekorationsstücke gekauft. Aber sie sind dekorativ, das läßt sich nicht leugnen. Man braucht kein Innenarchitekt zu sein, um die Wirkung einer bunten Bücherwand hübsch und interessant zu finden. Sie belebt den Raum, sie gibt ihm Atmosphäre. So sind die Bücher, die wir im Laufe unseres Lebens angesammelt haben, auch ein Element unserer Wohnkultur.

Wir erwähnten schon einmal, daß zur Zeit des Rokoko in vielen Adelsschlössern dem Bibliothekssaal eine besondere Bedeutung zukam. Hier, wo in wohlverschlossenen Schränken die Bücherschätze hinter Glas aufbewahrt wurden, empfing der Hausherr gern seine Gäste, gab man Empfänge und Feste. Der aus Frankreich importierte Lebensstil gebot das so.

Ein Jahrhundert später hatte der Bücherschrank auch in die Kreise des wohlhabenden Bürgertums Eingang gefunden. Zwar hatte man meistens keinen Saal zur Verfügung, aber immerhin einen Salon. Hier fanden ein oder zwei Bücherschränke ebenso Platz wie ein Flügel. Der Salon war kultureller Mittelpunkt des Hauses und wurde auch in diesem Sinne benützt. Der weitere Schritt ins einfache bürgerliche Wohnzimmer war nicht mehr groß. Nur äußerlich war das ein Abstieg von der spätbarocken Pracht zu immer einfacheren Schränken. In Wirklichkeit manifestierte diese Entwicklung den Siegeszug des Buches in immer weitere Publikumskreise: Da standen einige Klassikerausgaben in kostbarer Ausstattung; das Konversationslexikon zeugte von Bildungswillen und fortschrittlicher Gesinnung; und dann die „französischen Romane", die die Dame des Hauses liebte und denen immer noch ein Hauch von Verruchtheit anhaftete, fand man darin doch Geschichten von Ehebrechern und Liebesaffären, wie sie die deutsche Unterhaltungsliteratur nur selten bot. Alles aber immer noch wohlverschlossen hinter Glas, damit nicht am Ende die Kinder daran konnten!

Den nächsten großen Schritt leitete der Zweite Weltkrieg ein. Hunderttausende Wohnzimmer gingen damals samt ihren Bücherschränken in Trümmer. Die neuen Wohnungen der Wiederaufbauzeit waren dann luftig und modern, man wollte nicht mehr zurück in den Plüsch der Vergangenheit. Das galt auch für die Inneneinrichtung. In der Möbelbranche sprach man von „sozialer Wohnkultur". Sie war einfach, zweckmäßig und dennoch hübsch. Und zu jedem Wohnzimmer, das der Möbelhandel anbot, gehörte eine Bücherwand oder mindestens ein Bücherregal. Ein sichtbarer Ausdruck dafür, daß Bücher zu einem festen Bestandteil des Lebens geworden waren, und zwar in allen Schichten.

Heute ist uns das längst selbstverständlich geworden. Wer eine neue Woh-

nung bezieht und das Wohnzimmer einrichtet, der weiß, daß neben einer gemütlichen Sitzecke dort auch der Fernsehapparat und die Bücherwand untergebracht werden müssen. All das zusammen macht den Wohnraum erst richtig behaglich. Die Älteren unter uns erinnern sich noch daran, wie mühsam es in den Vorkriegswohnungen war, die paar Bücher, die man damals besaß, irgendwo auf einem Schrank oder einer bescheidenen Stellage unterzubringen.
Heute sind wir stolz auf den Wandverbau oder die Regale, wo unsere Bücher, Rücken neben Rücken, Platz finden und allmählich zu einer richtigen Bibliothek anwachsen. Wir zeigen diese auch gerne unseren Gästen, freuen uns, wenn sie in den Reihen ein wenig schmökern, und lächeln über die unvermeidliche Frage: „Hast du denn das alles auch gelesen?“ Mag sein, daß dieser hübsche optische Eindruck mit ein Grund dafür ist, daß viele Leser gebundene Bücher bevorzugen (die Statistik spricht von 60% bis 65% der Buchkäufer). Aber auch ein Regal mit Taschenbüchern kann hübsch aussehen, manches Jugendzimmer bestätigt das.
Wie selbstverständlich heutzutage eine Bücherwand zu unserem Wohnungsdekor gehört, das beweisen uns auch die Bühnenbilder unserer Film- und Fernsehstücke oder der Theater. Sobald eine Szene in einem privaten Wohnzimmer spielt, ist die Rückwand todsicher mit Büchern dekoriert. Der Held, der davor agiert, muß nicht immer ein Intellektueller oder Künstler sein. Selbst manch gerissener Gangster wohnt, wenn man diesen Eindrücken glauben darf, heutzutage „mit Büchern“ – vielleicht liest er zur Fortbildung die neuesten Kriminalromane. In französischen und italienischen Filmen finden wir übrigens seltener ein solches Büchermilieu, und in englischen Wohnzimmern ist natürlich der Kamin im Mittelpunkt, das Bücherregal muß dort zur Seitenwand ausweichen. Das Ganze ist aber ein Beweis, daß Bücher hierzulande zu unserem Alltag gehören.
„Wohnen mit Büchern“ ist für uns Leser nur der sichtbare Ausdruck für „Leben mit Büchern“. Denn das ist der eigentliche Sinn des einfachen, täglichen Zugangs zu unseren Büchern. Jedes Familienmitglied, groß oder klein, hat seine Bücher stets griffbereit vor sich. Wer immer Lust hat, kann sich damit in die gemütliche Leseecke zurückziehen. Damit ist auch die Frage beantwortet, ob man seine Bücher verschlossen in Glasschränken oder auf offenen Regalen aufbewahren soll. Der Trend geht eindeutig zum offenen Regal oder Wandverbau, selbst wenn die Pflege der Bücher dann ein wenig mehr Mühe macht. Die Industrie bietet aber auch kombinierte Formen von Bücherwänden an, in denen wertvolle Bände abgeschlossen werden können, während die übrigen Bücher offen zugänglich sind.

Die Wissenschaft von der Literatur

Kann man ein Gemälde betrachten und bewundern, wenn man nicht Kunstgeschichte studiert hat? Kann man ein Konzert besuchen, ohne von Musikwissenschaft etwas zu verstehen? Kann man ein dichterisches Werk lesen, wenn man von Literaturwissenschaft keine Ahnung hat? Man kann. Denn die Künstler aller Sparten haben ihre Werke für den „naiven" Betrachter, Hörer, Leser geschaffen. Es liegt jedoch in der menschlichen Natur, daß ein Mehr an Erkenntnis zu tieferem Verständnis führt. Man kann Franz Kafkas Roman „Der Prozeß" als einfaches, wenngleich überraschendes Geschehen lesen. Wenn man aber eine fachmännische Interpretation zu Rate zieht, die uns den geistigen Hintergrund des Werkes und die Persönlichkeit des Dichters nahebringt, können wir den Roman mit anderen Augen sehen. Wir werden viele Vorstellungen und Gedanken Kafkas jetzt erst richtig deuten und den Roman wahrscheinlich noch einmal und mit größerem Gewinn lesen.

Wenn wir der Literaturwissenschaft in irgendeiner Form begegnen, sei es in einem Vortrag nach einer Lesung, sei es in einem Artikel oder einer literarischen Kritik in der Zeitung, dann brauchen wir diese Begegnung nicht zu scheuen. Und wenn wir in unserer Bibliothek vielleicht eine „Geschichte der deutschen Literatur" stehen haben, wie sie früher zum Bildungsgut kultivierter Menschen gehörte, dann ziehen wir sie ruhig manchmal hervor, wenn wir über einen älteren Dichter oder ein bedeutendes Werk Auskunft suchen. Zwischen dem Leser, der Literatur und der Wissenschaft von dieser Literatur sollte es keine unüberwindlichen Schranken geben.

Bedeutende Denker (von Immanuel Kant bis zu den Romantikern) haben sich mit der Ästhetik der Sprache und anderen Grundfragen der Dichtkunst befaßt und damit die Voraussetzungen geschaffen, daß sich um die Mitte des 19. Jahrhunderts die Literaturwissenschaft im deutschen Sprachraum als eigene Fachwissenschaft etablieren konnte. Es war naheliegend, daß man zunächst die historische Entwicklung des Schrifttums in den Mittelpunkt stellte, also die Entstehungsgeschichten der großen Werke, die Biographien der Dichter sowie die zeitgeschichtlichen Einflüsse, die ihr Leben und Schaffen bestimmt haben. So verstanden ist Literaturgeschichte ein Teil der allgemeinen Kulturgeschichte, in der verschiedene Epochen mit verschiedenen Grundtendenzen und Stilrichtungen einander folgen. In Anlehnung an die Kulturgeschichte kommt die Literaturwissenschaft dabei zu folgender Gliederung (wobei wir die älteren Abschnitte, die in der Lesepraxis keine Rolle mehr spielen, weglassen wollen):

Renaissance und Humanismus (15. und 16. Jahrhundert),
Literatur des Barock (17. Jahrhundert),

Literatur der Aufklärung (ab 1700),
klassische Literatur (1780 bis 1805),
Literatur der Romantik (erste Hälfte des 19. Jahrhunderts),
Realismus und Naturalismus (ab Mitte des 19. Jahrhunderts),
Literatur der Jahrhundertwende,
Literatur unserer Zeit.

Diese Gliederung finden wir mehr oder minder in allen Gesamtdarstellungen der deutschen Literatur, wie sie Gelehrte wie Wilhelm Scherer, Friedrich Vogt, August Sauer, Adolf Bartels, Josef Nadler und andere geschrieben haben.

In den 30er Jahren bahnte sich – ausgehend von den USA und Westeuropa – ein Methodenwandel in der Literaturwissenschaft an, der bei uns allerdings erst nach der NS-Zeit und dem Kriegsende radikal zum Durchbruch kam. Er bedeutete eine Abwendung von der historisch-positivistischen Auffassung der Literaturwissenschaft. Jetzt sah man die Hauptaufgabe darin, das einzelne dichterische Kunstwerk aus sich heraus zu deuten. Die literarische Hermeneutik (= Anleitung zur Deutung und Auslegung, benannt nach dem griechischen Gott Hermes, dem Mittler zwischen Göttern und Menschen) wurde zur vorherrschenden Methode. Werkanalysen und „textimmanente" Interpretationen bestimmten jetzt die wissenschaftliche Arbeit. Das Nachempfinden der dichterischen Inspiration sollte den Leser zum höchsten Genuß des Kunstwerks führen. Diese Tendenz war längst fällig, weil die rein historische Betrachtung der Literatur das Mit- und Nacherleben eines dichterischen Werkes zu lange vernachlässigt hatte.

Die ausschließliche Hinwendung zur Interpretation konnte allerdings nicht von langer Dauer sein. Die Literaturwissenschaft kann die Persönlichkeit des Dichters, seinen geistigen und gesellschaftlichen Hintergrund und den historischen Ablauf des literarischen Geschehens nicht unberücksichtigt lassen. So bahnt sich in den letzten Jahrzehnten wieder eine Neuorientierung an, die noch im Gange ist. In Zukunft wird die Literaturwissenschaft wohl ebenso die historische Darstellung wie auch die Interpretation pflegen müssen. Große Gesamtdarstellungen der hermeneutischen Richtung gibt es allerdings nicht und kann es auch nicht geben. In Einzelausgaben bedeutender Werke (besonders der Klassik und Weltliteratur) finden wir aber im Anhang häufig hervorragende Beispiele wissenschaftlicher Interpretationen, die auch dem weniger erfahrenen Leser den Zugang zu dem Werk erleichtern.

Schließlich sei noch auf eine weitere Entwicklung der wissenschaftlichen Zielsetzungen hingewiesen, die seit den 60er Jahren immer deutlicher wird. Bis dahin hat sich die Literaturwissenschaft allein auf Dichtung im engeren Sinn beschränkt. Andere literarische Formen, wie Unterhaltungsromane, Biographien, Tagebücher, historische und philosophische Texte oder Essays, waren weitgehend ausgeklammert, obwohl ihre Wirkung auf die Leserschaft ungleich größer ist als die rein literarischer Werke. Diese Wirkung auf die Leser will die moderne Literaturwissenschaft nun nicht mehr länger übersehen. Sie möchte deshalb das gesamte Schrifttum zum Gegenstand ihrer Untersuchungen machen, eine Absicht, die wir Leser nur vorbehaltlos begrüßen können.

Damit wollen wir unseren kurzen Blick auf die Entwicklung der Literaturwissenschaft beenden. In ihrem Randbereich stößt jedoch der Leser in der Praxis seiner Lektüre, aber auch in Medien und Diskussionen gelegentlich auf Begriffe und Probleme, mit denen er wenig anzufangen weiß und die wir deshalb hier zu klären versuchen wollen. Da ist einmal die im Deutschen übliche Unterscheidung zwischen Dichtern und Schriftstellern, offenbar ein Qualitätsunterschied. Wer ist das eine, wer das andere? Entscheiden das die Wissenschaftler und Kritiker, und welche Maßstäbe werden dabei angelegt? Im englischen Sprachgebrauch kennt man diese Unterscheidung nicht. Dort ist nur jener Autor ein Dichter („poet"), der Gedichte („poems") schreibt. Wer Romane und Erzählungen verfaßt, ist ein „novelist" (Erzähler), und wer sachliche Themen behandelt, ein „essayist" (essay = Abhandlung). Die drei Begriffe haben auch der internationalen Autorenvereinigung des PEN-Klubs den Namen gegeben, weil ihr *p*oets, *e*ssayists und *n*ovelists angehören. Im Deutschen aber werden wir vermutlich immer mit der wertenden Trennung in Dichter und Schriftsteller, also in „hohe Literatur" und Unterhaltungsliteratur, leben müssen und nie genau wissen, wo zwischen beiden die Grenze verläuft.

Damit ist die schwierige Frage der literarischen Wertung angeschnitten, die sich nicht nur dem Fachwissenschaftler und dem Rezensenten stellt, sondern jedem Leser: Ist dieses oder jenes Werk ein gutes oder schlechtes Buch?

Dichter wie Schriftsteller haben immer dasselbe Thema: Es ist der Mensch und die Welt, in der er lebt. Der bedeutende englische Autor und Kulturphilosoph Aldous Huxley schrieb einmal: „Die Welt, mit der sich die Literatur befaßt, ist die Welt, in der Menschen geboren werden, darin leben und schließlich sterben; die Welt, in der sie lieben und hassen, Triumphe und Erniedrigungen, Hoffnung und Verzweiflung erleben . . ." Jedem ernsthaften Leser ist bewußt, daß es nicht nur der *Stoff* ist, der die literarische Qualität eines Buches ausmacht; auch nicht die *Weltanschauung*, die der Autor vertritt, obwohl viele Menschen Bücher ablehnen, die ihr Weltbild nicht bestätigen. Die Qualität eines Textes hängt weniger davon ab, *was* geschildert, sondern *wie* etwas dargestellt wird; davon, wie überzeugend ein Autor eine Handlung aufbaut, wie er Atmosphäre verdichtet, Personen lebendig macht, Konflikte spinnt und wieder löst – kurz: wie er eine innere Logik oder innere Wahrheit im Text einzufangen vermag. Gibt es das überhaupt: Wahrheit im Roman? Sicherlich. So wie der Dichter die Welt in ihrem Wechselspiel sozialer, wirtschaftlicher und kultureller Kräfte sieht, so versucht er sie als sein Bild der Wirklichkeit darzustellen.

Das „Wahrheitskriterium" ist somit ein einfacher Prüfstein, um zwischen anspruchsvoller und geistloser Unterhaltung zu unterscheiden. Der Leser will teilhaben an einer fiktiven Situation, will die erzählten Figuren kennenlernen und sich, wenn möglich, mit einer von ihnen identifizieren. Und hier stoßen wir bereits auf ein zweites Kriterium der Qualität: die Wirkung auf den Leser. Wenn wir nach der Lektüre über das Buch nachzudenken beginnen, wenn etwa ein Roman unsere Einstellung zu dieser oder jener Frage, die darin aufgeworfen wurde, beeinflußt oder verändert, dann haben wir wahrscheinlich ein gutes Buch gelesen. Wenn wir den Band hingegen nach kurzer emotioneller Spannung wieder weglegen und die Lektüre ohne jede Nachwirkung bleibt, dann haben wir uns zwar angenehm unterhalten, besondere Qualität dürfen wir dem Buch aber nicht zusprechen.

Schließlich gelten auch sprachliche Kriterien bei der Bewertung literarischer Werke. Aber man muß kein Fachmann der Poetik, der Lehre von den Stilmitteln und literarischen Kunstgriffen, sein; der kritische Leser erkennt einen schlechten Text auch so, zum Beispiel an der Häufung klischeehafter Bilder (wie: „der Hafen der Ehe") oder an kitschigen, nichtssagenden Wendungen (wie: „schluchzend fleht ihr Herz, eine Träne hängt an der blonden Wimper . . .").

„Wahrheit" der Handlung und Personen, die Wirkung auf den Leser und die sprachliche Qualität, das sind also die einfachen Maßstäbe, die jeder von uns an ein Buch anlegen kann. Der Unterschied zwischen Dichtern und Schriftstellern braucht uns dann nicht weiter zu belasten. Die Grenzen sind ohnehin fließend. Wenn wir in einer Buchkritik lesen, daß ein Roman von „dichterischer Qualität" ist, während ein anderer „gepflegte Unterhaltung" bietet und ein dritter „spannend und flüssig geschrieben" ist, dann beweist das lediglich, daß auch die Rezensenten mit der leidigen Unterscheidung ihre Probleme haben.

Der Nobelpreis für Literatur

Literarische Preise gibt es sonder Zahl. Stadtgemeinden, Länder, aber auch Verbände, Institutionen und Banken sowie bedeutende Persönlichkeiten aus Kultur, Wirtschaft, Wissenschaft oder Politik stiften Preise zur Förderung der Literatur, das ist die moderne Form des Mäzenatentums. So gibt es viele Romanpreise, Lyrikpreise oder Preise für dramatische Leistungen. Nur das Sachbuch hat an diesem Preissegen wenig Anteil, obwohl es auf dem Buchmarkt eine immer größere Rolle spielt und ebenso Förderung verdienen würde wie alle anderen Formen literarischen Schaffens.

Viele Preise haben nur lokale Bedeutung, andere haben nationales Gewicht. Und wieder andere werden für Leistungen verliehen, die über die Grenzen des Sprachraums, in dem sie erschienen sind, hinausreichen. Da es völlig unmöglich ist, alle die vielen Preise auch nur aufzuzählen, wollen wir nur einen ausführlich vorstellen, und zwar den bedeutendsten Literaturpreis der Welt, den Nobelpreis.

Sein Stifter war der schwedische Fabrikant Alfred Nobel (1833–1896). Über seine Persönlichkeit weiß man wenig. Er war ein kleiner, kränklicher Mann, pflegte kaum gesellschaftliche Kontakte und war nie verheiratet, hielt sehr auf Etikette und hatte ständig Angst, dereinst lebendig begraben zu werden. Trotz bescheidener Schulbildung beherrschte er fünf Sprachen in Wort und Schrift und war immens fleißig. Als er starb, besaß er 355 verschiedene Patente über Sprengstoff- und Waffentechnik sowie Sprengstoffabriken in verschiedenen Ländern. Man kennt ihn als Erfinder des Dynamits.

Zu der bürgerlichen Gesellschaft seiner Zeit stand er innerlich in Widerspruch. Gegen Ende seines Lebens bezeichnete er sich selbst als „eine Art Sozialdemokrat“, obwohl er für soziale Probleme kein echtes Verständnis hatte. In einem Brief charakterisierte er sich einmal so: „Ich bin im höchsten Maße Misanthrop, bei dem eine Menge Schrauben locker sitzen, aber ich bin auch ein grenzenloser Idealist, der Philosophie besser verdauen kann als normales Essen.“ Für Literatur hatte er ein ausgeprägtes, wenn auch einseitiges Interesse. Er schwärmte für Selma Lagerlöf, Schiller, Byron, Victor Hugo; Emile Zola aber nannte er einen „schmutzigen Schriftsteller“.

Dieser Alfred Nobel nun hinterließ in seinem Testament den größten Teil seines Vermögens – über 33 Millionen schwedische Kronen – einer Stiftung. Die jährlichen Zinsen, in fünf gleiche Teile geteilt, sollten denen zuerkannt werden, die auf den Gebieten der Physik, Chemie, Physiologie oder Medizin, der Völkerverbrüderung und der Literatur „im verflossenen Jahr der Menschheit den größten Nutzen“ gebracht haben. Abschließend heißt es in dem Testament: „Es ist mein ausdrücklicher Wille, daß bei der Preisverteilung keinerlei Rücksicht auf Nationalität genommen werden darf." Das sind völlig klare, aber leider undurchführbare Statuten, wie Martin Walser einmal in einem Essay geschrieben hat. Denn was der Menschheit zum „größten Nutzen gereicht", ist schwerlich schon im Jahr darauf zu erkennen. Und was speziell den Literaturpreis betrifft, so heißt es in den Satzungen, er solle dem verliehen werden, der „das Beste in idealistischer Richtung geschaffen hat". Was bedeutet das? Wenn man diese Formulierung vom Persönlichkeitsbild Nobels her zu deuten versucht, dann hat er damit wohl gemeint, daß ein Idealist auch schlimmen Umständen noch Sinnvolles abzugewinnen vermag. Aber ähnliche Schwierigkeiten bei der wörtlichen Erfüllung der Satzungen gibt es auch bei anderen Literaturpreisen, davon wissen viele Juroren ein Lied zu singen.

Das Gremium, das den Preis für Literatur alljährlich verleiht, ist die Schwedische Akademie, auch das wurde von Alfred Nobel bestimmt. Diese Akademie ist eine ehrwürdige Institution, die bereits 1786 vom damaligen König Gustav III. nach dem Vorbild der Académie Française gegründet wurde. Ihre 18 Mitglieder – überwiegend ältere Gelehrte – sollen „zum Wohle der schwedischen Sprache und nach den Vorschriften des guten Geschmacks" wirken. Seit der Gründung des Nobelpreises ist die Auswahl der Preisträger und die jährliche Preisverleihung zu ihrer Hauptaufgabe geworden.

Die Vorschläge dafür müssen bis zum 1. Februar jedes Jahres eingereicht werden. Vorschlagsberechtigt sind neben den Mitgliedern der Akademie Professoren für Literaturwissenschaft, Vorsitzende der PEN-Klubs und anderer Akademien sowie frühere Preisträger. Fast immer sind es 150 bis 200 Namen, die auf solche Weise vorgeschlagen werden. Ein spezieller Ausschuß prüft und beurteilt die vorgeschlagenen Werke. Diese werden möglichst in der Originalsprache gelesen, die Gutachten müssen bis zum Herbst vorliegen. Im Oktober jedes Jahres faßt die Akademie dann den endgültigen Beschluß. Selbstverständlich sind die Beratungen und die Wahl geheim, bis das Ergebnis vom Sprecher der Akademie verkündet wird. Die Preisverleihung erfolgt nach alter Tradition am 10. Dezember, dem Todestag Alfred Nobels. Der König von Schweden als Schirmherr der Akademie überreicht dem Preisträger eine Urkunde, eine goldene Medaille sowie einen Scheck über 1,5 Millionen Schwedenkronen.

Zum ersten Mal wurde der Preis 1901 verliehen. In den Jahren 1914, 1918, 1935 sowie in den Kriegsjahren 1940 bis 1943 wurde der Preis nicht vergeben. Viermal wurde der Preis bisher geteilt, und dreimal wurde er von den Preisträgern abgelehnt: 1925 von G. B. Shaw, der die Ehrung später doch akzeptierte, den Geldbetrag aber einem karitativen Zweck zuführte; 1958 von Boris Pasternak, der den Preis aus politischen Gründen ablehnen mußte; 1964 von J. P. Sartre, der aus persönlichen wie weltanschaulichen Gründen

ablehnte, nachdem er einige Jahre vorher auch die Aufnahme in die französische Ehrenlegion abgelehnt hatte. Die Liste der Preisträger umfaßt in erster Linie Lyriker, Dramatiker und Romanciers, aber auch einige Historiker (Th. Mommsen und W. Churchill) und Philosophen (R. Eucken, H. Bergson und B. Russell). Immer wieder hat es Diskussionen darüber gegeben, ob wirklich der beste Kandidat gewählt wurde, das kann kaum anders sein. Literarische Leistungen lassen sich nun einmal nicht objektiv messen. Dennoch umfaßt die Liste so viele Namen von internationaler Bedeutung, daß das Ansehen des Nobelpreises für Literatur heute weltweit unbestritten ist. Als besonders glücklich erwies sich dabei die Forderung, keine Rücksicht auf die nationale Zugehörigkeit der Preisträger zu nehmen. Wir finden unter ihnen Angehörige fast aller Kulturnationen, in zunehmendem Maße auch Vertreter außereuropäischer Völker. Viele der ausgezeichneten Autoren wurden erst durch diesen Preis außerhalb ihres eigenen Landes bekannt.
Die Liste der Preisträger ist auch für den Normalleser nicht uninteressant. Die hier genannten Autoren bilden einen Teil dessen, was man als moderne Weltliteratur bezeichnen kann. Bücherfreunde, die am literarischen Geschehen ein wenig Anteil nehmen, warten im Oktober jedes Jahres gespannt auf den Namen des neuen Preisträgers. Auch der Buchhandel reagiert prompt und bietet wenige Wochen nach der Veröffentlichung des Namens bereits die Werke des neuen Preisträgers an, soweit sie in deutscher Übersetzung vorliegen. Durch die Preisverleihung gewinnt der Autor ein weltweites Publikum.

Die Nobelpreisträger für Literatur

1901 Sully-Prudhomme (Frankreich)
1902 Theodor Mommsen (Deutschland)
1903 Björnstjerne Björnson (Norwegen)
1904 José Echegaray y Eizaguirre (Spanien)
Frederic Mistral (Frankreich)
1905 Henryk Sienkiewicz (Polen)
1906 Giosuè Carducci (Italien)
1907 Rudyard Kipling (England)
1908 Rudolf Eucken (Deutschland)
1909 Selma Lagerlöf (Schweden)
1910 Paul Heyse (Deutschland)
1911 Maurice Maeterlinck (Belgien)
1912 Gerhart Hauptmann (Deutschland)
1913 Rabindranath Tagore (Indien)
1915 Romain Rolland (Frankreich)
1916 Verner von Heidenstam (Schweden)
1917 Karl Gjellerup (Dänemark)
Henryk Pontoppidan (Dänemark)
1919 Carl Spitteler (Schweiz)
1920 Knut Hamsun (Norwegen)
1921 Anatole France (Frankreich)
1922 Jacinto Benavente (Spanien)
1923 William Butler Yeats (Irland)
1924 Władysław Reymont (Polen)
1925 George Bernard Shaw (Irland)
1926 Grazia Deledda (Italien)
1927 Henri Bergson (Frankreich)
1928 Sigrid Undset (Norwegen)
1929 Thomas Mann (Deutschland)
1930 Sinclair Lewis (USA)
1931 Erik Axel Karlfeldt (Schweden)
1932 John Galsworthy (England)
1933 Iwan Bunin (UdSSR)

1934 Luigi Pirandello (Italien)
1936 Eugene O'Neill (USA)
1937 Roger Martin du Gard (Frankreich)
1938 Pearl S. Buck (USA)
1939 Frans Eemil Sillanpää (Finnland)
1944 Johannes V. Jensen (Dänemark)
1945 Gabriela Mistral (Chile)
1946 Hermann Hesse (Schweiz)
1947 André Gide (Frankreich)
1948 Thomas Stearns Eliot (England)
1949 William Faulkner (USA)
1950 Bertrand Russell (England)
1951 Pär Lagerkvist (Schweden)
1952 François Mauriac (Frankreich)
1953 Winston S. Churchill (England)
1954 Ernest Hemingway (USA)
1955 Halldor Laxness (Island)
1956 Juan Ramón Jiménez (Spanien)
1957 Albert Camus (Frankreich)
1958 Boris Pasternak (UdSSR)
1959 Salvatore Quasimodo (Italien)
1960 Saint-John Perse (Frankreich)
1961 Ivo Andric (Jugoslawien)
1962 John Steinbeck (USA)
1963 Giorgos Seferis (Griechenland)
1964 Jean Paul Sartre (Frankreich)
1965 Michail Scholochow (UdSSR)
1966 Nelly Sachs (Deutschland)
Samuel Josef Agnon (Israel)
1967 Miguel Angel Asturias (Guatemala)
1968 Yasunare Kawabata (Japan)
1969 Samuel Beckett (Irland)
1970 Alexander Solschenizyn (UdSSR)
1971 Pablo Neruda (Chile)
1972 Heinrich Böll (Deutschland)
1973 Patrick White (Australien)
1974 Eyvind Johnson (Schweden)
Harry Martinson (Schweden)
1975 Eugenio Montale (Italien)
1976 Saul Bellow (USA)
1977 Vincente Aleixandre (Spanien)
1978 Isaac B. Singer (USA)
1979 Odysseas Elytis (Griechenland)
1980 Czesław Miłosz (Polen)
1981 Elias Canetti (England)
1982 Gabriel García Márquez (Kolumbien)
1983 William Golding (England)
1984 Jaroslav Seifert (ČSSR)
1985 Claude Simon (Frankreich)

Zweiter Teil

Die Bücher

Lesen ist ein großes Wunder. Was hast du vor dir, wenn du ein Buch aufschlägst? Kleine schwarze Zeilen auf hellem Grunde. Du siehst sie an, und sie verwandeln sich in klingende Worte, die erzählen, schildern, belehren. In die Tiefen der Wissenschaft führen sie dich ein, enthüllen dir die Geheimnisse der Menschenseele, erwecken dein Mitgefühl, deine Entrüstung, deinen Haß, deine Begeisterung. Das Werden und Vergehen der Welten vermögen sie dich kennen, die Unermeßlichkeit des Alls dich ahnen zu lassen.

Marie von Ebner-Eschenbach

ERZÄHLENDE LITERATUR

Was soll ein Roman? Er soll uns eine Welt der Fiktion auf Augenblicke als eine Welt der Wirklichkeit erscheinen lassen.

Theodor Fontane

Formen der erzählenden Prosa

Der erste große Bereich des Buchangebots, mit dem wir uns näher befassen wollen, ist die Belletristik, die schöngeistige oder erzählende Dichtung in Prosa. Im Englischen wird sie mit dem Ausdruck „fiction“ bezeichnet, das bedeutet freie Erfindung. Tatsächlich ist das freie Spiel der Phantasie das gemeinsame Charakteristikum aller Formen der erzählenden Prosa. Historisch gesehen ist sie relativ jung. Die ältesten Formen der Dichtung sind Lyrik und Drama, deren Wurzeln auf kultische Bräuche zurückgehen. Spruchweisheiten, Beschwörungsformeln, rhythmische Hymnen oder Chorgesänge wurden nach strengen Regeln geformt, ihre Sprache erhob sich über die Alltagsrede. Dichtung in der Alltagssprache gab es zunächst nicht. Noch heute bedeutet prosaisch soviel wie nüchtern, ohne höheren Anspruch und künstlerischen Schwung. Erst allmählich bildete sich in der antiken Welt ein historisches und wissenschaftliches Schrifttum in Prosa heraus. Die ersten Unterhaltungsromane entstanden in der römischen Kaiserzeit. Dann aber wurde diese Entwicklung fast ein Jahrtausend lang unterbrochen. Erst in der italienischen Renaissance finden wir in den Erzählungen Boccaccios wieder Beispiele einer unterhaltenden Prosadichtung. Im Deutschen aber schuf Luther mit seiner Bibelübersetzung erst die Voraussetzung für eine allgemein verständliche deutsche Prosa.

Zu Beginn des 17. Jahrhunderts erschien in Spanien der erste moderne Prosaroman: „Don Quichote“ von Miguel de Cervantes. In Deutschland folgte ihm Hans Jakob Christoph von Grimmelshausen mit seinem „Simplicissimus“. Den endgültigen Durchbruch der erzählenden Prosa brachte aber erst die Aufklärung im 18. Jahrhundert. Seitdem sind Romane und Erzählungen in der Volkssprache in allen europäischen Kulturländern zu einem festen, ja zum dominierenden Bestandteil des Schrifttums geworden. In jeder Bibliothek – von Fachbibliotheken abgesehen – ist heute der überwiegende Teil der Bücher der Belletristik zuzuordnen.

An dieser Stelle sei eine kurze Bemerkung zu den folgenden Abschnitten unseres Buches gestattet, weil manche Leser vielleicht vergebens die *dramatische* Dichtung suchen werden. Sie wird in diesem Buch nicht behandelt, und zwar aus zweierlei Gründen. Erstens handelt dieses Buch vom Lesen, und Dramen genießt man im allgemeinen nicht durch Lesen, sondern durch Zuschauen im Theater oder Fernsehen. Von den Schülern und Studenten, die im Zuge des Literaturunterrichts gelegentlich ein Drama lesen, und von den Dramaturgen, Regisseuren und Schauspielern, die aus Berufsgründen Dramen lesen müssen, wollen wir dabei absehen. Zweitens – und das ist der Hauptgrund – ist die dramatische Dichtung ein so weites Feld, daß wir sie nicht einfach kurz abhandeln könnten. Denn dazu gehören nicht nur die verschiedenen Formen des Schauspiels, sondern auch die Entwicklung der Bühnenkunst, Fragen des Spielplans, der Regie und vieles andere. Theaterliebhaber wissen, wo sie darüber mehr erfahren können. Und sie werden verstehen, daß wir ihr Spezialgebiet hier leider ausklammern müssen.

Doch nun zu den Formen der erzählenden Dichtung. Mit Abstand am wichtigsten ist die Großform der Prosa, der *Roman.* Ursprünglich bezeichnete man mit dem Ausdruck jede Schrift in der Volkssprache. Der Roman ist die freieste und, wenn man will, einfachste Form der Dichtung. Er bietet dem Autor jede Möglichkeit, Handlungen und Schicksale frei zu entwickeln. Entscheidend für die Beliebtheit der Romane in allen Leserschichten ist ihr Unterhaltungswert. „Die Lektüre eines guten Romans gehört zu den hochwertigsten Unterhaltungen, die den Menschen offenstehen", schrieb der englische Romancier Somerset Maugham einem Leser ins Stammbuch.

In den folgenden Kapiteln werden wir uns mit den wichtigsten thematischen Gattungen des Romans befassen, wie sie uns der Markt heute bietet. Wir werden dabei sehen, daß manche Romanstoffe eine lange Geschichte haben, während andere erst in unserer Zeit in Mode kamen. Je nach Bildungsniveau und Leseranspruch sind die Vorlieben für einzelne Themenbereiche verschieden, doch gilt allgemein die Regel, daß Frauen mehr Romane lesen als Männer.

Eine kürzere Form erzählender Dichtung ist die *Novelle.* Der aus dem Französischen stammende Begriff (von lateinisch „novus" = neu) bezeichnet eine Erzählung von formstrengem Aufbau, die ein überraschendes Geschehen schildert. Goethe charakterisiert sie als „eine unerhörte Begebenheit, glaubhaft dargestellt". Begründer der Novelle ist der italienische Renaissancedichter Boccaccio mit seinem „Decamerone" (1348–1353). Dort wird auch die Geschichte erzählt, wie ein junger, völlig verarmter Adeliger seinen letzten Besitz, einen kostbaren Falken, opfert, um mit dem daraus bereiteten Festmahl seine Angebetete zu gewinnen. Das Opfer ist nicht umsonst, der Falke wird zum Kulminationspunkt der Handlung und Spannung. Der deutsche Schriftsteller Paul Heyse, der eine 24bändige Sammlung mit dem

Titel „Deutscher Novellenschatz" herausgegeben hat, forderte in Anspielung auf diese Erzählung, daß jede Novelle „ihren Falken" haben müsse. Meister der deutschen Novelle waren Heinrich v. Kleist, Eduard Mörike, Paul Heyse, Theodor Storm, vor allem aber Gottfried Keller.

Die strengen Formgesetze sind wohl der Grund, weshalb heutzutage nur noch wenige echte Novellen erscheinen. Schriftsteller, die eine kurze Begebenheit darstellen wollen, schreiben lieber *Erzählungen.* Diese Form der Kurzprosa unterliegt keinen formalen Beschränkungen. Sie unterscheidet sich vom Roman dadurch, daß sie kein abgeschlossenes Schicksal darstellt, sondern nur ein kürzeres, entscheidendes Erlebnis oder Ereignis. Fast alle bedeutenden Erzähler unseres Jahrhunderts haben neben ihren großen Romanen auch Erzählungen geschrieben. Diese werden meist in Sammelbänden herausgegeben und erfreuen sich großer Beliebtheit.

Eine noch kürzere Prosagattung ist die *Kurzgeschichte,* englisch „short story" genannt. Sie verzichtet auf eine längere Einleitung, auf Motivierung und Entwicklung des Helden und erzählt in knapper Form eine spannende, interessante Begebenheit mit möglichst überraschender Lösung. Meister der Kurzgeschichte sind die Amerikaner O'Henry, Mark Twain und Ernest Hemingway, der Franzose Guy de Maupassant, die Deutschen Heinrich Böll, Siegfried Lenz und andere. Kurzgeschichten werden vielfach in anspruchsvolleren Wochenblättern und Magazinen veröffentlicht, gelegentlich auch gesammelt in Buchform.

Die kürzeste Form einer Erzählung ist schließlich die *Anekdote.* Sie ist gewissermaßen eine Mini-Novelle und stellt eine prominente oder historische Persönlichkeit in einer kritischen oder heiteren Situation dar. Heinrich v. Kleist, Johann P. Hebel, Wilhelm Schäfer, Theodor Fontane sind bekannte Verfasser literarischer Anekdoten. Der Markt bietet aber auch Anekdotensammlungen, die nach Themengebieten zusammengestellt sind: Ärzteanekdoten, Schauspieleranekdoten, Musikeranekdoten, Anekdoten aus dem Gerichtssaal und ähnliches. Hier geht es um das Milieu eines Berufsstandes, die Verfasser sind vielfach ohne Bedeutung oder anonym. Sammlungen dieser Art finden bei den Angehörigen des dargestellten Berufsstandes natürlich großes Interesse.

Neben dem Roman sind alle diese Formen kürzerer Erzählungen mehr oder weniger Nebenprodukte des schriftstellerischen Schaffens. Der Leser konsumiert sie gerne mit, besonders wenn er schon einige größere Werke ihres Verfassers kennt. Sonst aber sind formale Fragen für den Leser wenig interessant. Ihm geht es um den Inhalt, und dem wollen auch wir uns jetzt zuwenden.

Liebesromane – bevorzugte Lektüre der Frauen

Rund 35% aller Leserinnen und Leser nannten bei einer Umfrage, welche Romangattung sie am liebsten lesen, den Liebesroman an erster Stelle. Da die Abgrenzungen zwischen den einzelnen Gattungen aber fließend und die Begriffe Liebesroman und Frauenroman zwar nicht identisch sind, sich aber doch weitgehend decken, wollen wir die oben genannte Zahl nur als Richtwert verstehen. Unbestritten ist aber, daß diese Romangattung ein ungemein breites Publikum findet, wobei etwa viermal so viele Frauen Liebesromane lesen wie Männer.

„Liebe ist die Krone der menschlichen Beziehungen", hat Manès Sperber einmal in einem Interview gesagt. Daher ist es selbstverständlich, daß sie das bedeutendste Thema der Romanliteratur ist. Das war schon am Anfang so, als sich im 18. Jahrhundert in den „Moralischen Wochenschriften" der Prosaroman als eigene Kunstform von der bis dahin üblichen Traktätchen- und Erbauungsliteratur abhob. Die Anfänge waren bescheiden: Vor rund 200 Jahren entfielen bloß 4% der Buchproduktion auf Romane, davon etwa die Hälfte auf Frauen- und Liebesromane nach englischen Vorbildern. Die Heldinnen dieser Erzählungen waren meist adelige Damen, die Leserinnen stammten ebenfalls aus Adelskreisen, in zunehmendem Maße aber auch aus bürgerlichen Schichten. Mit dem Anwachsen des bürgerlichen Publikums erreichte der Frauenroman dann bald seine erste Blüte, während andere Romangattungen – wie Ritterromane, Geisterromane und Räubergeschichten – auf das Niveau der Romanheftchen abrutschten, wo sie auch heute noch zu finden sind.

Schon im frühen 19. Jahrhundert schrieben weibliche Autoren für ein weibliches Publikum und vertraten dabei durchaus emanzipatorische Tendenzen. Die Eigenständigkeit der Frau, Eheprobleme, der Wunsch, unglückliche Ehen scheiden zu können, sogar das Recht auf freie Liebe wurden in Romanen behandelt. Die erfolgreichste Autorin jener Zeit war die französische Gräfin Dudevant, die unter ihrem Pseudonym George Sand in die Literaturgeschichte einging. Ihre zahlreichen Nachfolgerinnen in Deutschland waren in ihren Themen weniger radikal, stärkten aber doch das Selbstbewußtsein der wachsenden Leserschaft. Die Schwägerin Schillers, Karoline von Wolzogen, und Johanna Schopenhauer, die Mutter des großen Philosophen, waren neben anderen die bekanntesten Autorinnen zahlreicher Romane voll Phantasie und Einfühlungsvermögen.

In der zweiten Hälfte des 19. Jahrhunderts – es war die Zeit der beginnenden Industrialisierung – kam es durch Eugenie Marlitt (1825–1887) zu einer neuen Blüte des Liebes- und Frauenromans. Ihre Hauptwerke „Goldelse" (1866 in der „Gartenlaube“ erschienen) oder „Das Geheimnis der alten Mamsell“ (1867) sind noch heute in mancher älteren Bibliothek zu finden. Dem Zeitgeschmack folgend, konnte sie sich zwar nicht ganz von süßlich-kitschigen Handlungselementen freimachen, doch kämpfte sie engagiert gegen die Mißstände der bürgerlichen Gesellschaft und vertrat dabei beachtenswert liberale Auffassungen. Wenn ihr Name als Symbol für Kitsch und Trivialliteratur genannt wird, wie das häufig der Fall ist, geschieht ihr Unrecht. Dies trifft in viel höherem Maße für die eine Generation später folgende Hedwig Courths-Mahler (1867–1950) zu.

Dieser Name ist jedem Leser vertraut, einzelne ihrer Werke stehen gewiß noch in vielen Familienbibliotheken. Sie schrieb über 200 Romane, die im In- und Ausland in rund 40 Millionen Bänden verbreitet sind. Damit steht sie an vorderster Stelle der absoluten Bestsellerliste deutscher Autoren, erst in jüngster Zeit wurde sie von den modernen Erfolgsautoren Heinz G. Konsalik und Johannes Mario Simmel überflügelt. In ihren Büchern reduziert sich die Auseinandersetzung mit gesellschaftlichen Problemen auf das Aschenbrödelmotiv, das sie immer wieder abwandelte. Sie war sich dessen bewußt, daß ihre Handlungen und Schicksale fern aller Realität nur Träume und Illusionen boten. Aber das Publikum, vom Dienstmädchen bis zur Gnädigen, verschlang diese Produkte allzu gern, und Unterhaltung – es muß daran erinnert werden – ist nun einmal die wichtigste Funktion aller Lektüre. Selbst heute noch werden etwa 90 Romane der Courths-Mahler von einem Taschenbuchverlag angeboten.

Die Traumfabrik von Courths-Mahler und ihren Nachfolgerinnen beherrschte jahrzehntelang die Szene. Erst nach dem Ersten Weltkrieg wurde sie abgelöst. Das moderne Großstadtleben bot sich als neuer, interessanter Themenkreis an. Die berufstätige Frau wurde zur beliebten Heldin, die kleinbürgerliche Gesellschaft und das Arbeitermilieu wurden literaturfähig. Und so wie diese Literatur immer breitere Leserkreise gewann, so erweiterte sie auch ihre Themen und Schauplätze über die ganze Welt. Das uralte Motiv der Liebe zweier Menschen gewann aus der Verschiedenheit des gesellschaftlichen und landschaftlichen Hintergrundes immer neue, packende Varianten. Der Qualitätsbogen reichte dabei von anspruchsvoller Unterhaltung bis hinab zur Trivialität der Heftchenproduktion, und ebenso weit gespannt war und ist der Leserkreis.

Einzelne Autoren des modernen Liebes- und Frauenromans zu nennen, ist wegen der Fülle der Namen kaum möglich. Von Vicki Baum in den 20er Jahren bis Utta Danella in unseren Tagen gibt es zahllose Vertreterinnen und Vertreter dieses Genres. Das Angebot ist international geworden, wobei neben der deutschsprachigen Produktion die angloamerikanische stark überwiegt. Französische Liebesromane folgen erst mit Abstand, obwohl gerade in

Frankreich diese Gattung äußerst beliebt ist. Liebesromane aus Italien erreichen uns nur selten, aus Osteuropa – von der DDR abgesehen – so gut wie gar nicht. Diese Umstände hängen aber nicht mit der Qualität der jeweiligen Romanproduktion zusammen, sondern bloß mit den einseitigen Aktivitäten der Agenturen, die die Übersetzungsrechte vermitteln. Hier haben nun einmal die Amerikaner ein Übergewicht. Das gilt übrigens für alle Bereiche des Buchmarktes und wird sich vermutlich erst ändern, wenn die kulturelle Zusammenarbeit der Europäer methodisch intensiviert wird.

An drei Beispielen wollen wir nun kurz die Vielfalt des modernen Liebesromans aufzeigen, wobei wir bewußt ältere Titel herausgreifen, die vielen Leserinnen vertraut sein dürften. Da ist einmal der heitere Roman „Piroschka“ (1954) von Hugo Hartung. Die Fabel ist denkbar einfach: Ein deutscher Student kommt in den Ferien zu Pflegeeltern in ein ungarisches Pußtadorf, um sich dort auffüttern zu lassen. Er lernt die siebzehnjährige Piroschka kennen, die Tochter des Stationsvorstehers. Vor dem malerischen Hintergrund entspinnt sich eine zarte, romantische, süß-schmerzliche Liebe. Durch eine gelungene Verfilmung gewann „Piroschka“ ein Millionenpublikum und ist bis heute nicht vergessen.

Ein anderes Beispiel: „Alle Herrlichkeit auf Erden“ (1957) von Han Suyin. Schauplatz ist das von Flüchtlingen, Geschäftemachern und Abenteurern überquellende Hongkong kurz vor dem Sieg der rotchinesischen Armee. Die Heldin, Tochter eines Chinesen und einer Holländerin, lernt einen englischen Journalisten kennen. Zwei reife Menschen aus völlig verschiedenen Kulturkreisen erleben ein leidenschaftliches Glück. Da greift das politische Geschehen jäh in ihr Schicksal ein: In Korea ist der Krieg ausgebrochen. Mark muß als Korrespondent seiner Zeitung hinreisen und findet dort den Tod. Auch hier also kein Happy-End. Der Film ist auch an diesem Erfolgsroman nicht vorübergegangen. Hongkong-Besucher machen auf ihrer Inselrundfahrt noch heute Rast in der Repulse-Bay, wo entscheidende Teile des Films gedreht wurden.

Als drittes Beispiel sei der schmale amerikanische Roman „Love Story“ (1971) von Erich Segal genannt, der im Universitätsmilieu spielt. Oliver, Sohn einer reichen Bankiersfamilie, soll wie sein Vater Anwalt werden. Jenny, Tochter eines italienischen Bäckers, studiert Musik. Hals über Kopf heiratet Oliver das Mädchen, um sich dadurch der unerträglichen Bevormundung durch seinen Vater zu entziehen. Doch das Glück dauert nicht lange: Jenny stirbt nach wenigen Monaten an Leukämie. Selbstverständlich wurde auch dieser Stoff mit großem Erfolg verfilmt.

Diese Beispiele können die Bandbreite des modernen Liebesromans nur andeuten. Aber sie machen deutlich, weshalb gerade diese Romangattung in der Gunst des weiblichen Publikums so eindeutig führt.

Fragen wir uns, ob in den letzten Jahrzehnten im Liebesroman neue Tendenzen zu beobachten waren, dann müssen vielleicht drei Aspekte erwähnt werden. Zum ersten hat die Ehe deutlich ihren früheren hohen Stellenwert verloren. Die feste Bindung der Liebenden bedarf nicht mehr des amtlichen oder kirchlichen Segens, das Happy-End vor dem Traualtar ist selten geworden. Zweitens nehmen sich seit der Aufklärungswelle der 60er Jahre die Autoren von Liebesromanen bei der Schilderung von Sexualität kein Blatt mehr vor den Mund. Was früher kaum angedeutet werden durfte, wird jetzt zuweilen offen und detailliert dargestellt. Drittens erschienen in jüngster Zeit aus der Feder bekannter Schriftstellerinnen (wie Christine Brückner, Barbara Frischmuth, Jutta Schutting, Gabriele Wohman, Christa Wolf und anderer) bemerkenswerte Romane über echte Frauenprobleme. Die Frauenbewegung hat selbstverständlich auch in der Literatur ihren Niederschlag gefunden und den thematischen Bogen um neue, interessante Facetten bereichert.
So bietet der Liebes- und Frauenroman in all seinen Varianten ein getreues Abbild unserer Zeit und wird deshalb für sein großes Publikum über alle modischen Schwankungen hinweg interessant bleiben.

Familien- und Gesellschaftsromane

Diese in allen Kultursprachen weitverbreitete Romangattung steht den Liebesromanen an Beliebtheit nicht nach. Dabei gibt es hier kein Übergewicht des weiblichen Publikums, im Gegenteil: Familien- und Gesellschaftsromane sind nach den Krimis die bevorzugte Unterhaltungslektüre männlicher Leser, vor allem der höheren Bildungsschichten. Das Angebot an Romanen dieses Genres ist ungeheuer groß.

Alle mit Familie zusammenhängenden Themen: Liebe, Ehe, Streit und Eifersucht, Glücksfälle und Schicksalsschläge, verwandtschaftliche Beziehungen und daraus resultierende Spannungen, der Generationenkonflikt und vieles andere lassen sich im Familienroman zu einer bewegten, bunten Handlung verweben. Sie bietet dem Publikum obendrein vielfache Identifikationsmöglichkeiten. Spielt bei anspruchsvolleren Autoren der zeitgeschichtliche Hintergrund eine entscheidende Rolle, dann sprechen wir von Gesellschaftsromanen. Sie sind Momentaufnahmen vom Leben und Handeln der Menschen einer bestimmten Zeit, also Lebensbilder im wahrsten Sinn des Wortes. Die besten Beispiele solcher Gesellschaftsromane aller Nationen wurden in die Weltsprachen übersetzt und bilden den Grundbestand dessen, was wir Weltliteratur nennen.

Voraussetzung für die Entstehung des Familienromans war die gesellschaftliche Umwälzung, die sich im 18. Jahrhundert vollzog. Bis dahin konnte in der Regel nur ein Adeliger Held eines literarischen Werkes sein. Jetzt fanden bürgerliche Ideale und Weltauffassungen Eingang in die Literatur, bürgerliche Tugend wurde oft der Dekadenz des Adels gegenübergestellt. Wie beim Liebes- und Frauenroman kamen auch hier die ersten Vorbilder aus England, doch entwickelte sich auch in Deutschland rasch eine umfangreiche Produktion. Mit ihrer Mischung von Spannung und immer kühner werdender Gesellschaftskritik fanden Familienromane bald ein größeres Publikum.

Um die Mitte des 19. Jahrhunderts erreichte der Familienroman seine endgültige Form. Er wurde zu einem realistischen Abbild des bürgerlichen Alltags. Familiensinn und Biederkeit waren zunächst noch die Leitmotive, die der Zeitgeschmack diktierte. Gustav Freytags Roman „Soll und Haben" (1855), die breit ausgesponnene Geschichte einer Kaufmannsfamilie, ist ein typisches Beispiel dieser Epoche. In zunehmendem Maße wurden aber auch soziale Probleme behandelt, die Bourgeoisie wurde kritisch unter die Lupe genommen.

In Frankreich hatte schon Honoré de Balzac (1799–1850) den Versuch unternommen, in einer vielbändigen Romanreihe, die er „Menschliche Komödie" nannte, die Gesellschaft seiner Zeit umfassend darzustellen. Leider blieb das große Vorhaben unvollendet. Einzelne Titel („Eine Frau von dreißig Jahren", „Eugenie Grandet", „Vater Goriot", „Verlorene Illusionen") zählen aber noch heute zum festen Bestand bester Unterhaltungsliteratur. Gustave Flaubert schrieb 1857 mit seiner „Madame Bovary" den Roman einer Ehebrecherin, der zu lebhaften Diskussionen Anlaß bot. Eine großangelegte Darstellung der Gesellschaft seiner Zeit schuf einige Jahrzehnte später Émile Zola (1840–1902) mit seinem 20bändigen Romanzyklus „Die Rougon-Macquart". Darin schildert er nach minuziösen Milieustudien die Schicksale einer weitverzweigten Familie über mehrere Generationen. Er führt seine Leser in die Markthallen von Paris, in die Armenviertel wie in die feinen Adelshäuser, in die Welt der Dirnen und Verbrecher, der Bergleute, Eisenbahner und Bauern und schildert die Schicksale seiner Helden mit schonungsloser, „naturalistischer" Offenheit. Naturalismus heißt denn auch jene Kunstrichtung, die gegen Ende des Jahrhunderts nicht nur die Literatur prägte.

In England, wo die Industrialisierung am weitesten fortgeschritten war, hatte sich Charles Dickens in zahlreichen Romanen mit der Not der armen Leute befaßt. Sein Roman „Oliver Twist" (1838), der das Schicksal eines Waisenkindes erzählt, machte ihn weit über England hinaus zum Lieblingsschriftsteller seiner Zeit. Neben ihm muß auch William M. Thackeray mit seinem „Jahrmarkt der Eitelkeit" (1847) genannt werden, in dem er wie Dickens den Egoismus und die innere Leere der englischen Oberschicht anprangerte. Diese Tradition des englischen Gesellschaftsromans reicht bis in unser Jahrhundert herein. 1906 bis 1928 erschien die „Forsythe-Saga" von John Galsworthy, die Aufstieg und Verfall einer Familie von der spätviktorianischen Zeit bis zum Ersten Weltkrieg darstellt.

In Rußland wirkten zu dieser Zeit die großen Romanciers Iwan S. Turgenjew („Väter und Söhne", 1862), Fjodor M. Dostojewski („Schuld und Sühne", 1866, „Die Brüder Karamasow", 1880) und Leo N. Tolstoi („Krieg und Frieden", 1856–1869, „Anna Karenina", 1873–1876). Ihre großartigen Romane eroberten im Sturm das europäische Publikum und wurden zu einem unverzichtbaren Bestandteil der Weltliteratur.

Höhepunkte der Familien- und Gesellschaftsromane in deutscher Sprache stellen die Werke von Wilhelm Raabe („Die Chronik der Sperlingsgasse", 1857, „Der Hungerpastor", 1864) und Theodor Fontane dar. Letzterer hat die preußische Gesellschaft um die Jahrhundertwende in scharf beobachteten, realistischen Lebensbildern eingefangen. Seine bekanntesten Titel sind „Effi Briest" (1895) und „Der Stechlin" (1899). Der Schweizer Gottfried Keller pflegte vor allem die kürzere Form der Novelle („Die Leute von Seldwyla", 1856, „Das Sinngedicht", 1882), ebenso der Norddeutsche Theodor Storm („Immensee", 1849, „Carsten Curator", 1878). 1901 erschien der

Roman „Die Buddenbrooks“ von Thomas Mann, der den langsamen Verfall einer hanseatischen Kaufmannsfamilie zum Inhalt hat.
Soweit unsere kurze Übersicht über die wichtigsten Erzähler der europäischen Literatur im 19. Jahrhundert. Die Gattung des Familien- und Gesellschaftsromans hatte endgültig das Publikum aller Kulturländer gewonnen. Die Zahl der Epigonen und weniger bedeutenden, aber durchaus lesenswerten Autoren von der Jahrhundertwende bis herauf in unsere Zeit ist außerordentlich groß. In Deutschland gewannen Rudolf Herzog, William von Simpson, John Knittel, Otto Flake, Alexander Döblin, Vicki Baum, Hans Fallada und andere viele Leser, aus England kamen die Romane von Somerset Maugham, Graham Greene, Archibald J. Cronin und anderen.
Ein spezielles Wort muß über die amerikanischen Familienromane gesagt werden, die in den letzten Jahrzehnten unseren Büchermarkt überschwemmten. Eine Sonderstellung nimmt dabei der Welterfolg „Vom Winde verweht“ (1936) von Margaret Mitchell ein. Der breit angelegte Roman schildert das Schicksal einer Südstaatenfamilie während des amerikanischen Bürgerkriegs. Daneben gab und gibt es eine Unzahl von Familiengeschichten aus der Pionierzeit, die das Land der unbegrenzten Möglichkeiten und den „american way of life“ samt seiner Problematik darstellen. Zwei Beispiele für viele: Taylor Caldwell erzählt in „Einst wird kommen der Tag“ (1939) die Geschichte einer Dynastie von Rüstungsindustriellen, während John Steinbecks Roman „Jenseits von Eden“ (1952) im Farmermilieu spielt. Pearl S. Bucks Romane sind vielfach in der exotischen Welt Chinas angesiedelt („Die gute Erde“, 1931), William Faulkners künstlerisch hochstehende Werke („Licht im August“, 1932) in der Welt der Südstaaten. Dort spielen auch die Romane von Gwen Bristow („Lousiana-Trilogie“, 1937–1940), die zwar viel gelesen wurden, aber doch nicht viel mehr als unkritische Historienmalerei bieten.
Aus der jüngsten Zeit seien nur noch einige wenige besonders erfolgreiche Beispiele genannt, um den Anschluß an das aktuelle Angebot des Buchmarkts herzustellen. Christine Brückner (Die „Poenichen“-Romane: „Jauche und Levkojen“, 1975, „Nirgendwo ist Poenichen“, 1977, „Die Quints“, 1985) und Walter Kempowski („Tadellöser und Wolf“, 1971, bis „Herzlich willkommen“, 1984) schildern Schicksale von Heimatvertriebenen des Zweiten Weltkriegs. Der aus Ostpreußen stammende Siegfried Lenz erreichte mit seinen großen Romanen „Deutschstunde“ (1968), „Heimatmuseum“ (1978), „Exerzierplatz“ (1985) und anderen jeweils Spitzenplätze in den Bestsellerlisten.
Familienschicksale und ihr zeitgeschichtlicher Hintergrund sind und bleiben beliebte Sujets der erzählenden Dichtung, wobei der Anspruch von einfacher Unterhaltung bis zur Qualität von Weltliteratur reicht.

Abenteuerromane einst und jetzt

Abenteuerroman ist ein durchaus gängiger Begriff, obwohl es schwierig ist, ihn exakt zu definieren. Von der Wortbedeutung her versteht man unter dem spätlateinischen Ausdruck „adventura" eine unerwartete, gefahrvolle Begebenheit. Eine Abenteuererzählung schildert also wechselvolle Schicksale verschiedenster Art, die der Held mit Mut und Geschick meistert. Am Beginn der literarischen Tradition dieser Gattung steht der spanische Ritterroman des 14. und 15. Jahrhunderts. Seine Helden zogen auf Abenteuer aus, die ihre höfischen Zuhörer oder Leser in eine Traum- oder Märchenwelt entführten. Nachahmer und Übersetzer in allen europäischen Kulturländern überboten einander im Erfinden immer neuer unwahrscheinlicher Geschehnisse. Kein Wunder, daß die Parodie auf diese Ritterromane, die Miguel de Cervantes mit seinem großartigen „Don Quichote" (1604–1614) schrieb, der Gattung den Todesstoß versetzte und selbst zu einem Welterfolg wurde.
Es dauerte dann länger als ein Jahrhundert, bis in England der erste klassische Abenteuerroman mit neuer Thematik erschien: „Das Leben und die seltsamen Abenteuer des Robinson Crusoe aus York" von Daniel Defoe (1719). Der Roman erzählt die Lebensgeschichte eines Mannes, der durch einen Schiffbruch auf eine unbewohnte Insel verschlagen wird. Mit Hilfe einiger weniger Gerätschaften, die er aus dem Schiffswrack bergen kann, richtet er sich in einer Höhle wohnlich ein. Zuerst ist er allein, später wird ihm ein Wilder zum Diener und Gefährten, bis beide schließlich nach vielen Jahren von einem vorbeikommenden Schiff in die zivilisierte Welt zurückgebracht werden. Neben dem abenteuerlichen äußeren Geschehen spiegelt der Roman die damals herrschende puritanische Ideologie wider, wonach harte Arbeit und Glaubensstärke auch in der schlimmsten Situation zu Glück und Erfolg führen.
Der Roman löste ein ungeheures Echo aus. Robinsonaden wurden große Mode, in allen Kultursprachen erschienen Nachahmungen. Spätere Ausgaben und Bearbeitungen des „Robinson" verkümmerten immer mehr zu reinen Abenteuererzählungen für Kinder. Die erbaulichen Belehrungen des Originals wurden weggelassen, weil sie nicht mehr dem Zeitgeschmack entsprachen. Als klassisches Jugendbuch jedoch ist „Robinson" bis auf den heutigen Tag lebendig geblieben, und so haben ihn wohl auch die meisten Leser kennengelernt.
Das 19. Jahrhundert brachte im Zuge der Erschließung des nordamerikanischen Kontinents neue Stoffe für den Abenteuerroman. Den Anfang machte der aus Mähren gebürtige Karl Anton Postl, der sich nach seiner Auswanderung Charles Sealsfield nannte. In seinem Werk „Das Kajütenbuch" (1841)

schildert er, wie sich Texas aus mexikanischer Herrschaft befreite und zum Bundesstaat der USA wurde. Noch erfolgreicher war Friedrich Gerstäcker, der persönlich weite Teile des mittleren Westens, aber auch Kalifornien, Südamerika und Australien bereiste. Seine „Flußpiraten des Mississippi" (1848) haben gewiß viele von uns gelesen. Sie sind wie „Robinson" zu einem beliebten Jugendbuch geworden.

Den Höhepunkt dieser Indianer- und Abenteuerromantik erreichte aber ein Mann, der selbst nie ein fremdes Land betreten, sondern sich die geographischen Grundlagen zu seinen zahlreichen Abenteuerromanen nur angelesen hat: der sächsische Lehrer Karl May (1842–1912). Obwohl er zeitlebens von Kritikern und Pädagogen heftig angegriffen wurde und bis heute nicht unbestritten ist, sind seine Romane (erst 1985 wurde der 74. und bisher letzte Titel veröffentlicht) in über 25 Sprachen in aller Welt verbreitet. Seine beiden Hauptthemen sind Indianererzählungen aus dem Wilden Westen mit dem Helden Winnetou und dessen weißem Freund Old Shatterhand sowie Romane aus dem Vorderen Orient, wo Kara Ben Nemsi mit seinem Freund Hadschi Halef Omar von Abenteuer zu Abenteuer reitet. Die Charaktere sind in bewährter Schwarzweißmanier gezeichnet, die Handlung eilt von Höhepunkt zu Höhepunkt, bis der Gute belohnt und der Böse bestraft, gefangen oder getötet wird. Im Grunde sind seine Romane nichts anderes als breit angelegte, spannende Märchen. Sie bieten aber so angenehme Zerstreuung, daß selbst bedeutende Dichter, wie Hermann Hesse, Thomas Mann, Franz Werfel, Carl Zuckmayer oder Ingeborg Bachmann, Karl Mays Helden mit Vergnügen auf ihren Abenteuern gefolgt sind.

Klassische Abenteuerromane ganz anderer Art kamen indessen aus Frankreich, wo Alexander Dumas der Ältere seine im historischen Milieu spielenden Blut- und Degenromane schrieb. „Die drei Musketiere" (1844) und „Der Graf von Monte Christo" (1845/46) sind fast in jeder Bibliothek zu finden. Das Genre solcher historischer Kostümschinken mit spannender Handlung ist bis heute noch beliebt.

Um die Jahrhundertwende, während der Karl-May-Boom nach wie vor anhielt, erschienen die realistischen Erlebnisberichte von Jack London (1876–1916), die größtenteils in der Wildnis Alaskas spielen. Von der exotischen Welt Indiens berichten die Erzählungen Rudyard Kiplings (1865–1936). Sein „Dschungelbuch" wurde zu einem Klassiker der Jugendliteratur. Abenteuerliche Romane aus der Südsee schrieb Joseph Conrad (1857–1932). In allen diesen Romanen geht es um menschliches Bewähren oder Versagen in besonders kritischen Situationen. Es sind Abenteuerromane mit psychologischem Hintergrund, wobei der exotische Schauplatz dem Geschehen zusätzlichen Reiz verleiht. Das Niveau dieser Autoren hat ihre Werke bis in unsere Tage lebendig erhalten.

Heute ist die große Zeit des Abenteuerromans vorüber. Die Welt ist bis in den letzten Winkel erforscht, abenteuerliche Entdeckungsreisen und unerwartete Erlebnisse sind kaum mehr möglich. Nur in naiven Heftchenromanen wird diese Richtung vereinzelt noch fortgesetzt. Das Spannungselement als wesentlicher Zug der Unterhaltungsliteratur wurde aber von anderen Gattungen aufgegriffen, vor allem vom modernen Kriminalroman sowie von der technisch-utopischen Science-fiction-Literatur.

Alle guten Bücher haben eins gemeinsam: sie sind wahrer, als wenn ihre Geschichte wirklich geschehen wäre.

Ernest Hemingway

Was sind Heimatromane?

Entstanden ist diese Gattung im frühen 19. Jahrhundert, als mit der beginnenden Industrialisierung immer mehr Menschen von den Dörfern in die Städte zogen. Damals wurde der Unterschied zwischen dem städtischen Milieu und der angeblich heilen Welt des Dorfes vielen Menschen erst bewußt. Doch die meisten Schriftsteller, die Begebenheiten aus dem dörflichen Leben schilderten, befaßten sich mit den damit verbundenen sozialen Fragen nicht. Für das städtische Leserpublikum bildeten diese Idyllen einen willkommenen Gegensatz zur übrigen Unterhaltungsliteratur, die immer noch vorwiegend in aristokratischen Salons spielte. Wenn diese Dorfromane noch dazu von einem gesunden Natur- und Heimatgefühl geprägt waren, wie etwa bei dem Schweizer Jeremias Gotthelf, dann gewannen sie bald größere Leserkreise. Gotthelfs Uli-Romane (1841–1846) sind gewiß noch in vielen Schweizer Familienbibliotheken zu finden. Und die im Böhmerwald spielenden Erzählungen von Adalbert Stifter (1805–1868) „Studien" und „Bunte Steine" sind von so hohem dichterischen Rang, daß sie wie seine großen Romane in die Weltliteratur eingegangen sind.
Eine Generation später finden wir in der Heimatliteratur ausgeprägte ideologische Tendenzen. Das echte, gesunde Leben auf dem Dorf wurde der morbiden Stadtkultur als Vorbild gegenübergestellt, und das Publikum nahm diese Wunschbilder begierig auf. Der erfolgreichste Vertreter dieser Heimatkunst war Ludwig Ganghofer (1855–1920), der damals – neben Karl May und Courths-Mahler – zum meistgelesenen Autor deutscher Zunge wurde. Einzelne Titel wie „Der Jäger von Fall", „Der Edelweißkönig", „Das Schweigen im Walde" und andere werden heute noch nachgedruckt. Sie bieten spannende Geschichten von Jägern und Wilddieben und dörflichen Liebesaffären, die alle in der bayrischen Alpenwelt spielen; freilich ist es eine blankgeputzte Alpenwelt, die mit der Realität wenig zu tun hat. Aber das bäuerliche Milieu entsprach der Sehnsucht der städtischen Leserschaft, das trug wesentlich zum Erfolg dieser Romane bei.
Unter Ganghofers Zeitgenossen gab es aber auch Autoren, die sich ernsthaft mit den Problemen des bäuerlichen Lebens auseinandersetzten. Hier ist vor allem der Steirer Peter Rosegger (1843–1918) zu nennen. Seine Erzählungen und Romane aus der „Waldheimat" schildern das harte Leben der Bergbauern ungeschminkt und realistisch. Er wurde weit über Österreich hinaus zu einem Volksschriftsteller im besten Sinn des Wortes. Die Erzählbände „Als ich noch der Waldbauernbub war", „Die Schriften des Waldschulmeisters" oder die Romane „Die Försterbuben", „Erdsegen" und andere sind gewiß vielen Lesern bekannt. Ähnliche Bedeutung im norddeutschen Raum hatte

Fritz Reuter (1810–1874), dessen Werke in Plattdeutsch geschrieben sind. Weitere erfolgreiche Titel jener Epoche sind „Frau Sorge“ (1887) von Hermann Sudermann, „Zwei Menschen“ (1911) von Richard Voss oder „Waldwinter“ (1902) von Paul Keller. Die norddeutsche Heide bildet den landschaftlichen Hintergrund bei „Jörn Uhl“ (1901) von Gustav Frenssen und „Heideschulmeister Uwe Karsten“ (1909) von Felicitas Rose. Als unbestrittener „Dichter der Heide“ gilt Hermann Löns (1866–1914) mit seinen stimmungsvollen Natur- und Tierschilderungen. Die beiden Schweizer Erzähler Jakob Christoph Heer („An heiligen Wassern“, 1898) und Ernst Zahn mit mehr als 60 Berg- und Bauernromanen gehören in die große Reihe der Ganghofer-Nachfolger.

Nach dem Ersten Weltkrieg wurde der Heimatroman um eine neue Nuance bereichert, indem einige Autoren aus dem nordisch-skandinavischen Kulturkreis bei uns sensationelle Erfolge erzielten. Sigrid Undsets historischer Bauernroman „Kristin Lavranstochter“ (1926/27) und die beiden Romane von Trygve Gulbranssen „Und ewig singen die Wälder“ (1933) und „Das Erbe von Björndal“ (1935) zählten zu den meistgelesenen Werken der 30er Jahre. Heimatromane erfreuten sich damals größter Beliebtheit. Das Thema Boden und Heimat bot in der folgenden NS-Zeit aber auch die besten Ansätze für eine immer weitergehende Ideologisierung. Damit war – literarhistorisch gesehen – die Blütezeit des Heimatromans vorüber. Erfolgreiche Werke dieses Genres, die ihr Jahrzehnt überdauert haben, gibt es kaum.

Nach 1945 hat sich die Gattung Heimatroman von dieser Belastung nicht mehr erholt. Nur der Film hat sich bekannter Sujets aus der vergangenen Blütezeit bemächtigt. Im Heimatfilm feierten die Motive noch einmal eine Auferstehung, die aber bald zu einer kitschigen Silberwald- und Wildschützenromantik verflachte. Zwar gibt es in fast allen unseren Landschaften noch Schriftsteller von lokaler Bedeutung, die sich mit Themen und Problemen ihrer engeren Umwelt befassen, und so wird die Gattung Heimatroman wohl nicht ganz vom Buchmarkt verschwinden. Was aber unter diesem Übertitel in Katalogen und Prospekten heute angekündigt wird, ist meist wenig überzeugend. Selbst der vor wenigen Jahren verstorbene bayrische Schriftsteller Hans Ernst, der im süddeutsch-österreichischen Raum eine größere Lesergemeinde gewinnen konnte, schildert eine bäuerliche Welt, die es praktisch nicht mehr gibt. Auf der Ebene der Heftchenromane floriert allerdings noch das Geschäft. Da gewinnen arme Dienstmädchen immer noch den reichen Hoferben, da gibt es noch Eifersuchtstragödien im Trachtenlook wie eh und je. Wie in den Kunstabteilungen der Warenhäuser „Alpenglühen“, der „röhrende Hirsch“ und der „Elfentanz am Seeufer“ unentbehrlich zu sein scheinen, so werden ähnliche Motive auch in der Kitschindustrie der Romanhefte noch eine Weile lebendig bleiben.

Vor kurzem erschienen aber einige Titel, die aufhorchen lassen. Da erzählt eine Bäuerin aus Niederbayern namens Anna Wimschneider in dem Roman „Herbstmilch“ (1984) ihre Lebensgeschichte. Kurze Zeit später taucht das Werk in der Bestsellerliste auf. Und in Österreich schildert eine ehemalige Dienstmagd namens Maria Gremel gleichfalls ihr Lebensschicksal: „Mit neun Jahren im Dienst“ (1983). So wie in diesen beiden dokumentarischen Romanen – und der Trend scheint sich fortzusetzen – wurden die Verhältnisse auf dem Dorf bisher kaum dargestellt. Der Zufall des Alphabets stellt Gremels Roman im Bücherregal unmittelbar neben die Ganghoferbände. Mit einem Schlag wird da dem Leser bewußt, was Ganghofer und seine Zeitgenossen damals alles nicht erzählt haben.

Historische Romane bieten mehr als Unterhaltung

Als historische Romane bezeichnet man Werke, die in einer vergangenen Zeit spielen. Ihre Helden sind entweder geschichtliche Persönlichkeiten – wie Alexander der Große, Caesar, Kleopatra, Nero, Lucrezia Borgia, Napoleon und viele andere – oder auch erfundene Gestalten, die jedoch für die Zeitepoche charakteristische Züge tragen müssen. Die Verfasser historischer Romane und Erzählungen informieren sich aus der Fachliteratur, aber auch aus Briefen, Tagebüchern und dergleichen über die historischen Fakten und deren Hintergründe. Erst wenn sie wissen, wie der Held ihres Romans gelebt, gedacht, gehandelt hat, können sie sein Schicksal nach freiem Ermessen gestalten.

Warum werden historische Romane und Erzählungen von einem Teil des Publikums so gern gelesen? Weil man erfahren will, wie die Menschen früherer Zeiten lebten und wie sie die Schwierigkeiten ihres Daseins gemeistert haben. Voraussetzung ist dabei ein allgemeines historisches Interesse. Das ist der Grund, weshalb historische Literatur an den Leser etwas höhere Ansprüche stellt als andere Unterhaltungsromane.

Der Begründer des historischen Romans ist der schottische Landedelmann Sir Walter Scott (1771–1832). Er fand seine Themen vorwiegend in der mittelalterlichen Geschichte seiner Heimat. Mit seinen insgesamt 27 Romanen wurde er nicht nur in Schottland und England, sondern in ganz Europa zum meistgelesenen Schriftsteller seiner Zeit. Auch Goethe zählte ihn zu seinen Lieblingsautoren. Das Scott-Fieber breitete sich in Deutschland gerade zu einer Zeit aus, als man wieder verstärktes Interesse für das Mittelalter empfand. So ist nicht überraschend, daß viele Dichter der Romantik historische Sujets in Romanform behandelten: Wilhelm Hauff griff mit „Lichtenstein“ (1826) eine Episode aus der schwäbischen Geschichte auf, Victor von Scheffel behandelte im „Ekkehard“ (1854) das Klosterleben des 10. Jahrhunderts.

Aus Frankreich kam in jener Zeit der historische Kostümroman eines Alexander Dumas des Älteren. Seine „Drei Musketiere“ (1844) haben wir schon im Abschnitt über den Abenteuerroman erwähnt. Anspruchsvoller sind die Romane Victor Hugos, dessen „Glöckner von Notre Dame“ (1831) in jeder größeren Familienbibliothek zu finden ist. Das gilt auch für „Die letzten Tage von Pompeji“ (1834) des Engländers Edward G. Bulwer, der damit ein Lebensbild aus der römischen Antike zeichnete. Später griff auch sein Landsmann Louis Wallace diese Thematik auf: Sein „Ben Hur“ (1880) spielt in der Zeit des frühen Christentums, ebenso der Roman „Quo Vadis?“ (1880) des polnischen Nobelpreisträgers Henryk Sienkiewicz. Alle diese Titel blieben bis heute lebendig und boten auch die Stoffe für große Filme. Die Historiker Leopold von Ranke und Theodor Mommsen schufen die Voraussetzungen dafür, daß der historische Roman in der 2. Hälfte des 19. Jahrhunderts in der deutschen Literatur besonders gepflegt werden konnte. Gustav Freytag muß hier genannt werden, der mit seinen „Ahnen" (1873–1881) die vielbändige Geschichte einer Familie schrieb, die weit in die Vergangenheit zurückreicht. Als Klassiker der historischen Erzählungen gilt der Schweizer Conrad F. Meyer. Viele seiner Stoffe fand er in der italienischen Renaissance. Sein Hauptwerk „Jürg Jenatsch" (1876) aber schildert das Schicksal eines Graubündner Heerführers aus dem 17. Jahrhundert. Felix Dahn behandelte in zahlreichen Romanen Stoffe aus der Zeit der Völkerwanderung („Ein Kampf um Rom", 1876). Da viele seiner Werke weniger unterhaltend als belehrend wirkten, sprach man auch von Professorenromanen. Daneben haben aber auch die großen Erzähler Wilhelm Raabe, Theodor Storm und Gottfried Keller geschichtliche Sujets aufgegriffen.

Der Erste Weltkrieg brachte keinen Wandel in dieser Entwicklung, doch müssen aus dieser Zeit einige Namen genannt werden, die aus unterschiedlichen Gründen große Bedeutung erlangten. Der Kriegsroman „Im Westen nichts Neues" (1929) von Erich Maria Remarque klagte in schonungsloser Weise den Wahnsinn des Krieges an. Er wurde über Nacht ein Welterfolg und erreichte Millionenauflagen, bis er in der NS-Zeit verbrannt und verboten wurde. Etwa zur gleichen Zeit erschienen die Werke von Stefan Zweig („Joseph Fouché", 1929, „Marie Antoinette", 1932, „Maria Stuart", 1935), Emil Ludwig („Wilhelm der Zweite", 1925) und Lion Feuchtwanger („Die häßliche Herzogin Margarete Maultasch", 1923, „Jud Süß", 1925), die die alte Gattung der Romanbiographie zu einer neuen Blüte führten. Ihre Lebensbeschreibungen zeichnen sich durch einen exakten historischen Hintergrund und eine meisterhafte Charakterdeutung aus und fanden ein großes Publikum.

In der kurzen Spanne des Tausendjährigen Reiches geriet der historische Roman unter zunehmenden Druck der herrschenden Ideologie. Er bot sich ja auch geradezu an, nationale Größe und den Führermythos zu verherrlichen. Andererseits griffen auch viele emigrierte Autoren in der Fremde zu historischen Stoffen, um der bedrückenden Gegenwart zu entfliehen. Robert Neumanns „Favorit der Königin" (1935) oder die „Joseph-Tetralogie" von Thomas Mann (1933–1942) sind Beispiele dafür.

Nach Kriegsende trat der historische Roman in der deutschsprachigen Literatur vorübergehend zurück, das Interesse galt mehr dem vergangenen Krieg. Die Welle der Kriegsromane setzte in den 50er Jahren ein. Ihre Leser waren vor allem jene, die glücklich heimgekommen waren und nun in einem Roman über „ihre Front" persönliche Erlebnisse wiederfinden wollten. In der Ten-

denz sind es nach dem Beispiel Remarques durchwegs Anti-Kriegsromane. Einige Namen und Titel, die in vielen Bücherregalen zu finden sind, mögen hier beispielhaft für viele stehen: Theodor Plievier, der den Krieg als Emigrant in Moskau erlebte, schrieb schon 1945 seinen Roman „Stalingrad", später „Berlin" (1954). Josef Martin Bauer erzählt in „Soweit die Füße tragen" (1954) eine Flucht aus sibirischer Gefangenschaft. Hans Hellmut Kirst erreichte mit seiner Wehrmachtstrilogie „08/15" (1954/55) ein breites Publikum, ebenso Lothar-Günther Buchheim mit dem U-Boot-Roman „Das Boot" (1973). Auch einige amerikanische Autoren fanden beim deutschen Publikum großes Interesse, obwohl sie den Krieg im Pazifik behandeln: Norman Mailer mit „Die Nackten und die Toten" (deutsch 1950) und James Jones mit „Verdammt in alle Ewigkeit" (1953).
Neben der Kriegsliteratur erschienen in der Nachkriegszeit auch einige farbenprächtige historische Romane verschiedenster Thematik. Annemarie Selinko zum Beispiel erreichte mit „Desirée" (1951), der Geschichte von Napoleons erster Liebe, einen großen Erfolg. Der Finne Mika Waltari erzählte in „Sinuhe, der Ägypter" (1948) ein breit angelegtes Schicksal aus dem alten Ägypten, der Ungar Zoltan von Harsányi in „Ungarische Rhapsodie" (1949) eine Geschichte aus seiner Heimat. Beliebt wurden beim breiten Publikum kostümierte Sittenbilder aus der Barockzeit: Kathleen Winsor schrieb in „Amber" (1946–1950) die Geschichte einer berühmten englischen Mätresse. Die Französin Anne Golon erzählt in vielen Bänden das Schicksal ihrer Heldin „Angélique", einer Frauengestalt aus der Zeit Ludwigs XIV. Sie verbindet darin Elemente des Abenteuer-, Frauen- und historischen Romans zu spannender, leicht konsumierbarer Unterhaltung.
Aber auch der ernsthafte historische Roman ist durchaus lebendig, das beweisen einige Neuerscheinungen der letzten Jahrzehnte. Golo Manns „Wallenstein" (1971) ist selbst für versierte Leser keine leichte Kost, und das nicht nur wegen seines Umfanges. Wallensteins Handeln, Zögern und Scheitern werden mitreißend dargestellt. Der Wissenschaftler geht dabei dem Erzähler stets voraus, prüft Dokumente und Daten, zitiert und wägt ab: das Ergebnis ist ein unvergleichliches Lebens- und Zeitbild. Oder das 1982 erschienene Werk „Der Name der Rose" des italienischen Gelehrten Umberto Eco. Der Roman spielt in einer italienischen Kluniazenserabtei im frühen 14. Jahrhundert und spiegelt im Rahmen einer Kriminalhandlung alle geistigen und politischen Auseinandersetzungen jener bewegten Zeit wider. Zwei Beispiele für viele, das mag genügen. Historische Sujets für alle Geschmacksrichtungen bilden auch in unseren Tagen einen wesentlichen Teil der Belletristik. Sie werden vor allem von jenen Lesern bevorzugt, die nicht nur Unterhaltung suchen, sondern auf angenehme Weise auch ihr Welt- und Geschichtsverständnis erweitern wollen.

„Harte" Unterhaltung: Kriminalromane und Thriller

Mehr als 60% des Publikums gaben bei einer einschlägigen Umfrage an, daß sie – neben anderen Romanen – gerne Krimis lesen. „Harte" Unterhaltung ist also die erfolgreichste Sparte der Belletristik, wobei das Interesse der Männer gegenüber dem der Frauen leicht überwiegt. Krimifreunde findet man in allen sozialen Schichten, bei Akademikern sogar zahlreicher als bei Lesern mit Volksschulniveau. Es gibt viele Intellektuelle, die zur Entspannung gern nach einem Krimi greifen, niemals aber einen trivialen Unterhaltungsroman anderer Art lesen würden.

Ist es nicht seltsam, daß ausgerechnet Mord und andere Kapitalverbrechen als Unterhaltungsstoffe so beliebt sind? Die Ursache ist vor allem psychologischer Natur. Verbrechen galten und gelten als Sensationen, die spontane Teilnahme und Emotionen erwecken. Über die Wirkung von Kriminalromanen gibt es sehr unterschiedliche Meinungen: sie steigern die Aggression, behaupten manche; sie ermöglichen die Ableitung aggressiver Spannungen und wirken daher befreiend und beruhigend, sagen andere. Jedenfalls hängt die Wirkung von der Persönlichkeit und Stimmung des Lesers ab, der im allgemeinen das Freiwerden von Emotionen als anregend und angenehm empfindet.

Schilderungen von Verbrechen haben eine alte Tradition. Wenn auf den Jahrmärkten des 16. und 17. Jahrhunderts die neuesten „Moritaten" ausgerufen oder auf Flugblättern verkauft wurden, strömte das Publikum in Massen herbei. Oft genossen die Verbrecher dabei die Sympathie des Volkes. In jeder Nationalliteratur gibt es „edle Räuber", man denke nur an Robin Hood. Im 18. Jahrhundert gab ein französischer Rechtsgelehrter namens Pitaval eine Sammlung von Kriminalfällen heraus, die er aus Gerichtsakten zusammengestellt hatte. Dieses Werk erzielte durch Jahrhunderte einen großen Publikumserfolg. In Deutschland hat Friedrich Schiller eine Neuausgabe besorgt und durch aktuelle Fälle ergänzt. Die Überführung eines Verbrechers erfolgte damals ausschließlich durch sein Geständnis, das durch die peinliche Befragung auf der Folter erreicht wurde. Als im Zuge der Aufklärung die Folter abgeschafft wurde, bedurfte es anderer Beweismittel. Nicht mehr der Verbrecher war jetzt der Held des Geschehens, sondern der Detektiv, der ihn überführte. Das waren die Voraussetzungen für die Entstehung des modernen „Detektivromans", wie man ihn in England nennt; in der übrigen Welt hat sich der Ausdruck Kriminalroman durchgesetzt.

Die Autoren bedienen sich dabei einer analytischen Methode: Meist ist das Verbrechen schon vor Beginn der Erzählung verübt worden oder es steht unmittelbar am Anfang der Handlung. Weder der Leser noch der Detektiv weiß, wer der Täter ist. Dann beginnen die Untersuchungen, deren Ergebnisse sich wie die Steinchen eines Mosaiks schließlich zu einem Gesamtbild zusammenfügen und den Täter entlarven. Natürlich werden dabei auch falsche Spuren gelegt, um die Lösung nicht zu früh zu verraten. Von Szene zu Szene verdichten sich aber die Verdachtsmomente, steigt die Spannung. Dieses intellektuelle Puzzlespiel ist der Grund für die große Beliebtheit der Krimis bei Akademikern. Mary Hottinger, selbst eine begabte Krimiautorin, schreibt im Vorwort zu einer Anthologie: „Detektivgeschichten sind von Gebildeten für Gebildete geschrieben."

Die ersten Detektivgeschichten schrieb der Amerikaner Edgar Allan Poe (1809–1849). In seinen Erzählungen tritt ein scharfsinniger Privatdetektiv namens Auguste Dupin auf, der zum Vorbild für viele ähnliche Gestalten in der Kriminalliteratur wurde. Den Durchbruch des Kriminalromans aber erzielte der Engländer Sir Conan Doyle (1859–1930). England war dafür ein idealer Boden. Die Zeitungen berichteten fast täglich von Diebstählen, Raubüberfällen und Morden in den Elendsvierteln der Industriestädte, Verbrechen waren ein höchst aktuelles Thema. Doyle gewann rasch eine große Leserschaft. Seitdem gilt England als Hochburg des Detektivromans.

Conan Doyles Held ist der kauzige Sherlock Holmes, ein kriminalistisches Genie, das auf unnachahmliche Weise die geringsten Hinweise zu nützen versteht, die zum Täter führen. Ihm zur Seite steht der freundliche, naive Doktor Watson, der die Bemühungen seines Freundes stets zweifelnd begleitet. Die beiden Gestalten wurden ebenso berühmt wie ihr Erfinder. Conan Doyles Zeitgenosse Gilbert K. Chesterton (1874–1936) erfand für seine Detektivgeschichten die Figur des Pater Brown. Dieser scheinbar einfältige Geistliche zeichnet sich durch besonderen Scharfsinn und hohes Einfühlungsvermögen aus. Obwohl sich die kriminalistischen Methoden seitdem erheblich verfeinert haben, werden die etwas altmodischen Ermittlungen von Sherlock Holmes oder Pater Brown noch heute gerne gelesen.

Den größten Erfolg erreichte jedoch Agatha Christie (1891–1976), eine ausgebildete Archäologin. Ihre mehr als als 60 Detektivromane sind in Millionen Exemplaren über die ganze Welt verbreitet. Auch sie hat die Lösung ihrer Fälle einem berühmten Detektiv übertragen, dem Belgier Hercule Poirot, der immer wieder seine „kleinen grauen Gehirnzellen" einsetzt, um die raffiniertesten Verbrecher zu überführen.

Einen neuen Akzent gab Edgar Wallace (1875–1932) dem Kriminalroman. Er begnügte sich nicht mehr mit der Aufklärung eines Verbrechens, sondern schilderte auch die Untat selbst sowie den Kampf zwischen Verbrechern und Polizei. Dadurch wurde der Verbrecher vielfach zur Hauptfigur der Handlung, der Kriminalroman war „härter" geworden. Hier muß aber auf einen Unterschied zwischen englischen und amerikanischen Romanen hingewiesen

werden: In englischen Detektivromanen wird von seiten der Exekutive kaum Gewalt angewendet, in der amerikanischen Kriminalliteratur aber wohl – eine Folge der unterschiedlichen Polizeimethoden.
Während die Romane von Edgar Wallace nach wie vor in immer neuen Serien ihren Weg zum Leser finden, überschwemmte nach dem Krieg eine Welle harter Krimis aus den USA den europäischen Markt. Brutale Kämpfe und Bandenkriege mit ganzen Mordserien, turbulente Szenen, aus Sex and Crime gemixt, sind charakteristisch für diese Romane. Man spricht jetzt vom realistischen Kriminalroman, der das Verbrechen als Teil der Wirklichkeit darstellt. Tatsächlich bieten diese Romane ein Bild der amerikanischen Verhältnisse in den 20er und 30er Jahren, die von organisiertem Gangstertum und einer oft korrupten Polizei geprägt wurden. Die Autoren waren keine weltfremden Phantasten: Dashiell Hammett (1894–1961) zum Beispiel war lange Zeit in einer Detektivkanzlei tätig gewesen, Raymond Chandler war Strafverteidiger. Weitere bekannte Autoren sind Ross Macdonald, Margaret Millar, Ed McBain, Stanley Ellin, Giorgio Scerbanenco oder Rex Stout.
Von ganz anderer Art sind die Werke des Belgiers Georges Simenon (geb. 1903). Sein Kommissar Maigret, mit seiner Pfeife eine ebenso populäre Figur wie Sherlock Holmes oder Hercule Poirot, untersucht mit Geduld und Einfühlungsvermögen die Lebensumstände des Verdächtigen und deckt auf diese Weise das Tatmotiv auf. Seine Romane sind ausgezeichnete psychologische Studien und Milieuschilderungen, die auch wiederholt von Film und Fernsehen aufgegriffen wurden. Die psychologische Fundierung ihrer Charaktere ist auch die Stärke der Engländerin Dorothy Sayers und der Amerikanerin Patricia Highsmith. Ihre spannenden Romane verbinden in geschickter Weise Elemente des Kriminalromans mit jenen des Gesellschaftsromans und erreichen beachtenswertes Niveau.
Damit haben wir die Entwicklungslinien dieser relativ jungen Romangattung skizziert. Bleibt noch ein Wort über die Ausstattung zu sagen: Kriminalromane werden vorwiegend als Taschenbücher angeboten. Hardcover-Ausgaben sind selten. Alle großen Taschenbuchverlage haben ihre eigenen Autoren und Reihen. Die Leser kaufen Krimis gern in dieser preiswerten Form. Mehr als andere Romangattungen gelten Krimis als reine Konsumliteratur.
In den letzten Jahrzehnten wurde das Genre der harten Unterhaltung um einen neuen Themenkreis erweitert, den die Weltpolitik beigesteuert hat. Der Gegensatz der beiden Supermächte und der Kampf ihrer Geheimdienste bieten die Sujets für die sogenannten Agentenromane und Polit-Thriller. Der englische Ausdruck „thriller“ bedeutet einen ganz auf Spannung und Nervenkitzel ausgerichteten Roman oder Film. „Der Spion, der aus der Kälte kam“ (1964) des Engländers John le Carré war der erste Roman dieser Art, der internationalen Erfolg erzielte. Meist geht es in diesen Thrillern darum,

einen drohenden Anschlag des Gegners zu verhindern. Und da die Autoren meist aus den USA oder England stammen, bleibt natürlich der amerikanische CIA oder der britische Intelligence Service stets Sieger über den russischen KGB und seine Handlanger. In den Methoden des brutalen und erbarmungslosen Kampfes gibt es aber keinen Unterschied. Häufig werden auch Episoden aus dem Zweiten Weltkrieg, bei denen der Geheimdienst seine Hand im Spiel hatte, in Thrillermanier behandelt. Sensationslust hat – wie auch im Film – eine neue Variante spannungsgeladener Unterhaltung hervorgebracht. Zum „harten" Krimi gibt es kaum eine deutliche Abgrenzung.

Das Niveau der Thriller ist unterschiedlich. John le Carrés Meisterspion Smiley überlistet seine Gegner mit feinen psychologischen Tricks, man muß seinen Aktionen mit konzentrierter Aufmerksamkeit folgen. Jan Flemmings Held hingegen, der durch mehrere Filme äußerst populär gewordene James Bond, ist ein Killer und Frauenheld, der vom Leser wenig gedankliche Mitarbeit fordert. Bekannte Autoren dieser Gattung sind ferner Ken Follet, Len Deighton, Robert Ludlum, Thomas H. Block, Frederick Forsyth und andere. Mehr und mehr werden die Methoden dieser breit angelegten Spannungsromane auch für unpolitische Themen übernommen, wie sie zum Beispiel der Amerikaner Joseph Hayes behandelt. Auch Johannes Mario Simmels Romane sind – mit Ausnahme seiner frühen Bücher – in Thrillermanier geschrieben, obwohl er sehr unterschiedliche Themen behandelt. Lediglich „Es muß nicht immer Kaviar sein" (1960) und „Die im Dunkeln sieht man nicht" (1985) sind Agentenromane im engeren Sinn. Bei allem Engagement für diverse Probleme geht es Simmel in erster Linie aber stets um Spannung, und darin liegt auch das Geheimnis seines Erfolges.

Die „harte" Unterhaltungsliteratur hat durch den Thriller einen neuen Impuls bekommen, der beim Publikum in den letzten beiden Jahrzehnten großen Anklang fand. Jedes Jahr tauchen einige Neuerscheinungen dieser Gattung in der Bestsellerliste auf.

Bücher zum Schmunzeln und Lachen

Wenn man einen Sammelkatalog des Buchhandels oder das Quartalsheft eines Buchklubs durchblättert, stößt man mindestens auf eine Doppelseite mit dem Übertitel „Lachen ist gesund!“ oder „Sinniges und Blödsinniges“ und dergleichen mehr. Die hier zusammengefaßten Titel haben nur eines gemeinsam: sie bieten Humor. Eine eigene literarische Gattung humoristischer Bücher gibt es im Grunde nicht. Heitere Romane und Erzählungen finden wir quer durch alle Themenbereiche, ja, Humor zeigt sich auch in lyrischer und dramatischer, selbst in gezeichneter Form. Psychologen wissen die Wirkung des Komischen genau zu erklären: Wir genießen es, wenn Autoritäten lächerlich gemacht, Wichtigtuer gedemütigt, Mächtige von Schwachen trickreich besiegt werden. Wenn das Leben so dargestellt wird, können wir lachen, und das tut uns gut.
In der literarischen Tradition gab es einmal eine Art heiterer Literatur, die als eigene Gattung eingestuft werden kann. Das war der Schelmenroman des 16. und 17. Jahrhunderts. Sein Held, einem spanischen Vorbild namens Lazarillo nachgebildet, war ein listiger Kämpfer gegen soziale Ungerechtigkeit. In der Figur des Till Eulenspiegel etwa finden wir Züge dieses Schelms wieder, eines Außenseiters, der die Mächtigen lächerlich macht und die Gesellschaft ironisch bloßstellt.
Fast in jeder Familienbibliothek findet sich ein Sammelband von Wilhelm Busch. An diesem einzigartigen Zeichner und Autor kann man nicht vorübergehen, wenn von heiteren Büchern die Rede ist. Seine Doppelbegabung, mit einfachen Strichen typische Figuren darzustellen und sie mit knappen, treffenden Reimen zu kommentieren, machten ihn zum Erfinder der Bildgeschichten. Der scheue Künstler hatte durch die Mitarbeit an den „Fliegenden Blättern“ in München rasch Kontakt zum Publikum gewonnen. Der wachsende Ruhm war ihm jedoch unbehaglich, und er zog sich bald wieder in seine niedersächsische Heimat zurück. Erst nach seinem Tod brachten wissenschaftliche Studien Licht in die Persönlichkeit des „großen Spaßmachers“, der ein introvertierter, sehr gebildeter Mensch war. Die Werke Kants, Schopenhauers und Darwins waren ihm ebenso vertraut wie die großen Dichter der Weltliteratur. Seine Bildgeschichten „Max und Moritz“ (1865), „Die fromme Helene“ (1872), die „Knopp-Trilogie“ (1875–1877), „Der Maler Klecksel“ (1884) und viele andere erschienen in großen Auflagen und begeisterten das Publikum. Und „die Moral von der Geschicht’“ (um ein Busch-Wort zu gebrauchen): Geben wir diesem Mann, der im Leben so bescheiden war, ruhig einen Ehrenplatz in unserer Bibliothek. Seine Bildgeschichten machen alt und jung noch heute Vergnügen.

Gezeichneter Humor ist seit Wilhelm Busch nicht mehr aus dem Buchangebot verschwunden. Allerdings haben die Werke jüngeren Datums in der Regel keinen Text. Ihre Autoren sind Graphiker, also Künstler, und ihre Werke (man nennt sie Cartoons, nach dem englischen „cartoon“ = Karikatur) gehören in die Sparte der Kunstbücher. Die geistige Verwandtschaft mit Wilhelm Busch ist aber unübersehbar.

Aus der Zeit vor dem Ersten Weltkrieg ist noch Ludwig Thoma zu nennen, der in seinen köstlichen Skizzen und Erzählungen die bäuerliche Bevölkerung seiner bayrischen Heimat von der heiter-sarkastischen Seite schilderte. Sonst finden wir heitere Romane und Erzählungen in größerer Zahl erst in den 20er und 30er Jahren als neue Facette der Unterhaltungsliteratur. Vor allem Heinrich Spoerl muß hier genannt werden, dessen Romane „Die Feuerzangenbowle“ (1933), „Wenn wir alle Engel wären“ (1936), „Der Maulkorb“ (1936) und andere rasch ein breites Publikum gewannen. Erich Kästner schrieb seine amüsanten Romane („Die verschwundene Miniatur“, „Der kleine Grenzverkehr“ und „Drei Männer im Schnee“) in der Emigration. Sie erreichten erst nach dem Krieg ihre Leser.

Heitere Sujets finden wir seitdem in verschiedenen Gattungen des Unterhaltungsromans. Die bereits erwähnte „Piroschka“ (1954) von Hugo Hartung ist ein ausgesprochener Liebesroman, ebenso „Monpti“ (1951) von Gábor von Vaszary. Zur Gattung der Familienromane muß man die Werke von H. Niklisch oder Barbara Noack zählen. Über alle Verschiedenheit der Thematik hinweg ist diesen Romanen der heitere Grundton gemeinsam. Hier wird die Welt durch die sprichwörtliche rosarote Brille gesehen, tiefere Probleme bleiben ausgespart.

Besonders erfolgreich war der italienische Journalist Giovanni Guareschi mit seinen Erzählungen um „Don Camillo und Peppone“ (ab 1954). Sie schildern den Kampf zwischen dem sehr engagierten Pfarrer Don Camillo und dem kommunistischen Bürgermeister Peppone in einer kleinen Gemeinde in der Po-Ebene. Selbst der liebe Gott wird in diesen Streit hineingezogen und wirkt tatkräftig mit. Einzelne Bände aus dem Nachlaß Guareschis erschienen übrigens noch in den 70er und 80er Jahren. Aus Frankreich kamen in den 60er Jahren die „Clochemerle“-Romane von Gabriel Chevallier. Es sind vollsaftige Schelmenromane aus dem Weindorf Clochemerle, wo der köstliche Beaujolais wächst. Über die Dorfaffären und -intrigen haben Millionen Leser gelacht.

Am erfolgreichsten aber ist wohl der in Budapest geborene israelische Journalist Ephraim Kishon. Zuerst hielt er seinen Landsleuten in Tel Aviv in köstlichen Szenen aus ihrem Alltagsleben einen Spiegel vor. Doch bald interessierte sich auch das internationale Publikum dafür. Heute sind Kishons Satiren („Arche Noah, Touristenklasse“, 1963, „Wie unfair, David“,

1967, und viele andere) in aller Welt verbreitet. In seinem 25. Band „Beinahe die Wahrheit“ (1985) läßt er uns einen Blick in seine Werkstatt tun und erzählt die Geschichte seiner besten Geschichten. Seine Leser schätzen die Selbstironie, die aus seinen Satiren spricht, und die Fähigkeit, über die Schwächen des eigenen Volkes zu lachen.

Die Wurzeln des literarischen Humors können von sehr verschiedener Art sein. Bei dem englischen Autor Eric Malpass liegen sie zum Beispiel darin, daß er die Familie, die er beschreibt, mit den Augen eines achtjährigen Lausbuben sieht („Morgens um sieben ist die Welt noch in Ordnung“, 1967). Dazu kommt eine treffliche Charakterzeichnung, und schon hat der Leser allen Grund zum Schmunzeln. Aus dem Angebot unserer Tage kennen viele die Namen Heinz Erhardt, Willy Breinholst, Dieter Hallervorden, Otto Waalkes – um nur einige zu nennen. Jeder von ihnen hat seine eigene Note und seinen persönlichen Stil. Wichtig wäre dabei nur, daß uns kein allzu platter Klamauk geboten wird, sondern natürliche, menschliche Heiterkeit. Denn auch bei heiteren Sujets gilt das Prinzip der inneren Wahrhaftigkeit. Mit dieser Einschränkung kann man humoristische Romane, Erzählungen und Satiren als bewährtes Mittel zur Entspannung und Erheiterung allen Lesern empfehlen.

Erotische Literatur

Dieses Buch ist für die Lesepraxis unserer Tage geschrieben. Darum kann man nicht darüber hinwegsehen, daß es erotische Romane und Erzählungen gibt, deren Hauptthema die sexuellen Beziehungen zwischen Mann und Frau sind. Wenn in einem Liebesroman ein Paar – auch körperlich – zueinanderfindet, dann bleibt er doch ein Liebesroman. Auch in historischen Sittenbildern wird das Liebesleben der Heldin oder des Helden heutzutage meist nicht mehr totgeschwiegen; dennoch bleiben sie historische Romane. Wenn jedoch die Handlung, mag diese in der Gegenwart oder in historischem Milieu spielen, nur dazu dient, immer neue Anlässe für die Schilderung von lustvoller Sexualität zu schaffen, dann handelt es sich um erotische Literatur. Wir müssen die Gattung wegen des eindeutigen Sujets also als eigenes Genre anerkennen, das hat sich auch in der Praxis des Buchvertriebes durchgesetzt. „Nur für reife Leser" steht meist über dem betreffenden Regal in der Buchhandlung oder im Katalog über der einschlägigen Doppelseite.

Viele Leser sind der Meinung, erotische Literatur sei erst als Folge der Aufklärungswelle der 60er Jahre entstanden, in der guten alten Zeit habe es so etwas gewiß nicht gegeben. Das ist ein Irrtum. Erotische Motive sowohl in der Kunst wie in der Literatur gab es schon in der Antike. Allerdings wurde die Sexualität damals unbefangener eingeschätzt. Erst die christliche Sexualmoral hat dazu geführt, daß erotische Gefühle, Szenen und Handlungen nicht mehr natürlich dargestellt werden durften. Hier hat nun tatsächlich die von den USA ausgehende Aufklärungswelle eine Änderung bewirkt. Früher hielten sich die Autoren an die von Moral und Anstand diktierten Grenzen. Daneben aber gab es stets im Untergrund erotische oder auch eindeutig pornographische Texte – wenn man unter Pornographie einfach „harte" Erotik versteht –, die heimlich ihren Weg zum Publikum fanden. Diese Doppelbödigkeit ist nun überflüssig geworden. Das ist – man mag darüber denken, wie man will – immerhin ein Schritt zu größerer Wahrhaftigkeit. Während früher die Regel galt, daß man „diese Dinge" eben nicht schildern dürfe, gilt heute für die meisten Autoren der Grundsatz: Was ein Mensch denkt, fühlt oder tut, darf man auch sagen.

Erotische Texte früherer Zeit waren meist Kurtisanen- oder Dirnenromane. Das berühmteste Beispiel sind wohl die 1749 in London erschienenen „Memoiren eines Freudenmädchens" von John Cleland. Die ersten Ausgaben in deutscher Sprache, meist Luxuseditionen zu Liebhaberpreisen, wurden verboten und beschlagnahmt. Erst 1969 wurde rechtskräftig entschieden, daß der jetzt unter dem Titel „Fanny Hill" laufende Roman „keine unzüchtige Schrift" sei. Kröners Lexikon der Weltliteratur schreibt darüber: „Die stilisti-

sche, psychologische und erzählerische Gewandtheit des Autors schufen ein kleines Meisterwerk." Auch Clelands Zeitgenosse Daniel Defoe, den wir als Verfasser des „Robinson Crusoe" kennen und der sich in diesem seinem Hauptwerk nicht genug tun konnte mit puritanisch-moralischen Betrachtungen, schrieb zwei Kurtisanenromane: „Moll Flanders" und „Lady Roxana". Diese Tradition reicht herauf bis in unser Jahrhundert. „Josephine Mutzenbacher", die Geschichte eines naiven, sinnenfrohen Feudenmädchens aus der Wiener Vorstadt, wurde zu einer Zeit geschrieben, als eine Dame noch nicht einmal ihre Wade entblößen durfte. Der Autor, der diesen Roman – natürlich ohne Namensnennung – verfaßte, gehörte der besten Gesellschaft an. Verbote und Beschlagnahmen konnten an diesen Verhältnissen nichts ändern, nicht nur bei uns. Der berühmte chinesische Sittenroman „Djin Ping Meh", der im 12. Jahrhundert entstanden war und die Geschichte eines Playboys der Ming-Zeit erzählt, überstand acht Jahrhunderte mit immer wieder ausgesprochenen Verboten, deren Aufhebung und neuerlichen Verboten.
Als typisches Beispiel für die veränderte Einstellung zur Sexualität darf der 1926/27 entstandene Roman des Engländers David H. Lawrence „Lady Chatterley und ihr Liebhaber" gelten. Bemerkenswert war schon die Tatsache, daß der damals bereits angesehene Autor den Roman unter seinem Namen veröffentlichte. Das Werk wurde zunächst überall verboten. Bis zu seinem Lebensende kämpfte sein Verfasser um die Freigabe. Als der Roman 1960 erneut auf den Markt kam, wurde er zu einem sensationellen Erfolg. Die leidenschaftliche Affäre der Lady Chatterley mit ihrem Wildhüter wird von der Kritik zu den bedeutendsten Romanen des Jahrhunderts gezählt.
In den 50er Jahren setzte sich dann die Erotisierung der Unterhaltungsliteratur auf breiter Basis durch, besonders in den USA. Dabei weisen einige Autoren beachtliches Niveau auf. Das gilt vor allem für Henry Miller, der in den Romanen „Wendekreis des Krebses", „Wendekreis des Steinbocks" (beide 1958) und anderen seine chaotischen Jahre in Paris schildert. Der aus Rußland stammende Vladimir Nabokov erzielte mit „Lolita" (1959) einen sensationellen Erfolg. Es ist die Geschichte der unseligen Leidenschaft eines vierzigjährigen Mannes zu einem kindlichen Nymphchen.
Solche Erfolge fanden natürlich Nachahmer. Die Familien- und Gesellschaftsromane von John Updike („Ehepaare", 1969) oder Harold Robbins („Die Unersättlichen", 1969), um nur einige Namen zu nennen, kennen keine Tabus. Oft ist der Held ein Playboy, der immer neue Abenteuer sucht, während im Hintergrund leise Kritik an unserer übersättigten Konsumgesellschaft geübt wird. Ähnliches gilt für den Deutschen Willi Heinrich, den schon öfter erwähnten Johannes M. Simmel und andere. Sexuelle Szenen sollen die Erwartung und Neugier des Lesers und damit den Unterhaltungswert der Bücher steigern.

Etwas andere Aspekte finden wir in den Romanen weiblicher Autoren. Hier schwingen oft emanzipatorische Ideen mit, Befreiung und Selbstfindung der Frau sind das eigentliche Thema. Mary McCarthy („Die Clique", 1964) oder Jacqueline Susann („Das Tal der Puppen", 1968) seien als Beispiele genannt. In jüngster Zeit machte Erica Jong mit „Angst vorm Fliegen" (1976) und anderen Titeln von sich reden.

Wer sind nun die Leser erotischer Literatur? Vorwiegend Männer, heißt es in vielen Kommentaren. In früherer Zeit hatte das gewiß auch seine Richtigkeit. Viele Frauen waren empört, daß ihre Männer „so etwas" lasen. Je mehr offen geschilderte Sexualität in die allgemeine Unterhaltungsliteratur Eingang fand, desto gemischter wurde auch der Leserkreis. Genaue Untersuchungen darüber gibt es nicht, sie würden auch kaum zu glaubhaften Ergebnissen führen. Nur so viel hat man ermittelt, daß Angehörige der gebildeten Schichten „harte" Erotik nur in der Jugend lesen, später kaum mehr. Angehörige weniger gebildeter Schichten lesen sie auch noch als Erwachsene. Die Einstellung zur Sexualität – das gilt ganz allgemein – wird weniger von der Logik der Vernunft als von der des Gefühls geprägt. Was der eine Leser als amüsante, pikante Liebesgeschichte genießt, kann auf einen anderen peinlich und abstoßend wirken. Über Gefühle wie über Geschmack läßt sich bekanntlich nicht streiten.

In dieser Frage gibt es auch deutliche Auffassungsunterschiede zwischen älteren und jüngeren Lesern. Die Einstellung zur Sexualität hat sich zwar in der Literatur rasch geändert, der Geschmackswandel beim Publikum ging aber nicht so rasch vor sich. Wertungen und Einstellungen solcher Art machen keine Entwicklungssprünge. Die Konsequenz, die wir daraus zu ziehen haben, ist Respekt vor der Auffassung des anderen. Wer an erotischen Texten sein Lesevergnügen findet, braucht diese Bände heutzutage nicht mehr zu verstecken. Allerdings sollte er sie in seiner Bibliothek so plazieren, daß sie dem Zugriff seiner heranwachsenden Kinder entzogen sind.

Von der Utopie zur Science-fiction

Der Ausdruck Utopie stammt von dem 1516 in lateinischer Sprache erschienenen Roman „Utopia“ des englischen Humanisten Thomas Morus. U-topia bedeutet wörtlich Nicht-Ort, Nirgendwo, ein Land, das nicht existiert. Der Name wurde zum Synonym für eine ideale Staats- und Gesellschaftsform, wie sie seit den Tagen der griechischen Philosophen Dichter und Denker aller Völker beschäftigt hat.

In dem Roman läßt Thomas Morus einen Seefahrer von Utopia erzählen. Dort gibt es kein Privateigentum, Männer und Frauen haben gleiche Pflichten und Rechte. Alle Bewohner müssen täglich sechs Stunden arbeiten. Der streng geregelte Alltag gleicht einem weltlichen Mönchstum. Die betonte Sittenstrenge ist als Kritik des Autors an der Lebensführung der höfischen Kreise zu verstehen. Da Kritik an diesen Zuständen im absolutistisch regierten England selbst für den Lordkanzler Thomas Morus nicht anders möglich war, mußte er sie durch einen Reiseroman tarnen. Übrigens endete Morus später auf dem Schafott, wurde aber bald darauf heiliggesprochen.

Obwohl „Utopia“ längst nicht mehr gelesen wird, sollten wir über das Werk Bescheid wissen. Es hat geschichtliche und literarische Bedeutung und fand in allen Staaten und weltanschaulichen Lagern Nachahmer. Da gibt es Visionen eines Idealstaates von katholischer wie von protestantischer Seite. Der englische Philosoph Francis Bacon schrieb eine Utopie, in der die Wissenschaft zur obersten Richtschnur wurde. Im 18. Jahrhundert entstanden, angeregt durch „Robinson Crusoe“, verschiedene Reiseromane, die zu idealen Kommunen auf fernen Inseln führten. Im 19. Jahrhundert finden wir frühsozialistische Utopien. Immer wurden Dichter durch die unbefriedigenden Zeitumstände zu Zukunftsvisionen angeregt. Da diese aber von der Wirklichkeit meist weit entfernt waren, bekam der Begriff Utopie mehr und mehr einen abwertenden Beigeschmack. Heute definiert der Duden Utopie als „unausführbar geltenden Plan, Schwärmerei, Hirngespinst“. Nur gelegentlich sprechen Schriftsteller oder Politiker noch von Utopien, weil man sich immer wieder neue Ziele stecken müsse. Das hat auch Oscar Wilde gemeint, der einmal sagte: „Eine Weltkarte, auf der Utopia nicht eingezeichnet ist, ist keines flüchtigen Blickes wert.“

Nun hat der technisch-wissenschaftliche Fortschritt um die Jahrhundertwende völlig neue Verhältnisse geschaffen. Die Literatur reagierte darauf auf zweierlei Weise: einmal in Form neuer technischer Utopien, die von größtem Zukunftsoptimismus erfüllt waren; andererseits fürchteten viele, daß die Ansätze von Menschlichkeit, Toleranz und Freiheit in der technischen Welt der Zukunft vernichtet würden. Ihr Pessimismus mündete in Schrekkensvisionen und Anti-Utopien von beklemmender Überzeugungskraft. Drei Beispiele sind hier vor allem zu nennen: 1920 schrieb der Russe Jewgenij Samjatin seinen Roman „Wir“, der allerdings erst 1929 in einer Emigrantenzeitschrift erscheinen konnte, nachdem der ehemalige Revolutionär seine Heimat enttäuscht verlassen hatte. Die Menschen seines Weltstaates leben in Großstädten hinter Stahl und Glas, ohne Familien, ohne Namen, nur mit einer Nummer. Die einzige Gefahr droht noch von der menschlichen Phantasie. Sie muß deshalb durch eine Manipulation im Gehirn ausgeschaltet werden. Dann sind die Menschen wie Maschinen, der Weg zum vollkommenen Glück ist frei.

Tief beeindruckt von diesem Werk, schrieb der Engländer Aldous Huxley 1932 seinen Roman „Schöne neue Welt“. In einem technisch perfekten Paradies gibt es fünf Klassen von Menschen, die alle vollkommen manipuliert werden. Individualismus gilt als größtes Verbrechen. Eine ähnliche Schrekkensvision entwarf George Orwell in seinem Roman „1984“ (deutsche Ausgabe 1950). An der Spitze seines inhumanen, total kontrollierten Staates steht der „Große Bruder“, der alles sieht und hört. Im Stalinismus wie im Faschismus sah Orwell Züge dieses Alptraumes bereits verwirklicht. Als dann das Jahr 1984 tatsächlich anbrach, gab es zahlreiche Diskussionen, ob Orwell mit seiner pessimistischen Weltsicht recht hatte oder nicht. Daß technisch-wissenschaftlicher Fortschritt das Glück der Menschen herbeiführen könne, wird heute von vielen Menschen bezweifelt. Die Anti-Utopien haben das Weltgewissen sensibilisiert.

Zu ganz anderen Ergebnissen führte die optimistische Sicht des Fortschritts. Hatte nicht die industrielle Revolution das Leben radikal verändert? Im technischen Zukunftsroman wurden einfach technische Errungenschaften in die Zukunft projiziert, und schon hatte man den Hintergrund für phantastisch-abenteuerliche Handlungen, für die das fortschrittsgläubige Bürgertum ein dankbares Publikum war. Der Vater dieser Zukunftsromane war der Franzose Jules Verne (1828–1905). Er verband spannende Handlungen mit fachlicher Wissensvermittlung. Wenn er etwa eine „Reise nach dem Mittelpunkt der Erde“ unternimmt, dann ist das gleichzeitig ein Lehrgang durch die geologischen Formationen und ihre Bedeutung für Flora und Fauna. Ähnlich verhält es sich in „Zwanzigtausend Meilen unterm Meer“ oder in der Reise „Von der Erde zum Mond“ und anderen Romanen.

Der fruchtbarste Autor solcher Zukunftsvisionen war der Deutsche Hans Dominik (1872–1945). Er war ausgebildeter Techniker und nahm in seinen Romanen aus der Welt der Naturwissenschaften, besonders der Physik und Biologie, viele Entwicklungen vorweg, die später tatsächlich wahr wurden. Viele seiner Bücher, wie „Brand der Cheopspyramide“, „Lebensstrahlen“ oder „Wettflug der Nationen“, werden heute noch gern gelesen. Hier muß

auch der Engländer Herbert G. Wells erwähnt werden, der in seiner „Zeitmaschine“ (1904) die abenteuerliche Reise in einen Weltstaat der Zukunft schildert. Damit hat Wells als letzter Autor eine positive Utopie geschrieben. In seinen späteren Werken resignierte er zusehends und näherte sich immer mehr der pessimistischen Sicht seines Landsmannes Aldous Huxley.
In der NS-Zeit wurde die Entwicklung des Zukunftsromans im deutschen Sprachraum abrupt unterbrochen. In den USA aber vollzog sich eine geradezu rasante Entwicklung. Seit dem Ende der 30er Jahre tauchte dort der Ausdruck „science fiction“ (= naturwissenschaftlich-technische Utopie) auf, der zu einem neuen Gattungsbegriff der Unterhaltungsliteratur wurde. Science-fiction kann ihre Herkunft von der alten Utopie nicht leugnen, denn auch sie führt den Leser in eine phantastische Zukunft. Das Grundthema der Utopie aber, die politische Vision, ist auf der Strecke geblieben. Anspruchsvolle Science-fiction-Literatur will neue und neueste wissenschaftliche Erkenntnisse im Rahmen einer Romanhandlung vermitteln. Die technische Entwicklung verläuft ja so rasant, daß selbst gebildete Leser ihr kaum zu folgen vermögen. Der Beginn der Weltraumfahrt und die damit verbundene technologische Revolution erweiterten die Szenerie über die Erde hinaus ins Universum. Der Phantasie sind praktisch keine Grenzen mehr gesetzt.
Es ist selbstverständlich, daß die Literatur eine solche Entwicklung nicht übergehen konnte. Eine internationale Gilde von Science-fiction-Autoren hat beachtliche Werke geschaffen, die den Liebhabern dieses Genres längst vertraut sind. Zu den renommiertesten Autoren zählen der Russe Isaac Asimow, der Pole Stanislaw Lem, der Engländer Arthur C. Clarke, die Amerikaner E. van Vogt und Theodor Sturgeon, der gebürtige Österreicher Herbert W. Franke und andere. Sie stellen die technischen Möglichkeiten der zukünftigen Welt keineswegs unkritisch dar und fragen auch nach der moralischen Zukunft der Menschheit, wobei sie den Gedanken von George Orwell und Aldous Huxley oft sehr nahekommmen. Selbst ausgesprochen literarische Verlage haben diesen Themenbereich in den letzten Jahren in ihr Programm genommen.
Eine andere, größere Gruppe von Science-fiction-Autoren will jedoch vor allem unterhalten. Da werden alle erprobten Elemente des Kriminal-, Spionage- oder Abenteuerromans aufgegriffen, die Szenerie bildet ein Raumschiff, ein fremder Planet oder die ungeheure Weite des Weltalls. Die menschlichen Gedanken und Gefühle aber sind dieselben wie auf unserer alten Erde, auch wenn die Superhelden plötzlich außerirdischen grünen Männchen gegenüberstehen oder dem Filmstar E. T.; Spannungsliteratur in einem phantastischen Milieu, das ist, ganz allgemein formuliert, der Inhalt dieser Art von Science-fiction-Literatur, die seit etwa 20 Jahren in zahlreichen Taschenbuchserien unseren Markt überschwemmt.

Deutschsprachige Leser haben sich erst langsam an diese neue Gattung gewöhnt, die in den USA längst Umsatzrekorde erzielte. Auch die deutschen Schriftsteller entschlossen sich nur zögernd, Science-fiction-Sujets zu behandeln. Am schnellsten ging es in der Heftchen-Industrie, wo die „Perry-Rhodan"-Serie (seit 1961) mittlerweile auf mehr als 1200 Bände angewachsen ist. Die Erzählungen erscheinen neuerdings auch in Sammelbänden. Inzwischen hat man aber auch bei uns den Anschluß an die internationale Produktion gefunden. Auf einem von Buchhändlern und Verlegern veranstalteten Seminar wurden kürzlich die Ziele definiert, die in der Science-fiction-Literatur angestrebt werden sollten:

Vermittlung technisch-wissenschaftlichen Wissens,
literarisch anspruchsvolle Zukunftsvisionen,
kritische Stellungnahmen zum technischen Fortschritt und
spannende Abenteuer auf anderen Planeten.

Das ist ein weiter Bogen von Themen und Sujets. Auch für den Leser.

Die Fantasy-Welle

Der Begriff kommt aus den USA, deshalb wird er in der Fachwelt auch englisch geschrieben und gesprochen. Natürlich war Phantasie seit eh und je eine der Wurzeln alles schriftstellerischen Schaffens. Wenn man aber heutzutage von „Fantasy-Literatur“ spricht, will man damit sagen, daß ihre Schauplätze nicht im Bereich der realen Wirklichkeit liegen, sondern im Phantasiereich der Träume, Mythen und Märchen.

Es hat in der literarischen Tradition immer wieder Pendelbewegungen gegeben zwischen einem möglichst realistischen Abbild des Menschen und seiner Umwelt und einer Hinwendung zu einer romantischen Traumwelt. In der großen Epoche des modernen Unterhaltungsromans seit dem Ende des 19. Jahrhunderts entsprach ein ausgeprägter Naturalismus dem Geschmack des Publikums. Endlich konnte man die Menschen in ihrem Denken und Fühlen und die gesellschaftlichen Verhältnisse so schildern, wie sie wirklich waren. Wahrheit war das Leitmotiv aller ernsthaften Autoren, und die Leserschaft lohnte dieses Bemühen durch steigendes Interesse. Wenn aber dabei im Laufe der Zeit die negativen, häßlichen Seiten allzu sehr in den Mittelpunkt gerückt werden, wie dies in jüngster Zeit häufig geschah, dann erwacht bei Schreibenden wie bei Lesern der Wunsch, dieser beängstigenden Wirklichkeit zu entfliehen und in ein Traumland der Phantasie auszuweichen – das Pendel schwingt zurück. Dies ist wohl der Hintergrund der Fantasy-Welle, die seit den 70er Jahren den Buchmarkt überschwemmt. Wenn uns die Realität überfordert, lesen wir zur Abwechslung eben gerne wieder Märchen.

Fantasy-Romane und -Erzählungen sind der Science-fiction nahe verwandt. In vielen Buchhandlungen und Katalogen wird die phantastische Prosa deshalb auch als Bereich der Science-fiction vorgestellt. Dennoch gibt es einen entscheidenden Unterschied: Science-fiction lenkt unseren Blick in eine Traumwelt der Zukunft, die von der modernen Technik bestimmt wird. Fantasy-Romane hingegen weisen in die Vergangenheit zurück, in die Welt der Mythen, Sagen und Märchen. Gemeinsam ist beiden nur die thematische Abwendung von der Gegenwart.

Am Anfang der Welle stand der dreibändige Roman „Der Herr der Ringe“ (1969/70) des Amerikaners John R. R. Tolkien. In einer phantastischen Welt von Zauber und Magie kämpfen darin die guten Kräfte gegen die Geister des Bösen. Symbol der Macht ist ein Ring, um dessen Besitz die Kämpfe toben. Der über 1000 Seiten starke Roman mit seiner spannenden Handlung fand beim Publikum begeisterte Aufnahme. Er wurde mittlerweile in über 50 Millionen Exemplaren verbreitet. Natürlich wandten sich nun auch andere Autoren der neuen Thematik zu, die Fantasy-Welle kam ins Rollen.

Nicht weniger erfolgreich war der Roman „Die Nebel von Avalon“ der Amerikanerin Marion Zimmer-Bradley, der 1983 in deutscher Übersetzung vorlag. Er ist eine poetische Nacherzählung der Artus-Sage, wobei die Autorin die Frauengestalten in den Mittelpunkt der Handlung stellt. Den Hintergrund des turbulenten Geschehens bildet die keltische Urgeschichte Britanniens. Die Autorin hatte vorher bereits eine Reihe erfolgreicher Science-fiction-Romane geschrieben, auch dies ein Hinweis auf die nahe Verwandtschaft der beiden Sparten.
Nicht ganz so „unendlich“ wie diese beiden umfangreichen amerikanischen Bestseller ist „Die unendliche Geschichte“ (1979) des Deutschen Michael Ende. Er brauchte auch keine alten Zauber und Mythen, um seinen kleinen Bastian in das Land Phantasien zu begleiten, sondern ließ einfach seiner dichterischen Eingebung in der Tradition der Märchen freien Lauf. Michael Ende war bis zu diesem sensationellen Roman ein erfolgreicher Kinderbuchautor. Auch die Geschichte vom kleinen Bastian war wohl zunächst als Kinderbuch konzipiert. Das Publikum mit seinem Gespür für Qualität hat ihn zum Bestseller für groß und klein gemacht, und der Film (mit dem der Autor übrigens nicht glücklich war) verlieh ihm zusätzlich Publizität.
Der Erfolg zog auch ein älteres, 1973 erschienenes Buch nach: In „Momo“ erzählt Ende die Geschichte eines kleinen Mädchens, das mit seinen Freunden die grauen Finsterlinge bekämpft, die den Menschen die Zeit stehlen. Eine ganze Philosophie von Zeit, Leben und Vergänglichkeit ist in das Geschehen verwoben. Ende will keine banale Flucht aus der Realität predigen, sondern eine Versöhnung der alltäglichen Wirklichkeit mit der Traumwelt unserer Wünsche. Durch die Kraft der Phantasie soll diese Wirklichkeit besser, menschenwürdiger werden. „Es gibt Menschen“, sagte er einmal in einem Interview, „die können nie nach Phantasien kommen, und es gibt Menschen, die können es, aber sie bleiben für immer dort. Und dann gibt es noch einige, die gehen nach Phantasien und kehren wieder zurück. Und die machen beide Welten gesund.“
Fantasy-Romane dieser Art sind eine Bereicherung der Unterhaltungsliteratur. Auf weitere Titel und Autoren wollen wir aber nicht näher eingehen. Die Fantasy-Welle ist zu einem Modetrend geworden mit Anzeichen beginnender Verflachung. Wenn eine banale Abenteuer- oder Sex-and-Crime-Handlung einfach im sagenhaften Atlantis oder an einem anderen mythischen Schauplatz angesiedelt wird, bleibt vom märchenhaften Reiz echter Fantasy-Literatur nicht mehr viel übrig. „Die Fantasy-Literatur stößt an Grenzen“, schrieb denn auch ein Kritiker kürzlich zu Recht. Dennoch: Das romantische Spiel der Phantasie wird das Auf und Ab der Mode überdauern. Denn Abbilder aus unserer modernen Zeit müssen auch die geheimen Wünsche und Träume einbeziehen, die die Menschen bewegen.

Bücher für Kinder

Wer keine schulpflichtigen Kinder hat, möge diesen Abschnitt überblättern. Er ist nur für Eltern und Großeltern interessant, die ihre Kinder oder Enkel bewußt zum Lesen erziehen wollen. Nur altersgemäße Bücher bieten nämlich jene wertvolle Erziehungshilfe, die wir unseren Kindern angedeihen lassen wollen. Was aber bedeutet altersgemäß? Damit wollen wir uns noch ein wenig ausführlicher befassen.

Kinder- und Jugendbücher unterliegen etwas anderen Gesetzen als das Schrifttum für Erwachsene. Die Themen müssen der kindlichen Vorstellungskraft entsprechen, die sprachliche Gestaltung dem Auffassungsvermögen der jungen Leser. Das bedeutet keineswegs, daß Kinderbücher etwa in einer primitiven Sprache geschrieben sein dürfen. Gute Kinderbücher sind von gleicher Qualität wie gute Literatur für Erwachsene. Sie nehmen bloß in Wortschatz und Satzbau Rücksicht auf die sprachliche Reife ihrer Leser. Viele anerkannte Autoren haben gelegentlich auch für Kinder geschrieben (wie Erich Kästner, Peter Härtling und andere). Nichts formt das Sprachgefühl und das ästhetische Empfinden der jungen Leser so nachdrücklich wie regelmäßige Lektüre. Pädagogen haben diese Wirkung genau untersucht. Der Unterschied in der sprachlichen Ausdrucksfähigkeit zwischen lesenden und nichtlesenden Kindern ist gewaltig und schlägt sich nicht nur in der Deutschnote nieder.

Die Kinderpsychologie hat sich auch eingehend mit den Entwicklungsstufen oder Lesephasen beschäftigt, die für die Stoffwahl maßgebend sind. Sie hat damit nicht nur den Autoren von Kinderbüchern, sondern auch Eltern und allen Erziehenden eine Richtschnur gegeben, die beachtet werden sollte. Da der Erfolg der Leseerziehung maßgeblich davon abhängt, daß wir unseren Kindern zur richtigen Zeit die richtigen Bücher geben, wollen wir uns die Lesephasen noch einmal vergegenwärtigen. Wir folgen dabei jener Skala, die die moderne Kinderpsychologie heute weitgehend anwendet.

Das 2. bis 5. Lebensjahr (Vorschulalter) ist die Zeit der Bilderbücher, Kinderreime und -lieder sowie kleiner Geschichten von Kindern und Tieren. Die kindliche Aktivität äußert sich in Schauen, Zeigen, Zuhören und Nachsprechen. Bilderbücher ohne Text werden gemeinsam mit dem Kind durchgeblättert. Man benennt die Dinge, das Kind prägt sich die Namen ein und erweitert dadurch seinen Wortschatz. Bilderbücher mit Texten werden vorgelesen. Sie leiten über zu einfachen, selbsterfundenen Geschichten, die mit dem Leben des Kindes in Verbindung stehen. Im Kindergartenalter können auch schon erste, einfache Märchenmotive erzählt werden. Die Auswahl an guten Bilderbüchern ist groß. Die Darstellungen müssen nicht immer süß und lieblich sein, wie sie zu Großmutters Zeiten waren. Kinder haben durchaus Verständnis für „moderne" Illustrationen, die ihren eigenen Malversuchen oft sehr ähnlich sind.

Das 5. bis 8. Lebensjahr nennt man die märchenhafte Phase. Das Kind hört jetzt gern Kinder- und Tiergeschichten sowie einfache Märchen. Zwischen der realen Umwelt und der Welt der Märchen gibt es noch keine Grenzen, der Froschkönig ist genau so „wirklich" wie der Pudel im Garten des Nachbarn. Ab der 2. Schulstufe beginnen Kinder meist schon einfache Märchen und Erzählungen selbst zu lesen. Kürzere Sammlungen von Märchen, Sagen oder Erzählungen, nach Schwierigkeitsstufen geordnet, sind dicken Bänden mit wahlloser Zusammenstellung vorzuziehen.

Vom 8. bis 11. Lebensjahr reicht die realistische Lesephase. Das Lebensbild des Kindes wird zunehmend sachbezogen. Es will seine Umwelt kennenlernen und erleben. Das schließt nicht aus, daß kunstvollere Märchen (Hauff und Andersen) noch gern gelesen werden, aber sie werden bereits als phantastische Abenteuer empfunden. Sogenannte Umwelt-Erzählungen oder Lausbubengeschichten sind typisch für diese Phase. Auch Sagen aller Art, Fabeln und Tiergeschichten, Kinderlexika und vor allem Kinderzeitschriften werden in diesen Jahren gerne gelesen.

Das 11. bis 13. Lebensjahr wird abenteuerliche Lesephase genannt. Es ist die Zeit der Vorpubertät. Die eigene Umwelt hat das Kind kennengelernt, nun gilt seine Neugier der Ferne, dem Unbekannten. Abenteuerbücher, Reisebücher, Sportbücher, Backfischliteratur bilden den bevorzugten Lesestoff. Bei Jungen kommt das Heldenhafte zum Durchbruch; bei Mädchen die Vorherrschaft des Gefühls. Doch lesen auch Mädchen gerne die Abenteuer von Robinson oder Winnetou, während Jungen an sogenannten Mädchenromanen nicht interessiert sind. Im 12. oder 13. Lebensjahr beginnen Mädchen nach den ersten Romanen der Erwachsenen zu greifen, wobei Liebesromane natürlich besonderes Interesse finden.

Vom 13. bis 17. Lebensjahr, also während und nach der Pubertät, vollzieht sich auch das literarische Erwachsenwerden. Die Lesehäufigkeit geht in der Regel zurück, weil andere Freizeitbedürfnisse überwiegen. Doch das Kind, das bisher regelmäßig gelesen hat, wird wieder zum Buch zurückfinden. Die Familienbibliothek und behutsame Ratschläge der Eltern sind in dieser Phase von besonderer Bedeutung. Der Übergang vom kindlichen zum erwachsenen Leser vollzieht sich jedenfalls bedeutend reibungsloser als der sonstige Einstieg in die Welt der Erwachsenen.

Soweit die Theorie. Für die Praxis schließen wir noch eine Empfehlungsliste an. Sie enthält vor allem Titel, die man im Sinne der modernen Jugenbuchforschung zu den Kinder- und Jugendklassikern zählt und die auch den Grundbestand jeder Kinderbibliothek bilden sollten. Die Schule kann diese Stoffe nicht oder nur bruchstückhaft vermitteln. Nur durch private Lektüre können Kinder mit Aschenbrödel, Rübezahl, Münchhausen, Tom Sawyer, Robinson und allen anderen unsterblichen Figuren aus dem Schatz der Kinderliteratur vertraut werden. Wenn es so etwas gibt wie literarische Bildung – und wir Leser glauben daran –, dann beginnt sie hier. Wir wollen unseren Kindern die Tür in diese Welt öffnen. Ergänzt wird die Liste, die natürlich keinen Anspruch auf Vollständigkeit erheben will, durch einige zeitgenössische Autoren und Titel, die derzeit besonders gern gelesen werden.

5. bis 8. Lebensjahr

Waldemar Bonsels: Die Biene Maja
Wilhelm Busch: Max und Moritz
Carlo Collodi: Pinocchio
Louise Fatio/Roger Duvoisin: Der glückliche Löwe
Vera Ferra-Mikura: Stanislaus-Geschichten
Brüder Grimm: Märchen (Auswahl)
Janosch: Komm, wir finden einen Schatz
    Das große Janosch-Buch
Tove Jansson: Geschichten aus dem Mumintal
Kinderlieder (Auswahl)
James Krüss: Mein Urgroßvater und ich
    Florian auf der Wolke
Tiermärchen (Auswahl)
Volksmärchen (Auswahl)
Volkssagen (Auswahl)
Ursula Wölfel: ABC-Geschichten
    Achtundzwanzig Lachgeschichten u. a.

8. bis 11. Lebensjahr

Christian Andersen: Märchen (Auswahl)
Enid Blyton: Fünf Freunde-Serie
    Abenteuer-Serie
    Geheimnis-Serie u. a.
Michael Bond: Paddington-Erzählungen
Lewis Caroll: Alice im Wunderland
Michael Ende: Jim Knopf und Lukas, der Lokomotivführer
Wilhelm Hauff: Märchen (Auswahl)
Marlen Haushofer: Brav sein ist schwer
Erich Kästner: Emil u. d. Detektive
    Das fliegende Klassenzimmer
    Pünktchen und Anton
    Das doppelte Lottchen u. a.
Ellis Kaut: Pumuckl-Erzählungen
James Krüss: Die glücklichen Inseln hinter dem Winde
Astrid Lindgren: Die Kinder aus Bullerbü
    Mio, mein Mio
    Pippi Langstrumpf u. a.
Selma Lagerlöf: Wunderbare Reise des kleinen Nils Holgersson mit den Wildgänsen
Hugh Lofting: Doktor Dolittle und seine Tiere
Märchen aus 1001 Nacht (Auswahl)
Münchhausens Abenteuer
Christine Nöstlinger: Maikäfer, flieg!
    Wir pfeifen auf den Gurkenkönig
    Die feuerrote Friederike u. a.
Otfried Preußler: Die kleine Hexe
    Der Räuber Hotzenplotz
    Das kleine Gespenst u. a.
Rittersagen
Robin Hood
Felix Salten: Bambi
Tiergeschichten
Volksbücher: Münchhausen, Till Eulenspiegel, Die Schildbürger
Oscar Wilde: Der glückliche Prinz

11. bis 13. Lebensjahr

Hans Baumann: Steppensöhne
    Der Sohn des Columbus u. a.
Harriett Beecher-Stowe: Onkel Toms Hütte
James Fenimore Cooper: Lederstrumpf-Erzählungen
Daniel Defoe: Robinson Crusoe
Michael Ende: Momo
    Die unendliche Geschichte
Friedrich Gerstäcker: Die Flußpiraten des Mississippi

Marie Hamsun: Die Langerudkinder
Peter Härtling: Ben liebt Anne
Kurt Held: Die rote Zora und ihre Bande
Kinderlexikon
Astrid Lindgren: Ronja – Räuberstochter
Karl May: Winnetou
Old Surehand
Durch die Wüste u. a.
Franz Molnár: Die Jungen der Paulstraße
Christine Nöstlinger: Stundenplan
Käthe Recheis: König Arthur und die Ritter der Tafelrunde
Gustav Schwab: Deutsche Götter- und Heldensagen (Auswahl)
Sagen des Klassischen Altertums (Auswahl)
Johanna Spyri: Heidi
Robert Louis Stevenson: Die Schatzinsel
Jonathan Swift: Gullivers Reisen
Ernest Thompson-Seton: Die schönsten Tiergeschichten
John R. Tolkien: Fabelhafte Geschichten
Mark Twain: Tom Sawyers Abenteuer
Die Abenteuer des Huckleberry Finn

Ab dem 13. Lebensjahr

Helen D. Boylston: Susanne Barden-Bände
Karl Bruckner: Sadako will leben
Der goldene Pharao u. a.
Charles Dickens: David Copperfield
Oliver Twist
Alexandre Dumas: Die drei Musketiere
Das Tagebuch der Anne Frank
Jahrbücher für Knaben
Jahrbücher für Mädchen
Jugendlexikon
Herbert Kaufmann: Roter Mohn und Heiße Zeit
Rudyard Kipling: Das Dschungelbuch
James Krüss: Timm Thalers Puppen oder die verkaufte Menschenliebe
Jack London: Der Ruf der Wildnis
Wolfsblut u. a.
Hermann Melville: Moby Dick
Käthe Recheis: Der weiße Wolf
Jules Verne: In achtzig Tagen um die Welt
Reise nach dem Mittelpunkt der Erde u. a.

Comics – ja oder nein?

Wer in den 50er und 60er Jahren zur Schule gegangen ist, erinnert sich wahrscheinlich noch an die Aufregung, die damals um diese grell-bunten Heftchen herrschte. Sie waren, aus den USA kommend, Ende der 40er Jahre bei uns erschienen und fanden bei den Kindern rasch Interesse. Die harmlos-humorigen Figuren von Walt Disney, Micky-Maus oder Donald Duck, erschienen noch ungefährlich. Als aber dann immer mehr Supermänner und Westernhelden auftauchten, erregten deren brutale, primitive Abenteuer alsbald den Unwillen breiter Kreise. Pädagogen und Kritiker sprachen von der „Seuche der Comics" und erhoben ihre warnende Stimme. Man versuchte, durch Umtauschaktionen „Schundhefte gegen gute Literatur" die Gefahr abzuwenden. Vergeblich. Die Comics, von Lehrern und Eltern verboten, wurden für Kinder umso anziehender. Man las sie heimlich im Bett oder auf einer Parkbank, in der Schulpause auf dem Klo. Die Hefte gingen von Hand zu Hand, das Angebot am Kiosk wurde immer größer. Erst Ende der 60er Jahre begann man sich ernsthaft mit der Problematik dieser Heftchenserien zu befassen, über die es in den USA längst eine umfangreiche Literatur gab. Für und Wider wurden abgewogen, man fand auch positive Aspekte, die Diskriminierung nahm langsam ein Ende.

Die damalige Situation lebt aber in der Erinnerung vieler Eltern noch weiter, die heute ihre Kinder mit Comics antreffen und nicht recht wissen, wie sie sich dazu verhalten sollen. Deshalb wollen auch wir uns mit den Comics befassen, denen wir ja an jedem Zeitungskiosk in Massen begegnen.

Ihre geistigen Väter sind die großen europäischen Karikaturisten des 18. und 19. Jahrhunderts, vor allem der Engländer William Hogarth und der Franzose Honoré Daumier. Ihre sozialkritischen Zeichnungen boten ein Lebensbild ihrer Zeit, vor allem des „kleinen Mannes" und seiner Nöte. Die Karikaturen in unseren Zeitungen sind späte Nachkommen dieser graphischen Kunst.

Die weitere Geschichte der Comics hat sich in den USA abgespielt. Dort wurden speziell in den Sonntagsbeilagen der Zeitungen solche Karikaturen zu kurzen Handlungsstreifen verbunden und mit knappen Texten versehen, die als Sprechblasen in die Zeichnung eingefügt wurden. Die Sujets waren dem Leben des Durchschnittsbürgers entnommen, Helden waren oft Kinder oder Tiere. Größerer Erfolg stellte sich ein, als zu Beginn unseres Jahrhunderts die ersten Serien entwickelt wurden. Aber erst die „Superman-Serie" (1939) überschwemmte schließlich den ganzen Kontinent und sprengte alle thematischen Grenzen: Von Kinder- und Tiergeschichten bis zu brutalen Western- und Sex-and-Crime-Stories findet sich nun alles in den grellen Comic-

Heftchen. Nach dem Krieg nahmen Horror-, Terror- und Crime-Comics in solchem Ausmaß überhand, daß man 1954 eine Selbstkontrolle einführte: „Alle Szenen mit . . . Wollust, Sadismus, Masochismus sind untersagt." Seitdem sind die Comics, wie Kritiker meinen, zwar nicht besser, aber unehrlicher geworden.

Die Graphiken der Comics sind keine Abbilder der Wirklichkeit, sondern ganz auf die Situation konzentrierte Skizzen. Sie entbehren meist jeder künstlerischen Eigenart, werden sie doch von Arbeitsteams in Massenproduktion hergestellt. Aus Kostengründen haben zum Beispiel Walt Disneys Figuren stets nur vier Finger. Die Bilderfolge allein ergibt keinen Sinn, die Handlung wird durch Sprechblasen weitergeführt. Diese Texte der Sprechblasen müssen kurz sein, oft sind es nur Befehle oder Ausrufe. Der Wiener Pädagoge Richard Bamberger spricht in dem Zusammenhang von „Peng-Sprache". Die Primitivität der Sprache ist auch einer der Haupteinwände gegen die Comics: Sie tragen nichts zur Sprachentwicklung bei. Die Befürchtung, daß sie die Kinderkriminalität fördern, wurde aber inzwischen durch wissenschaftliche Untersuchungen widerlegt. Ebenso die Sorge, daß die Lektüre der Comics zu Analphabetismus führt. Das Interesse an den Comics ist entwicklungsbedingt. Vor allem 10- bis 11jährige Kinder finden darin fiktive Kontakte; Comics verdrängen das altersbedingte Einsamkeitsgefühl. Ihre eigentliche Gefahr sehen moderne Pädagogen darin, daß alle diese Serien die aktuellen Probleme unserer Zeit verschleiern oder verfälschen, während sich Kinder gerade dieser Altersstufe doch ernsthaft mit ihrer Umwelt auseinandersetzen sollten.

Die Diskussion um die Comics ist also noch nicht abgeschlossen, obwohl vereinzelte Serien schon Eingang in den Schulunterricht gefunden haben. Den Kindern macht das übrigens wenig Freude: Ausgerechnet das wird jetzt im Unterricht behandelt, womit sie der Schule entfliehen wollten. Für Pädagogen und Psychologen ist das noch ein weites, unerforschtes Feld. Dabei sollte man freilich die Comics nicht isoliert betrachten, sondern im Rahmen der gesamten Medienlandschaft.

So werden uns die Comics ja auch in der Praxis angeboten: als Teil der unerhört vielfältigen Kioskliteratur. Seit sich große deutsche Zeitungs- und Zeitschriftenverlage der Comics-Produktion zugewendet haben, ist das Angebot nicht mehr rein amerikanischen Ursprungs. Freilich gibt es noch genug Westernhelden („Lucky Luke", „Leutnant Blueberry", „Comanche" und andere), dazu den gewaltig-komischen „Popeye". Aber daneben haben auch „Panda und seine Freunde", die Abenteuer des Privatdetektivs „Jeff Jordan" oder des Geheimagenten „Percy Pickwick" viele Freunde gefunden. Sehr erfolgreich ist auch die aus Frankreich stammende „Asterix"-Serie, die im Milieu der alten Gallier spielt. Bemerkenswert ist der Versuch, Comics

mit fremdsprachigen Texten (englisch, französisch und sogar lateinisch) zu versehen und in den Dienst des Fremdsprachenunterrichts zu stellen. Neuere Serien führen in die Fantasy- und Science-fiction-Welt, thematisch sind keine Grenzen mehr gesetzt.
Erwähnt sei, daß auch Erwachsene gelegentlich Comics durchblättern, und zwar auch Leser. Für sie ist das gewiß nicht gefährlich. Sie wissen aus eigener Erfahrung, wieviel mehr ihnen ein Buch zu geben vermag. Gefährlich wäre nur, wenn ein Mensch in seiner Entwicklung in der Comics-Phase steckenbliebe. Dann würde nämlich seine Lesefähigkeit allmählich verkümmern und er könnte nur mehr schwer zum Erlebnis eines Buches finden. Solche Entwicklungsstörungen sind aber komplexer Natur und hängen nicht nur mit der Lektüre der auffälligen, primitiven Heftchen zusammen.

Das Schiller-Monument in Wien.
Entworfen von Prof. Schilling in Dresden. Nach der Natur gezeichnet von [illegible]. (Siehe Seite 146)

Klassiker werden immer gelesen

Das Wort klassisch hat in unserer Sprache drei Bedeutungen. Zunächst ist es ein Synonym für mustergültig, vorbildlich, großartig. Die Wortwurzel stammt aus dem Lateinischen, wo man mit dem Ausdruck „classicus" einen Bürger erster Ordnung (im Gegensatz zu „proletarius") bezeichnete. Der Wertbegriff wurde dann verallgemeinert, in der Literatur galt ein „scriptor classicus" als erstklassiger Autor.

Als man dann in der Renaissance die griechisch-römische Antike wiederentdeckte, bezeichnete man die gesamte Kultur jener Zeit als klassisch. Wir sprechen von klassischen Sprachen, klassischer Kunst, klassischer Philosophie. Wenn wir einem Kunstwerk klassische Schönheit zusprechen, ist das der Ausdruck für besondere Qualität.

Mit der Entstehung der europäischen Nationalstaaten gewann der Begriff schließlich eine dritte Bedeutung: Die künstlerisch fruchtbarste Epoche der kulturellen Entwicklung wurde jeweils zur nationalen Klassik erklärt. So bezeichneten die Franzosen ihre großen Dichter des 17. und 18. Jahrhunderts (Corneille, Molière, Voltaire und andere) als Klassiker. In Spanien verstand man die Zeit von Calderón und Cervantes als klassische Epoche, in England die Zeit Shakespeares. In Deutschland, wo die Entwicklung etwas langsamer verlief, erklärten die Literaturwissenschaftler die Wende vom 18. zum 19. Jahrhundert (von Lessing bis Goethe) zur Deutschen Klassik.

Goethe selbst hätte sich nie für einen Klassiker gehalten, ja er hielt die Bildung einer klassischen Nationalliteratur in Deutschland für nahezu unmöglich, weil es kein kulturelles Zentrum gab, wie es Paris für Frankreich oder London für England war. „Wir sind überzeugt, daß kein deutscher Autor sich für klassisch hält", meinte er. Aber die Literaturwissenschaft war anderer Ansicht: Sie definierte um die beiden „Olympier" Goethe und Schiller, ihre Vorläufer und Zeitgenossen die Epoche der Deutschen Klassik. Damit hatte auch die deutsche Literatur ihr Zentrum und Vorbild, und beides trug wesentlich zum Entstehen eines gesamtdeutschen Kulturbewußtseins bei. Trotz aller politischen Grenzen ist dieses Bewußtsein in beiden Deutschland auch heute noch lebendig: Gedenktage an Luther, Goethe, Schiller und andere Geistesheroen werden hüben wie drüben gefeiert.

Welche deutschsprachigen Dichter der klassischen Epoche zugerechnet werden und welche nicht, ist eine offene Frage und wird es auch bleiben. In enger Auslegung versteht man darunter den Weimarer Kreis um Goethe und Schiller. Die Wissenschaft hat aber bald auch viele romantische Dichter dem Kreis der Klassik zugerechnet. Auch das geistige Vorfeld seit der Aufklärung wurde einbezogen, und schließlich fanden auch die großen Dichter des

Biedermeier und des Realismus bis herauf zu Gottfried Keller oder Theodor Fontane Aufnahme in den illustren Kreis. Maßgebend waren dabei nicht nur formal-ästhetische Kriterien, sondern vor allem die geistesgeschichtliche Bedeutung der einzelnen Dichter. Neben diesen wissenschaftlichen Theorien über Umfang und Charakter der klassischen Epoche spielten aber schließlich die verlegerische Praxis und das Leseverhalten des Publikums eine entscheidende Rolle. Ausgelöst wurde dies durch einen legistischen Zufall.
Im Jahre 1867 kam es nämlich zu einer Neufassung des deutschen Urheberrechts. Von nun an waren alle Texte 30 Jahre nach dem Tod ihres Verfassers frei und konnten beliebig nachgedruckt werden. Das führte zu einem Boom von Klassikerausgaben. Am erfolgreichsten wurde Reclams Universalbibliothek. Einen Tag nach Inkrafttreten der neuen Bestimmungen erschien dort eine wohlfeile Ausgabe von Goethes Faust, 1. Teil. Die folgenden Bände der Reihe brachten weitere Werke von Goethe, Schiller, Lessing, Kleist, Körner, Hauff, aber auch von Erfolgsautoren wie Iffland oder Kotzebue. Literarische Qualität und Beliebtheit beim Publikum waren also die Ausleseprinzipien. Auf diese Weise prägten Verlage und Buchhandel einen neuen, pragmatischen Klassikerbegriff, der bis in unsere Tage gültig ist.
Warum lesen wir heute noch Klassiker? Man kann dazu drei Gründe anführen, die sowohl den Grundsätzen der Literaturwissenschaft wie den Erfahrungen der Leser entsprechen. Erstens: Klassiker lesen bedeutet ein ästhetisches Vergnügen. Ihre Bücher sind sprachliche Kunstwerke, die dennoch nicht schwieriger zu lesen sind als andere Dichtungen von Rang. Entgegen ihrem Ruf bieten sie kein verstaubtes Bildungsgut, sondern wertvolle Einsichten in zeitloser Formulierung. Zweitens sind klassische Werke ein Spiegel vergangener Zeiten. Sie schildern die Hoffnungen und Ängste der Menschen ebenso wie die gesellschaftlichen Verhältnisse ihrer Zeit. Das ist nicht tote Vergangenheit, sondern die Vorgeschichte unserer Gegenwart und ihrer Probleme. In kaum einer anderen Epoche haben sich die Dichter, noch ganz frei von Marktzwängen, so bewußt als Sprecher ihrer Zeit gefühlt wie damals. Drittens sind in den klassischen Werken Erfahrungen, Vorstellungen und Ideen formuliert, die uns auch heute noch angehen. Zählt die Toleranzidee, wie sie in Lessings Ring-Parabel zum Ausdruck kommt, nicht auch heute noch zu den höchsten Wertbegriffen? Das Gedankengut der Klassiker ist also von zeitloser Gültigkeit.
Für den Leser bedeuten Klassiker-Ausgaben das Bleibende der deutschen Literatur, das er auch besitzen will. Das Angebot ist groß. Mehrere Verlage bieten umfangreiche Klassiker-Ausgaben an (Artemis & Winkler, C. H. Beck, Hanser, Insel, Manesse, Reclam, Phaidon), andere führen nur vereinzelt Klassiker in ihrem Programm. Vor kurzem wurde sogar ein „Deutscher Klassiker Verlag" gegründet, der ausschließlich eine großangelegte Klassiker-

bibliothek herausbringen will. Ähnliche verlegerische Programme gibt es in allen großen Kulturnationen. Oft werden dabei die nationalen Klassiker durch die wichtigsten Werke anderer Völker ergänzt.
Klassiker-Ausgaben werden wegen des großen Umfanges der einzelnen Bände häufig auf wertvollem Dünndruckpapier gedruckt und natürlich einheitlich ausgestattet. Meist enthält jeder Band auch einen Kommentar eines Fachgelehrten, der die Entstehungsgeschichte und den Hintergrund des Werkes beleuchtet und das Verständnis erleichtert. In der Regel werden nicht Einzelbände, sondern „Ausgewählte Werke" oder Gesamtausgaben eines Dichters angeboten. Das bedeutet, daß eine Klassikerbibliothek relativ viele Bände umfaßt. Daß auch alle großen Taschenbuchverlage die Klassiker in ihrem Programm haben, darf als Beweis dafür angesehen werden, daß klassische Texte auch von der Jugend gelesen werden, und zwar nicht nur für Schulzwecke. Wer einzelne Klassiker-Ausgaben im ererbten Teil seiner Bibliothek hat und sie sinnvoll ergänzen möchte, dem geben wir nachstehend eine alphabetische Liste jener Dichter, die man im allgemeinen zum Grundbestand der Deutschen Klassik zählt:

Achim von Arnim
Clemens Brentano
Georg Büchner
Adalbert v. Chamisso
Matthias Claudius
Annette v. Droste-Hülshoff
Joseph v. Eichendorff
Johann Wolfgang v. Goethe
Franz Grillparzer
Jacob und Wilhelm Grimm
Wilhelm Hauff
Heinrich Heine
Johann Gottfried Herder
E. T. A. Hoffmann
Friedrich Hölderlin
Heinrich v. Kleist
Gotthold Ephraim Lessing
Eduard Mörike
Friedrich Nietzsche
Novalis (Friedrich v. Hardenberg)
Jean Paul (Johann P. F. Richter)
Wilhelm Raabe
Friedrich Schiller
Arthur Schopenhauer
Adalbert Stifter
Theodor Storm
Ludwig Uhland
Christoph Martin Wieland.

Die Liste ist nur als Richtschnur zu verstehen, sie kann ebenso reduziert wie erweitert werden. Die Programme der Klassiker-Verlage, die nach verschiedenen Auswahlprinzipien erstellt werden, geben dem Interessenten weitere Informationen.

Weltliteratur – mehr als ein Lesevergnügen

Der Begriff Weltliteratur stammt von Goethe; er hat ihn 1827 in einem Gespräch mit Eckermann erstmals verwendet, um seiner Utopie einer geistigen Völkerverständigung durch die Dichtung einen adäquaten Ausdruck zu geben. Die junge Literaturwissenschaft griff diese Anregung aber nicht auf, ja die „Weltliteratur" verschwand beinahe aus ihrem Vokabular. Wer heute Literaturwissenschaft studiert, wird meist nur in einer Nationalliteratur ausgebildet, nach einer Vorlesung über Weltliteratur hält er in der Regel vergebens Ausschau.

In der Praxis der Verlage wie im Bewußtsein der Leser ist der Begriff Weltliteratur für die Summe der besten Leistungen aller Nationalliteraturen dennoch fest verankert. Man versteht darunter heute jenen Teil der Belletristik, der über den eigenen Sprachraum hinaus ein weltweites Publikum gefunden hat. Zwei Voraussetzungen müssen erfüllt sein, damit ein Werk zur Weltliteratur gezählt werden kann: Erstens muß ihm die Fachwelt inhaltliche und sprachliche Qualität bescheinigen. Zweitens muß es in der Originalausgabe besonderen Erfolg haben, also hohe Auflagen erreichen. Die Hoffnung auf einen ebensolchen Erfolg wird dann ausländische Verleger veranlassen, die Übersetzungsrechte zu erwerben. Wenn der Titel dann in mehreren Sprachbereichen entsprechende Resonanz findet, wird er über kurz oder lang in den Kanon der Weltliteratur aufgenommen.

Jede nationale Literatur trägt zu dieser Liste bei, doch wird das Bild der Weltliteratur für einen deutschsprachigen Leser etwas andere Akzente haben als für einen Franzosen oder einen Engländer. In jedem Fall wird die eigene Literatur einen relativ großen Anteil einnehmen. Der Beitrag fremder Literaturen beschränkt sich auf wirklich bedeutende Werke, die zum internationalen Literaturbesitz gehören. Denn so wie die Werke eines großen Komponisten in den Konzertsälen der ganzen Welt gespielt werden, so finden wir auch die Werke der bedeutendsten Dichter aller Nationen in den Bibliotheken der Leser aller Völker. Hohe Kunst – und damit auch Literatur – kennt gottlob in der freien Welt keine Grenzen.

Weltliteratur und Klassik sind verwandte, aber nicht identische Begriffe. Als klassische Epoche wird jeweils der künstlerisch fruchtbarste Zeitabschnitt einer nationalen Literatur bezeichnet. Der Bogen der Weltliteratur jedoch spannt sich über alle Kulturvölker hinweg. In vielen Ländern gibt es deshalb große Editionen, die Weltliteratur und Klassik zusammenfassen, wobei Weltliteratur der größere, umfassendere Begriff ist. Während die Klassiker meist in ausgewählten Werken oder Gesamtausgaben angeboten werden, sind bei Titeln der Weltliteratur auch Einzelausgaben üblich. Eine Gesamtausgabe der Weltliteratur gibt es nicht und kann es wegen der fließenden Grenzen auch nicht geben.

Weltliteratur ist neben der Klassik das Kernstück jeder Bibliothek. Ihre Kenntnis gehört zur literarischen Allgemeinbildung. Ihre Themen vermitteln nicht nur Unterhaltung, sondern machen uns mit dem Leben der Menschen verschiedenster Kulturkreise vertraut, sie erweitern unser Weltbild und unser Weltverständnis. Sie sind – im Goetheschen Sinn – Gemeingut aller Lesenden.

Die geeignete Auswahl muß freilich jeder selbst treffen. „Es gibt keine tausend oder hundert ‚beste Bücher'", schrieb Hermann Hesse einmal, „es gibt aber für jeden einzelnen Menschen eine besondere Auswahl dessen, was ihm verwandt und verständlich, lieb und wertvoll ist."

Am Anfang der Werke, die heute nach allgemeinem Verständnis zur Weltliteratur gezählt werden, stehen drei Titel von besonderer Bedeutung:

Giovanni Boccaccio (1313–1375): Das Dekameron
Miguel de Cervantes (1547–1616): Don Quichote
Hans Jacob Christoph von Grimmelshausen (1622–1676): Simplicius Simplicissimus

Mit ihnen begann der Siegeszug der Prosaliteratur. Auf weitere Titel jener frühen Epoche wollen wir mit Rücksicht auf die Lesbarkeit verzichten, doch kennt die Literaturgeschichte noch viele wichtige Namen.

Große Romane der Weltliteratur stammen besonders von Erzählern des 19. Jahrhunderts: Es sind vorwiegend Gesellschaftsromane, aber auch historische Themen, die da von deutschen, französischen, englischen, amerikanischen und russischen Dichtern behandelt wurden. Die nachstehende Liste ist als Vorschlag zu verstehen, vor allem was die genannten Titel betrifft. Diese können ohne weiteres durch andere Werke der betreffenden Autoren ersetzt oder ergänzt werden.

Honoré de Balzac (1799–1850): Eugenie Grandet; Vater Goriot; Glanz und Elend der Kurtisanen
Joseph Conrad (1857–1924): Lord Jim; Der Verdammte der Inseln
Charles Dickens (1812–1870): Oliver Twist; David Copperfield
Fjodor M. Dostojewski (1821–1881): Schuld und Sühne; Die Dämonen; Die Brüder Karamasow
Marie von Ebner-Eschenbach (1830–1916): Dorf- und Schloßgeschichten; Lotti, die Uhrmacherin
Gustave Flaubert (1821–1880): Madame Bovary
Theodor Fontane (1819–1898): Effi Briest; Der Stechlin
John Galsworthy (1867–1933): Die Forsythe-Saga
Nikolaj W. Gogol (1809–1852): Der Mantel; Die toten Seelen

Maxim Gorki (1868–1936): Die Mutter; Erzählungen
Victor Hugo (1802–1885): Der Glöckner von Notre-Dame; Die Elenden
Gottfried Keller (1819–1890): Die Leute von Seldwyla; Züricher Novellen
Rudyard Kipling (1865–1936): Das Dschungelbuch
Selma Lagerlöf (1858–1940): Gösta Berling
Guy de Maupassant (1850–1893): Bel ami
Herman Melville (1819–1891): Moby Dick
Conrad Ferdinand Meyer (1825–1898): Jürg Jenatsch; Gustav Adolfs Page
Edgar Allan Poe (1809–1849): Der Goldkäfer; Erzählungen
Alexander S. Puschkin (1799–1837): Pique Dame
Walter Scott (1771–1832): Waverley; Ivanhoe
Stendhal (Henry Beyle, 1783–1842): Rot und Schwarz; Die Kartause von Parma
William M. Thackeray (1811–1863): Jahrmarkt der Eitelkeit
Leo N. Tolstoi (1828–1910): Krieg und Frieden; Anna Karenina; Auferstehung
Anton P. Tschechow (1860–1904): Die Steppe; Das Duell
Oscar Wilde (1854–1900): Das Bildnis des Dorian Gray
Émile Zola (1840–1902): Nana; Germinal

Je näher wir unserer Gegenwart kommen, desto größer wird die Zahl der Dichter, die erwähnt werden müssen. Der internationale Kulturaustausch wird ja immer intensiver, doch entwickelt er sich nicht gleichmäßig. Aus deutschsprachiger Sicht sind die Beziehungen zum angloamerikanischen Kulturkreis am engsten, ein Verdienst der gut funktionierenden Vermittlertätigkeit der literarischen Agenturen. Schwächer ist der Literaturaustausch mit Frankreich, relativ bescheiden mit Italien und Spanien. Neue, bedeutende Dichter aus dem südamerikanischen Raum gewinnen bei uns erst langsam ein größeres Publikum.
Da das Titelangebot bei den Autoren unseres Jahrhunderts sehr reichhaltig ist, wollen wir uns auf eine Namensliste beschränken; die Wahl geeigneter Titel kann der Leser unschwer selbst treffen. Folgende Dichter können zur Ergänzung unseres Bestandes an moderner Weltliteratur empfohlen werden:

Ingeborg Bachmann (1926–1973)
Georges Bernanos (1888–1938)
Heinrich Böll (1917–1985)
Pearl S. Buck (1892–1973)
Albert Camus (1913–1960)
Elias Canetti (geb. 1905)
Archibald J. Cronin (geb. 1896)
Alfred Döblin (1878–1957)
Hans Fallada (1893–1947)
William Faulkner (1897–1962)

Lion Feuchtwanger (1884–1958)
Max Frisch (geb. 1911)
André Gide (1869–1951)
Günther Grass (geb. 1927)
Knut Hamsun (1859–1952)
Ernest Hemingway (1899–1961)
Hermann Hesse (1877–1962)
Ricarda Huch (1864–1947)
James Joyce (1882–1941)
Franz Kafka (1883–1924)
Siegfried Lenz (geb. 1920)
Sinclair Lewis (1885–1951)
Heinrich Mann (1871–1950)
Thomas Mann (1875–1955)
Gabriel García Márquez (geb. 1928)
André Maurois (1885–1967)
Henry Miller (geb. 1891)
Margaret Mitchell (1900–1949)
Robert Musil (1880–1942)
George Orwell (1903–1950)
Boris Pasternak (1890–1960)
Marcel Proust (1871–1922)
Romain Rolland (1866–1944)
Joseph Roth (1894–1939)
Arthur Schnitzler (1862–1931)
Ina Seidel (1885–1975)
Upton B. Sinclair (1878–1968)
Alexander Solschenizyn (geb. 1918)
John Steinbeck (1902–1968)
B. Traven (1890?–1969)
Sigrid Undset (1882–1949)
Martin Walser (geb. 1927)
Jakob Wassermann (1873–1934)
Franz Werfel (1890–1945)
Thornton Wilder (1897–1975)
Virginia Woolf (1882–1941)
Carl Zuckmayer (1896–1977)
Stefan Zweig (1881–1942)

Die großen Dramatiker des 19. und 20. Jahrhunderts, wie J. Anouilh, B. Brecht, F. Dürrenmatt, G. Hauptmann, H. v. Hofmannsthal, H. Ibsen, E. O'Neill, L. Pirandello, J. P. Sartre, G. B. Shaw, A. Strindberg, T. Williams u. a. sind, sofern sie nicht auch bedeutende Prosawerke geschrieben haben, in dieser Liste nicht enthalten. Ihre Stücke werden aber auf den Bühnen der ganzen Welt gespielt. Sie bilden das Basis-Repertoire des Welttheaters von heute, die logische Ergänzung der Weltliteratur in Prosa.

Keine Angst vor moderner Literatur

Viele Leser haben eine Scheu vor allem, was nach Literatur „riecht“. Das kann mit trüben Erinnerungen an den Literaturunterricht in der Schule zusammenhängen, vielleicht auch mit dem oft enttäuschten Bemühen, im Feuilletonteil der Zeitung Informationen über das zeitgemäße literarische Leben zu finden. Mancher hat wohl auch schon einmal ein Werk der modernen Literatur zur Hand genommen und es mit Kopfschütteln wieder zur Seite gelegt. „Ich kann damit nichts anfangen“, lautet meist das Urteil, ohne daß es näher begründet werden könnte.

Es scheint, als ob zwischen manchen zeitgenössischen Literaten und dem großen Publikum eine gläserne Wand stünde. Man nimmt einander wahr, kann aber nicht zusammenkommen. Ähnlich ergeht es ja auch der modernen Malerei oder der modernen Musik. Moderne Kunst hat es in allen Bereichen schwer, das bedächtige, vorsichtige, oft auch etwas mißtrauische Publikum zu überzeugen. Was bedeutet schon der Begriff modern? Gibt es dafür eindeutige Kriterien sprachlicher oder stofflicher Art? War James Joyce mit seinem Roman „Ulysses“ schon ein Moderner oder beginnt moderne Literatur erst mit der Studentenbewegung der 60er Jahre? Fragen über Fragen für Fachleute und Kritiker, an Antworten verschiedenster Art fehlt es nicht. Der Leser freilich ist meist überfordert und steht in der Buchhandlung ratlos vor den zahlreichen Neuerscheinungen, die da angepriesen werden.

Das Verstehen belletristischer Prosa hängt einerseits von der Lesefertigkeit der Konsumenten, andererseits von der Lesbarkeit des Textes ab, davon war schon die Rede. Ausschlaggebend für den Leser aber bleibt das Thema. Findet es sein Interesse, dann wird er das Werk akzeptieren. Findet er es uninteressant oder gar abwegig, wird er es ablehnen. Viele begehen dabei allerdings einen Fehler: Wenn der Held eines Romans anders denkt, fühlt und handelt, als es der Leser wünscht, wird das Buch bereits abgelehnt. Das ist ein Mangel an geistiger Toleranz. Warum soll man bei der Lektüre nicht einmal über den eigenen Schatten springen? „Schon immer habe ich den Leuten gern beim Leben zugesehen“, heißt es in einer Novelle von Bodo Kirchhoff, einem Vertreter der modernen Prosa. Folgen wir ihm und seinesgleichen, auch wenn dieser Blick ins Leben nicht immer in Form einer schön geschlossenen, spannenden Romanhandlung dargeboten wird.

Das nämlich ist ein weiterer Grund, weshalb viele Leser von moderner Prosa nichts wissen wollen. Sie finden dort nicht immer jene durchgestalteten Schicksalsabläufe, die ein guter Unterhaltungsroman in der Regel bietet. Moderne Autoren zeichnen häufig ein Mosaik rasch wechselnder Situationen und Eindrücke, ein tastendes Suchen, in dem oft Realität und Nichtreales ineinanderfließen. Aber stellt sich das Leben nicht tatsächlich als solche Folge von zufälligen Eindrücken, Empfindungen, Erfahrungen oder Begegnungen dar? Viele Leser folgen dabei nur zögernd. Das Publikum erwartet von guter Belletristik nun einmal, daß in unterhaltender Form Antworten auf Lebensfragen geboten werden. Es wäre zu wünschen, daß beide Teile, Autoren und Leser, behutsam und verständnisvoll aufeinander zugehen. Verhängnisvoll wäre es, zwischen zeitgenössischer Literatur und Unterhaltungsprosa eine künstliche Trennwand zu errichten, wie das leider bisweilen geschieht.

Es gibt viele Förderungsaktionen für junge, begabte Autoren. Am bekanntesten ist wohl der Ingeborg-Bachmann-Preis, der seit 1977 alljährlich in Klagenfurt verliehen wird. Vor einer prominenten Jury aus Kritikern und anerkannten Autoren lesen dort junge Talente aus ihren noch unveröffentlichten Werken. Dann wird der Text in öffentlicher Diskussion durchleuchtet und bewertet. Ein anderes Beispiel bietet Radio Bremen. Dort wurden bereits mehrmals acht anerkannte Autoren in das Haus des erfolgreichen Romanciers Walter Kempowski eingeladen, die jeweils einen jungen Literaten mitbrachten und dem Auditorium vorstellten. Später wird auch diese „Literatur im Kreienhoop" im Fernsehen ausgestrahlt, die gelesenen Texte werden – wie auch beim Bachmann-Preis – in Buchform herausgegeben. Die beiden Beispiele mögen genügen. Moderne Literatur wird von verantwortungsbewußten Kulturträgern und Meinungsbildnern ernstgenommen. Das sollte auch für anspruchsvolle Leser gelten. In jeder größeren Familienbibliothek findet sich ein Block Weltliteratur. Moderne Literatur ist die logische Ergänzung dieses Bestandes, denn von den Dutzenden oder Hunderten zeitgenössischen Autoren wird in der nächsten Generation schon manch einer dem Kanon der Weltliteratur zugerechnet werden. Da die Belletristik stets ein Spiegel ihrer Entstehungszeit ist, sollen und wollen wir diese Abbilder der Gegenwart auch unseren Bibliotheken einverleiben, wenigstens in typischen Beispielen.

Beim Kauf zeitgenössischer Literatur sollte man sich in der Buchhandlung beraten lassen. Einige Verlage – wie Hanser, Luchterhand, Residenz, Suhrkamp – haben sich auf moderne Literatur spezialisiert, viele andere führen neben ihren sonstigen Programmsparten literarische Serien. Das Angebot ist reichhaltig, die Konkurrenz groß, die Auswahl nicht einfach. Aber wir wollen das Wort von Peter Handke berücksichtigen, der einmal Literatur als „Lebens-Mittel" bezeichnet hat, als Lebensmittel zur Befriedigung der geistigen Bedürfnisse. Engagierte Leser werden sie gerne in ihren Warenkorb packen, selbst wenn die Titel nur selten in den Bestsellerlisten aufscheinen.

Was sind Trivialromane?

Trivial bedeutet soviel wie allgemein bekannt, gewöhnlich, banal, jedermann zugänglich. Trivialliteratur ist ein Sammelbegriff für Unterhaltungsromane verschiedenster Thematik, die den Wünschen und Bedürfnissen einer möglichst breiten Leserschaft entgegenkommen. Sie stellen keine besonderen Ansprüche, sie wollen nur unterhalten. Nun ist Unterhaltung etwas durchaus Positives. Kein Geringerer als Bert Brecht hat einmal gesagt: „Kunst sollte ein Mittel der Erziehung sein, aber ihr Zweck ist das Vergnügen." Viele Autoren geben offen zu, daß sie nichts anderes im Sinn haben, als ihre Leser zu unterhalten. Die Begebenheiten, die sie schildern, erwecken zwar den Anschein von Originalerlebnissen – eine Romanserie führte sogar einmal den Übertitel „Wahre Geschichten" –, in Wirklichkeit sind sie aber nichts anderes als Märchen für Erwachsene. Der Leser genießt sie, wie ein Kind die Phantasiewelt von Schneewittchen oder König Drosselbart genießt.

Trivialromane sind keine Erfindung unserer Zeit. Aber sie waren noch nie so wichtig wie heutzutage, weil sie in Massenauflagen das lesende Publikum aller Schichten erreichen und dessen Geschmack beeinflussen. Das klassische Beispiel eines erfolgreichen Trivialromans der Vergangenheit ist der Räuberroman „Rinaldo Rinaldini" von Goethes Schwager Christian August Vulpius. Räuberromane waren damals große Mode. Der Held wurde nach einer armseligen Kindheit durch seine verwegenen Streiche und Raubzüge zum Volkshelden. „Rinaldo Rinaldini" gewann zu seiner Zeit mehr Leser als alle Werke Goethes zusammen. Ähnliche Beliebtheit errangen später die bereits erwähnten Romane von Hedwig Courths-Mahler, Karl May, Ludwig Ganghofer und anderen.

Moden und Themen haben sich gewandelt, die Methode blieb unverändert. Wenn das Gefühlvolle, Zärtliche besonders betont wird, spricht man von Kitschromanen oder Produktionen der „Traumfabrik". Verfolgte Unschuld – Bestrafung des Bösewichts – Schlußtableau mit Happy-End, das ist das immer wirksame Rezept, besonders in der Sparte der Frauen- und Liebesromane. Triviale Unterhaltungsromane haben sich aber des gesamten Themenbereiches der Romanliteratur bemächtigt: Es gibt Berg- und Heimatromane, Kriminal- und Agentenromane, Arztromane, Sittenromane, Kriegsromane, Wildwest-Romane, Zukunftsromane, Sex- und Horrorromane und so weiter. Noch nie war die Produktion anspruchsloser Unterhaltungsliteratur so groß wie in unseren Tagen. Gewiß besteht ein Zusammenhang zwischen dieser Entwicklung und der Demokratisierung der Lesekultur. Je größer das lesende Publikum, umso größer ist auch die Nachfrage nach anspruchslosen Unterhaltungsromanen. Heinz G. Konsalik – um ein typisches Beispiel zu

nennen – ist eben für viele der erste Einstieg ins Lesevergnügen. Mit über 60 Millionen verkauften Exemplaren ist er übrigens der meistgelesene deutschsprachige Autor unserer Zeit.
Literaturwissenschaft und -kritik haben bis in die letzten Jahrzehnte die Trivialliteratur so gut wie nicht beachtet. Sie haben sich nur mit „großer" Dichtung, also sprachlichen Kunstwerken befaßt, bis auch den Fachleuten bewußt wurde, daß sie sich damit immer weiter von der Lese-Wirklichkeit entfernten. Heute ist man deshalb der Ansicht, daß die Wirkung der Unterhaltungsliteratur nicht mehr länger übersehen werden kann. Trivialliteratur im weitesten Sinne ist also ein aktuelles Forschungsfeld der Wissenschaft geworden, das man nun ernsthaft zu untersuchen beginnt.
So unterscheidet man zwischen dem literarischen Wert eines Romans und seinem Unterhaltungs- oder Konsumwert. Und man hat festgestellt, daß die Trivialliteratur in der Wirkung ihrer Leitbilder die hohe Literatur bei weitem übertrifft. Manche Wissenschaftler haben versucht, durch rein sprachliche Kriterien den Trivialroman von anspruchsvoller Unterhaltung abzugrenzen. Andere fragen nach der Absicht des Autors. Aber beide Versuche bleiben zweifelhaft. Kurt Tucholskys kleiner Roman „Schloß Gripsholm" ist gewiß eine gut geschriebene Geschichte, aber ohne „tiefere Bedeutung". Sie will dem Leser nichts weiter bieten als angenehmen Zeitvertreib. Ist „Schloß Gripsholm" deshalb Trivialliteratur? Das ganze Problem einer Abgrenzung zwischen wertvoller und trivialer Unterhaltungsliteratur ist übrigens typisch für den deutschsprachigen Raum. Im angloamerikanischen oder französischen Kulturbereich versucht man das erst gar nicht. Dort unterscheidet man lediglich zwischen guter oder schlechter Belletristik, und das sollte uns auch genügen.
Dennoch gibt es eine untere Qualitätsschwelle, die jeder Leser beachten sollte. Sie liegt bei den Serienprodukten der Romanhefte, Magazine und Illustrierten, wo die Regie von den Autoren auf die Manager der Massenproduktion übergeht. Die beiden Kulturphilosophen Max Horkheimer und Theodor Adorno sprechen in dem Zusammenhang von „Kulturindustrie". Was ist damit gemeint? Bei einem normalen Roman bestimmt der Autor das Thema seines Werkes und die Figuren seiner Handlung. Er studiert das Milieu des Geschehens und macht sich mit den Fakten vertraut, die in seiner Handlung eine Rolle spielen sollen. Auf dieser Grundlage gestaltet er dann die Schicksale und Situationen aus eigener Phantasie und Verantwortung. Das kann ihm besser oder schlechter gelingen – Qualitätsunterschiede gibt es in allen Bereichen der Kunst –, immer aber spürt der Leser hinter dem Werk die Persönlichkeit des Verfassers.
Ganz anders bei der Massenproduktion der „Kulturindustrie". Hier erhalten die Verfasser, die oft im Team arbeiten und pro Jahr 100 oder mehr Heftchen

produzieren müssen, vom Auftraggeber genaue Richtlinien, was sie zu schreiben haben. Die Figur des Helden wird in allen Details festgelegt. Er muß ein Typ sein, wie ihn das große Publikum gerade wünscht. Probleme jeder Art werden ausgeklammert, bestimmte Themen bleiben tabu, das Happy-End ist verpflichtend. So wird ein Stück heile Welt konstruiert, das der Leser kritiklos genießen soll. Bewährte Handlungselemente werden raffiniert gemischt, andere verboten: „Bitte bis auf weiteres kein Rauschgift mehr!“ heißt es in einer solchen Anweisung für Autoren. „Und keine Erpressung wegen Aktphotos! Diese Platten sind abgeleiert!“
Dichterische Phantasie und Gestaltungsfreiheit bleiben bei solchen Methoden auf der Strecke. Deshalb ist bei diesen Romanen vom Fließband die Qualitätsschwelle, die der Leser noch akzeptieren kann, wohl unterschritten. Niemand wird Romanheftchen oder Illustriertenromane in seine Bibliothek stellen. Im übrigen aber brauchen wir uns der Trivialromane in unserer Bibliothek nicht zu schämen. Sie sind weitgehend austauschbar, dessen sind wir uns bewußt. Ihre Beliebtheit wechselt mit der Mode und dem Zeitgeschmack. Wenn einmal der Platz in unseren Regalen knapp wird, dann nehmen wir jene Bände heraus, an denen uns nicht mehr viel liegt, und stellen neue Lieblingsbücher an ihre Stelle. Auf diese Weise wird unsere Bibliothek von Jahr zu Jahr aktueller und mit wachsender Lesereife auch qualitätvoller. Das ist der sichtbare Ausdruck für den Bildungsprozeß, den jeder Leser im Laufe seines Lebens durchmacht.

SACHBÜCHER

Ohne das Buch wären die Entwicklung der Wissenschaft, die Ideen der Aufklärung und der Menschenrechte nicht möglich gewesen.

Helmut Schmidt

Das moderne Sachbuch – Begriff und Bedeutung

Wer ein belletristisches Buch liest, sucht Unterhaltung und emotionale Erlebnisse. Vielen Lesern geht es aber um etwas anderes: Sie suchen neue Erkenntnisse und Informationen, also eine Bereicherung ihres Wissens. Das sind die Sachbuchleser. Ihr Anteil an der Leserschaft ist groß und erstreckt sich quer durch alle Schichten. Drei Viertel der Leser sind an Sachbüchern interessiert, wobei Männer deutlich überwiegen. Sie alle lesen aber daneben auch Unterhaltungsliteratur verschiedenster Art. Ebenso groß ist der Anteil der Sachbücher an der Buchproduktion. Er beträgt gleichfalls rund 75% der Neuerscheinungen, und die Tendenz ist weiterhin steigend. Nur bei Taschenbüchern überwiegt derzeit noch die Belletristik.

Es ist nicht ganz einfach, den Begriff Sachbuch präzise zu definieren. Ein belletristischer Autor bringt gern auf der ersten Seite seines Werkes den Vermerk an: „Handlung und Personen sind frei erfunden. Übereinstimmungen mit der Wirklichkeit sind rein zufällig." Für Sachbücher gilt genau das Gegenteil: Nichts ist frei erfunden, die Darstellung beruht auf zuverlässigen Quellen, Übereinstimmung mit der Wirklichkeit wird garantiert. Damit ist zwischen Belletristik und Sachbüchern eine klare Grenze gezogen.

Im englischsprachigen Raum unterscheidet man einfach zwischen „fiction" und „non-fiction", das genügt. Der deutsche Ausdruck „Sachbuch" tauchte erstmals 1920 in einer Aussendung des Deutschen Sprachvereins auf, in der man vorschlug, die Lehrbücher für Geographie, Geschichte und Naturwissenschaften, bis dahin Realienbücher genannt, in Sachbücher umzutaufen. Aber erst in den 50er Jahren, als das Sachbuch bereits seinen Siegeszug auf dem Buchmarkt angetreten hatte, fand der Ausdruck auch Eingang in die Umgangssprache. Im Großen Brockhaus aus dem Jahre 1956 ist das Stichwort noch nicht zu finden.

„Das moderne Sachbuch . . . ist ein Werk, das, sachkundig geschrieben, einen oder mehrere Wissensbereiche einem breiten Leserkreis erschließt." Diese von dem Verleger Erwin Barth v. Wehrenalp stammende Formulierung

hat bis heute nichts von ihrer Gültigkeit eingebüßt. Für die Autoren, die nur selten selbst Wissenschaftler sind, bedeutet das, daß sie sich mit den wissenschaftlichen Fakten gründlich vertraut machen und in der Darstellung auf das Auffassungsvermögen des Publikums Rücksicht nehmen müssen. Es geht also um eine einfache, anschauliche Wiedergabe schwieriger Sachverhalte ohne Verwendung unverständlicher Fachausdrücke. Das ist mitunter gar nicht einfach. Dennoch wurde im deutschen Sprachraum in Kritiker- und Literatenkreisen sofort die Frage aufgeworfen, ob Sachbücher überhaupt etwas mit Literatur zu tun hätten.
Hilde Spiel, die bekannte Wiener Autorin und Essayistin, hat dieser höchst überflüssigen Diskussion ein klares Bekenntnis entgegengestellt. Anläßlich der Entgegennahme des Donauland-Sachbuchpreises (übrigens des einzigen literarischen Preises, der an Sachbuchautoren vergeben wird) zitierte sie den Romantiker Friedrich Schlegel, der einmal gesagt hat: „Literatur ist der Inbegriff des intellektuellen Lebens einer Nation." Diese Auffassung, so meinte Hilde Spiel, schließe alles, was man im Englischen „non-fiction" nennt, in den Begriff Literatur ein. Allerdings müsse ein Sachbuchautor aufklärerisch, also human wirken, und sich einer originellen, einfallsreichen Sprache bedienen. Sachbücher, die diese Anforderungen erfüllen, sollten ihren festen Platz in der Literatur haben. In den meisten Darstellungen des zeitgenössischen Schrifttums werden aber Sachbuchautoren nicht erwähnt. Namen wie Ceram, Ditfurth oder Heyerdahl sucht man dort vergebens. Zum Glück hat das Publikum längst anders entschieden.
Der Siegeszug des Sachbuchs hat zwar erst in den 50er Jahren unseres Jahrhunderts eingesetzt, dennoch kann es auf eine lange Ahnenreihe zurückblicken. Schon die griechische Literatur kannte nicht nur die Werke großer Dichter, sondern auch die Schriften der Historiker Herodot oder Thukydides, des Arztes Hippokrates oder des Mathematikers Archimedes. Im römischen Schrifttum gab es viel mehr sachliche Darstellungen als belletristische Werke. Dann freilich kam im christlich-abendländischen Bereich – wie auch in der Belletristik – eine etwa tausendjährige Pause. Erst zu Beginn der Neuzeit gaben Reiseschriftsteller, Memoirenschreiber und Sittenschilderer dem Genre wieder neue Impulse. Die Aufklärung brachte endlich wieder eine nennenswerte Sachbuchliteratur hervor, Volksbildung im weitesten Sinne war ja eines ihrer Hauptanliegen. Den Anfang machten im 17. Jahrhundert die französischen Enzyklopädisten, die das Wissen ihrer Zeit dem einfachen Leser zugänglich machen wollten. Aus Deutschland sind in der Folge die Brüder Humboldt, Freiherr von Knigge, Justus Liebig zu nennen. Im 19. Jahrhundert konnten neben den großen Philosophen Hegel, Schopenhauer und Nietzsche vor allem die Historiker Ranke und Mommsen breitere Leserkreise gewinnen. Auch Werke über die Tier- und Pflanzenwelt fanden

Interesse – eine Ausgabe von „Brehms Tierleben“ steht fast in jeder größeren Familienbibliothek –, daneben natürlich Kochbücher, medizinische Hausbücher und ähnliche Ratgeber. Das alles war die traditionelle, ältere Sachbuchliteratur, die auch heute noch gepflegt wird.
In der Zwischenkriegszeit stoßen wir bereits auf bekannte Namen: Bernhard Grzimek, Paul Sethe, Karl von Frisch, Paul de Kruif, Rudolf Brunngraber und andere sind älteren Lesern gewiß noch in guter Erinnerung. Ihre teils romanhaften, teils reportageartigen Darstellungen waren Vorläufer des modernen Sachbuches, auch wenn sie noch nicht so genannt wurden. Zur vollen Entwicklung kam die neue Gattung erst nach dem Krieg, als sich die bürgerliche Bildungsgesellschaft allmählich zur modernen Informationsgesellschaft wandelte. Das verstärkte Wissensbedürfnis des Publikums veranlaßte einschlägig versierte Autoren, die Ergebnisse der Wissenschaften in vereinfachter, oft unterhaltender Form aufzuarbeiten. Vor allem die Naturwissenschaften, die ja mit Riesenschritten vorangekommen waren, hatten ein völlig neues Weltbild zu bieten; die Atombombe und die von ihr ausgehende Bedrohung für die Menschheit beherrschte das Denken. „Die Zukunft hat schon begonnen“, lautet der bezeichnende Titel eines 1952 erschienenen Tatsachenromans von Robert Jungk, der sich mit dieser Thematik befaßt und zu einem Welterfolg wurde. Das populärwissenschaftliche Sachbuch war also nicht bloß ein Modetrend, sondern eine Notwendigkeit. Sein Siegeszug, der es alsbald in die Bestsellerlisten emportrug, darf als Beweis dafür angesehen werden, daß Information und Wissensvermittlung heute ebenso als Lebens-Hilfe verstanden wird wie gute Belletristik.
Autoren und Verleger erkannten den Trend sehr rasch. Manche Verlage, wie der Econ-Verlag, spezialisierten sich geradezu auf Sachbücher. Fast alle anderen bauten neben ihren traditionellen Programmlinien ein Sachbuchrepertoire auf. Auch die Buchklubs folgten der Entwicklung, der Anteil der Sachbücher in ihren Programmen nahm rasch zu. Und in den Auslagen der Buchhändler, wo früher neben belletristischen Titeln höchstens einige Kunstbände oder Kochbücher zu sehen waren, fanden sich bald immer mehr aktuelle Sachbücher über immer neue Themen. Ältere Buchhändler, die heute auf diese Entwicklung zurückblicken, sprechen geradezu von einer revolutionären Veränderung des Angebots wie des Lesergeschmacks.
Die Wissenschaftler, die diese Entwicklung ausgelöst hatten, waren über die Popularisierung ihrer Erkenntnisse und Theorien nicht immer begeistert. Nur in den angelsächsischen Ländern werden viele Sachbücher von Wissenschaftlern selbst geschrieben. Im deutschen Sprachgebiet mußte erst eine gewisse Skepsis überwunden werden, bis auch hier einzelne Gelehrte diesem Beispiel folgten. Der überwiegende Teil der Sachliteratur wird aber von Sachschriftstellern oder Wissenschaftsjournalisten geschrieben. Autoren, die

wissenschaftliche Publikationen in populärer Form verarbeiten, geben in der Bibliographie alle Quellen an, die sie gelesen und benützt haben. Dem Leser, der sich weiterbilden möchte, gibt dieses Literaturverzeichnis wertvolle Hinweise. Grundsätzlich sollte jedes seriöse Sachbuch eine solche Bibliographie aufweisen.

Die Thematik der Sachliteratur ist ungemein vielfältig. Alle Bereiche der Geistes- und Naturwissenschaften werden erfaßt. Neben den Büchern, die der allgemeinen Wissensvermittlung dienen, hat sich dabei als zweite Hauptgruppe eine umfassende Ratgeber-Literatur herausgebildet. Eine formale Sonderstellung in der Sachbuchliteratur nimmt der Essay ein, eine kurze, brillant formulierte Abhandlung über ein sachliches Thema aus dem Bereich der Wissenschaft oder Kunst. Wegen seiner formalen Qualität zählen manche Kritiker den Essay sogar zur schöngeistigen Literatur. Da die Themen aber eindeutig dem Non-fiction-Bereich zugehören, wollen wir den Essay doch lieber dem Sachbuchbereich zuordnen. Häufig bietet der Buchmarkt Essay-Sammlungen bedeutender Autoren oder Wissenschaftler an, die meist einen Überblick über ihr geistiges Schaffen geben.

Schließlich sei auch auf die reichhaltige populärwissenschaftliche Zeitschriftenliteratur hingewiesen. Monatszeitschriften wie „Bild der Wissenschaft" (für die Naturwissenschaften), „Geo" (für Länder- und Völkerkunde), „Art" (für Kunst und Kunstgeschichte), um nur einige Beispiele zu nennen, haben ein relativ großes Publikum. Sie geben ihren Lesern auch wertvolle Informationen über neue, aktuelle Bücher, so daß Buch- und Zeitschriftenlektüre einander ergänzen können.

Die Wirkung von Sachbüchern auf ihre Leser ist entschieden größer als die Wirkung belletristischer Werke. Neue Erkenntnisse und Fakten sind eben stärkere Impulse als Stimmungen und Emotionen, wie sie uns die Unterhaltungsliteratur vermittelt. Selbst bedeutende Autoren belletristischer Werke geben sich kaum der Illusion hin, daß sie die Welt verändern oder verbessern könnten. Sachbücher im weitesten Sinn aber vermögen das Publikum der ganzen Welt aufzurütteln, ja in einigen Fällen haben sie tatsächlich die Welt verändert, man denke nur an „Das Kapital" von Karl Marx oder Hitlers „Mein Kampf". „Bücher, die das Jahrhundert bewegten" – so der Titel einer Sammlung von Zeitanalysen –, diese Bücher waren ausschließlich Sachbücher. Von ihnen gingen die Impulse aus, die das Denken der Menschen beeinflußten und den Zeitgeist prägten.

Leser von Sachbüchern finden sich zwar überwiegend in den gehobenen Bildungsschichten, aber nicht nur dort. Kein Mensch kann sein ganzes Leben lang mit dem Bildungsgut sein Auslangen finden, das ihm die Schule vermittelt hat. Sachbücher sind das einfachste Mittel zur Selbstbildung. Und da die moderne Gesellschaft sich zur Bildungsgesellschaft entwickeln muß, in der ständige Weiterbildung des aktiven Bevölkerungsteils selbstverständlich ist, wird der Sachbuchliteratur immer größere Bedeutung zukommen. Und wo bleibt dabei die Unterhaltung, die uns die Lektüre doch in erster Linie bieten sollte? Nun, die Neugier eines Sachbuchlesers ist zwar nicht ganz dieselbe wie die eines Krimilesers, der der Aufklärung seines Falles entgegenfiebert. Aber das Eindringen in neue Erkenntnisse und Zusammenhänge ist nicht weniger erregend und befriedigend als das Verfolgen eines menschlichen Schicksals in einem Roman. Engagierte Sachbuchleser haben keinen Zweifel am Unterhaltungswert ihrer Lektüre.

In der Schule und im gesamten Bildungswesen hat man die Bedeutung der Sachbuchliteratur leider noch nicht voll erkannt. Moderne Pädagogen weisen zwar nachdrücklich darauf hin, daß es keinen besseren Weg zur Verlebendigung und Ergänzung des schulischen Wissensstoffes gibt als die Lektüre altersgemäßer Sachbücher, aber die Praxis liegt oft noch sehr im argen. Inzwischen wächst das Wissensgut auf allen Gebieten von Jahr zu Jahr und immer rascher an. Nur versierte Sachbuchleser kennen den Weg, der es ihnen möglich macht, mit der Zeit einigermaßen Schritt zu halten.

In den folgenden Abschnitten werden wir nun die wichtigsten thematischen Sparten der Sachbuchliteratur unter die Lupe nehmen. Dabei wollen wir uns aber nicht an theoretischen Konzepten, sondern an der Praxis des Buchmarkts orientieren, um eine zu verwirrende Aufgliederung zu vermeiden.

In Büchern liegt die Seele aller vergangenen Zeiten: die hörbare Stimme der Vergangenheit, wenn ihre sichtbare Zeit wie ein Traum verschwunden ist.

Thomas Carlyle

Das weite Feld der Geschichte

Ein Überblick über die historischen Themen im gegenwärtigen Buchangebot muß mit den großen Gesamtdarstellungen beginnen. Ihre Tradition geht weit zurück, doch sind Geschichtswerke älterer Zeit oft nicht mehr als Verherrlichungen der jeweiligen Dynastien, wie sie eben Hofschreiber verfaßten. Erst Leopold von Ranke (1795–1886) wurde durch sein gründliches Quellenstudium zum Begründer der objektiven Geschichtswissenschaft. Nach seiner Auffassung muß jede Epoche aus sich selbst heraus verstanden werden, und der Historiker sollte nicht werten und richten, sondern objektiv darstellen. Seine Hauptwerke „Geschichte der Reformation" und „Die römischen Päpste" sind historische Klassiker geworden. Dasselbe gilt für den etwas jüngeren Theodor Mommsen (1817–1903). Er erhielt für seine großen Werke „Römische Geschichte" und „Das Weltreich der Caesaren" 1902 den Nobelpreis für Literatur.

Ganz in dieser klassischen Tradition liegt ein Geschichtswerk, das 1960 bis 1965 von Golo Mann, einem Sohn Thomas Manns, herausgegeben wurde: die zwölfbändige „Neue Propyläen-Weltgeschichte". Sie wurde im Laufe der Jahre in verschiedenen Ausgaben und Ausstattungen angeboten und hat gewiß in die Bibliothek mancher Geschichtsfreunde Eingang gefunden. Golo Mann schrieb auch eine „Deutsche Geschichte des 19. und 20 Jahrhunderts". Natürlich gibt es eine Reihe anderer Darstellungen der Weltgeschichte. Als klassisches Nachschlagewerk gilt der alte „Ploetz", der immer wieder neu bearbeitet und ergänzt wird und durch die Fülle der vermittelten Daten und Fakten besticht. Er wird in verschiedenen Ausgaben angeboten. Größere Verbreitung fanden auch die Darstellungen der Weltgeschichte von Otto Zierer (1966) und Christian Zentner (1972). In allen diesen Werken wird Universalgeschichte so verstanden, daß alle Bereiche des Lebens, also nicht nur Politik und Kriege, sondern auch Religion und Philosophie, Soziologie, Wirtschaft, Wissenschaft, Kunst und der Alltag des Volkes berücksichtigt werden. Ein anschauliches Bildmaterial ergänzt meist den Text, so daß diese Gesamtdarstellungen dem interessierten Leser einen umfassenden Einblick und Überblick vermitteln.

Eine weitere Persönlichkeit von internationalem Rang ist der Schweizer Historiker Carl Jacob Burckhardt (1891–1974). Seine „Gesammelten Werke" (1971) in 6 Bänden bringen Einzeldarstellungen, Portraits, Begegnungen, persönliche Analysen und Briefe. Da Burckhardt lange Zeit im Dienste des Roten Kreuzes sowie Kommissar des Völkerbundes für den Freistaat Danzig war, stand er selbst aktiv im Zentrum des politischen Geschehens und wurde zu einem seiner bedeutendsten Chronisten.

Ein ganz anderes Thema stellte sich der Engländer Arnold Toynbee in seinem einbändigen Werk „Menschheit und Mutter Erde“ (deutsche Ausgabe 1979), in dem er den Aufstieg und Niedergang der großen Zivilisationen behandelt. Nach seiner Auffassung ist die gegenwärtige Bedrohung der Menschheit durch Selbstzerstörung und Rohstoffmangel nur der Gipfelpunkt einer Jahrtausende währenden Entwicklung, die durch das Auseinanderklaffen von technischem Fortschritt und der moralisch-politischen Unreife der Menschen gekennzeichnet ist. Der Londoner „Observer“ nannte den Band „eine Botschaft, die kein verantwortlicher Mensch leichtnehmen kann“. Toynbees Buch ist das letzte umfassende Geschichtswerk, das den internationalen Buchmarkt erobert hat.

Diese wenigen Beispiele mögen die Verschiedenartigkeit illustrieren, die solche Universaldarstellungen zu bieten haben. Sie sind für Leser gedacht, die ein ausgeprägtes historisches Interesse mitbringen. Je kleiner der Umfang des Themas, umso größer wird in der Regel der Interessentenkreis. So findet man in jeder gutsortierten Hausbibliothek eine Geschichte des eigenen Volkes, sei es in einer Gesamtschau oder in Einzeldarstellungen wichtiger Epochen. Dabei kann man wieder beobachten, daß das Interesse des Publikums umso größer ist, je näher der behandelte Zeitabschnitt der Gegenwart kommt. Innerhalb der nationalen Geschichte gibt es wieder zahllose Einzelthemen, die immer wieder neu behandelt werden, wenn besondere Anlässe oder neue wissenschaftliche Erkenntnisse vorliegen. Interesse findet auch die Geschichte der eigenen Heimatstadt oder der engeren Region.

Eine spezielle Sparte des historischen Sachbuches befaßt sich mit Zeitgeschichte, also der Geschichte der jüngsten Vergangenheit. Sie beginnt in der buchhändlerischen Praxis mit dem Zweiten Weltkrieg. Auch hier wollen wir mit den Gesamtdarstellungen anfangen, die es im Schrifttum aller beteiligten Nationen gibt. Interessanterweise fanden beim deutschsprachigen Publikum zwei englische Darstellungen verhältnismäßig große Verbreitung, nämlich die Werke von Winston Churchill („Der Zweite Weltkrieg“, 1954) und Little Hart („Geschichte des Zweiten Weltkrieges“, 1972). Churchills Werk errang durch die Verleihung des Nobelpreises für Literatur internationale Anerkennung. Auch der französische Journalist Raymond Cartier gewann beim deutschsprachigen Publikum viele Leser. Sein zweibändiges Werk („Der Zweite Weltkrieg“, deutsch 1967) ist mit gutem Photomaterial ausgestattet. Von deutschen Autoren fanden Kurt Zentner sowie Hellmuth G. Dahms mit ihren Darstellungen des Zweiten Weltkrieges verdiente Beachtung.

Kriegsteilnehmer suchten vor allem Literatur über einzelne Feldzüge, an denen sie selbst teilgenommen hatten. So erreichten die Bände von Jürgen Thorwald „Es begann an der Weichsel“ (1949) und „Das Ende an der Elbe“ (1951) dank ihrer lebendigen Darstellung Bestsellerauflagen. Das gleiche gilt für die Kriegsbücher Paul Carells. Sein Werk über den Afrikafeldzug „Die Wüstenfüchse und der Krieg in Afrika" (1958) fand starke Beachtung. Ein paar Jahre später folgten zwei Bände über den Krieg in Rußland: „Unternehmen Barbarossa" und „Verbrannte Erde". Der Pole Janusz Piekalkiewicz hat seit den 70er Jahren die Kämpfe der einzelnen Waffengattungen in Einzeldarstellungen behandelt: „Krieg der Panzer" (1981), „Luftkrieg" (1978), „Seekrieg" (1980), dazu die großen Schlachten „Stalingrad" (1972) und „Invasion" (1979). Die Zerstörung der deutschen Städte durch den Bombenkrieg wurde in vielen bedrückenden Bildbänden festgehalten. Eine besondere Sparte bildet die umfangreiche KZ-Literatur. Es dürfte kaum eine Familienbibliothek geben, in der der Zweite Weltkrieg nicht präsent ist: eine Erinnerung an furchtbare Jahre für die älteren, eine Mahnung für die jüngeren Leser. Und jeder runde Jahrestag bringt neue Auflagen und neue Darstellungen.

Zur Zeitgeschichte zählen auch Werke über fremde Kulturen, die plötzlich in den Mittelpunkt des Weltinteresses treten. So hat Hans O. Meißner 1970 mit dem Band „Das Wunder der aufgehenden Sonne" erstmals das Interesse auf die aufstrebende Wirtschaftsmacht Japan gelenkt. China nach dem Sieg Maos ist das Thema von Klaus Mehnert: „China nach dem Sturm" (1972) oder Alain Peyrefitte: „Wenn sich China erhebt" (1974). Der Koreakrieg und der Vietnamkrieg wurden besonders in der amerikanischen Literatur ausführlich behandelt. Aber auch der deutsche Journalist Peter Scholl-Latour erreichte mit seinem Band „Tod im Reisfeld" (1979), das die ganze Tragödie der Völker Hinterindiens behandelt, hohe Auflagen. Derzeit stehen das Palästinenser-Problem und die innerarabischen Auseinandersetzungen (Gerhard Konzelmann „Der unheilige Krieg", 1984) im Mittelpunkt der Aufmerksamkeit. Das politische Tagesgeschehen liefert ja immer wieder neue Stoffe. Und da die modernen Kommunikationsmittel alle Ereignisse via Bildschirm dem breitesten Publikum nahebringen, kann das aktuelle Schrifttum daran gar nicht vorübergehen. Zeitgenössische politische Literatur bietet Analysen und Hintergrundinformationen zu dem, was uns Zeitungen und Fernsehen jeden Tag vor Augen führen. Ein Beispiel für die Breitenwirkung solcher Bücher bot im Weihnachtsquartal 1985 Günther Wallraffs Report „Ganz unten". Das brisante gesellschaftspolitische Thema (die Ausbeutung türkischer Gastarbeiter durch gewissenlose Subunternehmer) und die wahrhaft abenteuerlichen Strapazen des Autors bei seinen Ermittlungen machten den Titel innerhalb weniger Monate zum größten Bucherfolg der Nachkriegszeit. Wenn man die Sachbuch-Bestsellerliste durchsieht und nach Themen aufschlüsselt, entfallen etwa 40% der dort genannten Titel auf zeitgeschichtliche Stoffe.

Eine andere Sparte des historischen Schrifttums beschäftigt sich nicht mit

dem politischen Geschehen, sondern mit dem Leben der Menschen, den wirtschaftlichen, religiösen und kulturellen Verhältnissen in Vergangenheit und Gegenwart. Kulturgeschichte nennt man diesen Zweig der Sachliteratur. Meist handelt es sich dabei um Darstellungen wichtiger Epochen oder um Gesamtdarstellungen. Der Wiener Egon Friedell veröffentlichte schon 1927 bis 1931 seine „Kulturgeschichte der Neuzeit“, die zu einem Standardwerk geworden ist. Aus jüngerer Zeit wollen wir das große, zehnbändige Werk von Hanns Ferdinand Döbler nennen: „Kultur- und Sittengeschichte“ (1971). Angefangen von der Stammeskultur der vorzeitlichen Jäger und Sammler behandelt es alle einzelnen Lebensbereiche und ihre Entwicklung: Religion, Ernährung, Kunst, Schrifttum, Eros und Sitte, Kleidung, Technik, Rechtswesen sowie Handel und Industrie. Die abendländische Kultur steht dabei wohl im Mittelpunkt, doch werden auch die Verhältnisse in anderen Kulturkreisen dargestellt. Ähnlich ist das knappere, vierbändige Werk von Otto Zierer angelegt. Viele kulturgeschichtliche Werke befassen sich mit Epochen, die von besonderem Interesse sind, etwa mit der Blüte der griechischen und römischen Kultur, der Renaissance, dem Barock und so weiter. Diese Bände fallen durch ihre meist prächtige Ausstattung in den Auslagen der Buchhandlungen jedem Betrachter auf. Sie werden häufig in internationalen Koproduktionen finanziert und herausgebracht.
Zur Kulturgeschichte im weiteren Sinn gehören auch dokumentarische Einzelthemen, wie sie der bereits einmal erwähnte Jürgen Thorwald in den 60er Jahren schrieb: „Das Jahrhundert der Chirurgen“ und „Das Jahrhundert der Detektive“ sind Musterbeispiele moderner Sachbücher, weil sie zeitnahe, interessante Stoffe in anschaulicher Weise dem großen Publikum nahebringen.
Neben diesen großen Themenbereichen haben auch ausgesprochene Spezialgebiete der Geschichtswissenschaft im Sachbuch ihren Niederschlag gefunden. Ein typisches Beispiel dafür ist die Archäologie. Im späten 19. und zu Beginn des 20. Jahrhunderts hatten die Erfolge von Heinrich Schliemann (Ausgrabung des Homerischen Troja) und Arthur Evans (Ausgrabung des Palastes von Knossos auf Kreta) Aufsehen erregt. Dann aber erlahmte das Interesse wieder. Zwar waren die Wissenschaftler in allen Teilen der Welt weiterhin eifrig am Werk, ihre Berichte über aufsehenerregende Entdeckungen erreichten aber nur den engen Kreis der Fachleute. Da hatte nach dem Krieg der Schriftsteller C. W. Ceram (Pseudonym für Kurt W. Marek) die Idee, diese faszinierenden Erkenntnisse der breiteren Öffentlichkeit zugänglich zu machen. Er nannte sein Werk „Götter, Gräber und Gelehrte“ (1949) einen „Roman der Archäologie“. Der Begriff Sachbuch war damals noch nicht üblich. Wohl aber war er sich bewußt, damit den neuen Buchtyp eines „Tatsachenromans“ geschaffen zu haben. Der Titel wurde in kurzer Zeit zu

einem internationalen Bestseller und hat den Siegeszug des modernen Sachbuches wesentlich gefördert.
Cerams Beispiel machte Schule. Eine Flut von archäologischen Sachbüchern war die Folge, und sie fand beim Publikum begeisterte Aufnahme. Ein ausgesprochenes Spezialgebiet der Wissenschaft war plötzlich zu einem Hit geworden. Von den zahlreichen Autoren muß hier vor allem Werner Keller mit seinem Titel „Und die Bibel hat doch recht" (1955) genannt werden. Die wissenschaftliche Beleuchtung der zahlreichen historischen Hinweise, die im Alten Testament zu finden sind, stießen beim Publikum auf großes Interesse. Ein zwölf Jahre später erschienener Band von Magnus Magnusson („Auf den Spuren der Bibel") kam allerdings aufgrund neuerer Ausgrabungen in vielen Einzelheiten zu anderen Ergebnissen als Keller. Doch das schadet dem Leserinteresse nicht, im Gegenteil. Den ständigen Fortschritt der Wissenschaft zu verfolgen, ist ja gerade das Faszinierende. Als drittes Beispiel besonders erfolgreicher archäologischer Themen sei noch „Mit dem Fahrstuhl in die Römerzeit" (1959) von Rudolf Pörtner erwähnt. Das Werk befaßt sich mit der römischen Vergangenheit unserer Heimat. Mittlerweile waren auch die Ausgrabungen der Maya- und Inkakultur in Sachberichten behandelt worden. C. W. Ceram schrieb über die Urgeschichte Nordamerikas: „Der erste Amerikaner" (1972). Selbst so phantastische Deutungen archäologischer Rätsel, wie sie der Schweizer Erich v. Däniken in vielen Büchern bietet, fanden ein Massenpublikum. Es dürfte kaum einen historisch interessierten Leser geben, in dessen Bibliothek sich nicht mehrere Sachbücher über archäologische Themen finden.
Von diesem Siegeszug der Archäologie führt eine direkte Linie zu einer weiteren Reihe von Sachbüchern, die in den 60er und 70er Jahren erschien. Sie befaßte sich, ausgehend von neuen Ausgrabungsergebnissen und wissenschaftlichen Deutungen, mit interessanten Völkerschaften des Altertums. So schrieb der Erfolgsautor Werner Keller eine nachbiblische Geschichte des jüdischen Volkes: „Und wurden zerstreut unter alle Völker" (1966), also gewissermaßen eine Fortsetzung seines ersten Werkes. Rudolf Pörtner brachte „Die Wickinger-Saga" (1971) heraus. Er wollte damit das historische Bild dieses in der Vergangenheit vielfach verkannten Volkes objektiv darstellen. Andere Autoren folgten mit ähnlichen Themen. Alle wichtigen Stämme der Völkerwanderungszeit kamen an die Reihe: Hunnen, Goten, Vandalen und andere. Aber auch Völker des Orients (wie die Sumerer, die Phöniker, Hethiter) oder die Azteken und ihre Geschichte wurden in Sachbüchern behandelt. Nicht alle diese Werke fußten auf so gründlichen Untersuchungen wie bei Keller oder Pörtner. In der Summe waren es Dutzende Bände von unterschiedlicher Qualität, aber sie stießen immer wieder in Bestsellerränge vor und erreichten viele Hunderttausende von Lesern. Erst in den letzten

Jahren ist die Welle abgeebbt, vielleicht weil die gängigen Themen erschöpft sind und neue wissenschaftliche Erkenntnisse nicht jedes Jahr vorliegen. Aber selbst wenn sie nur eine vorübergehende Mode war, hat diese „Völker-Welle" dem historischen Sachbuch doch viele neue Freunde gewonnen.
Das weite Feld der Geschichte, das von den ältesten Zeugnissen menschlicher Kultur bis herauf zum aktuellen politischen Buch unserer Tage reicht, bietet eine unerschöpfliche Fülle an Themen, die wir nur skizzenhaft andeuten konnten. Doch wer grundsätzlich an Geschichte interessiert ist, wird aus diesem Welttheater aller Zeiten und Völker unschwer jene Episoden und Themen herausfinden, die ihm besonders zusagen.

Das Leben und die Welt sind mir durch die Dichter klarer und anschaulicher geworden.

Novalis

Biographien, Autobiographien und Memoiren

Biographie bedeutet so viel wie Lebensbeschreibung, Darstellung eines Menschenlebens. Natürlich nicht eines beliebigen Menschen, sondern einer prominenten, bedeutenden Persönlichkeit aus Vergangenheit oder Gegenwart. Der Held einer Biographie wird dabei nicht isoliert betrachtet, sondern hineingestellt in die Umwelt, in der er gelebt und gewirkt und die ihn geprägt hat. Seine Entwicklung wird aufgezeigt, die Einflüsse, denen er ausgesetzt war, und die Widerstände, die er überwinden mußte. Schließlich seine Pläne und Werke sowie das Urteil, das Zeitgenossen und Nachwelt über ihn gesprochen haben. Das alles ist Thema einer Biographie. Aber immer geht es dabei nur um einen einzelnen Menschen. Ein spezielleres Thema ist im literarischen Angebot nicht denkbar. Vielleicht wurden und werden Biographien gerade deshalb so gern gelesen. Sie sind der einfachste Weg, bedeutende Persönlichkeiten genau kennenzulernen.
Zwischen Biographien und biographischen Romanen gibt es deutliche Grenzen, obwohl viele Persönlichkeiten in beiden Sparten behandelt wurden. Liebhaber sachlicher Informationen werden im Zweifelsfall der Biographie den Vorzug geben. Manche Fachleute sind sogar der Ansicht, daß es eigentlich unzulässig sei, eine historische Figur in Romanform heraufzubeschwören und ihr Gefühle und Äußerungen, Handlungen und Begegnungen „anzudichten", für die kein Nachweis zu erbringen ist. Die strenge Biographie kennt solche fiktiven Zusätze nicht. Der Autor einer Biographie bürgt für historische Richtigkeit bis ins Detail und er folgt in der Darstellung dem chronologischen Verlauf ohne Abschweifungen.
Die Abfassung einer Biographie erfordert genaues Quellenstudium. Nicht nur bereits vorhandene ältere biographische Werke sollten da benützt werden, sondern vor allem persönliche Zeugnisse des Helden oder der Heldin, also Tagebücher, Briefe, Stellungnahmen von Zeitgenossen und Freunden. Je spärlicher diese Quellen sind, desto fragwürdiger bleibt die Biographie. Aber etwa seit der Zeit der Aufklärung ist das historische Material in Archiven und Bibliotheken so reichhaltig, daß zuverlässige Biographien über Persönlichkeiten der Geschichte oder des kulturellen Lebens geschrieben werden konnten. Mit dem Siegeszug des modernen Sachbuches in den 50er Jahren setzte auch ein verstärktes Interesse an Biographien ein. Das erschütternde „Tagebuch der Anne Frank" (1950) oder der Bericht des großen Berliner Arztes Ferdinand Sauerbruch „Das war mein Leben" (1951) waren dafür deutliche Signale.
Anlässe für neue Biographien sind meist runde Gedenktage, die ja heute in allen Medien beachtet werden. So sprach man in den letzten Jahren in der

Buchbranche von einem Goethejahr, einem Lutherjahr, einem Wagnerjahr, einem Bachjahr oder Grimmjahr. In den Auslagen häuften sich die Neuerscheinungen über die genannten Persönlichkeiten. Und beim nächsten großen Gedenkjahr wird es wieder ein Goethejahr und so weiter geben. Was soll's, wird da mancher Leser denken: Ich hab' daheim doch die große Goethebiographie von Albert Bielschowsky (1922). Sie gilt als Standardwerk, deshalb hat sie mein Vater seinerzeit angeschafft. Doch in der neueren Goethebiographie von Richard Friedenthal „Goethe, sein Leben und seine Zeit“ (1963), die anläßlich des Goethejahres 1982 neu aufgelegt wurde, lernt der Leser einen anderen Goethe kennen. Der Dichter hat nichts von seiner Größe und Bedeutung eingebüßt, doch er thront nicht mehr in olympischer Ferne, sondern ist ein Mensch mit all seinen Talenten und Schwächen und als solcher viel verständlicher als das Denkmal aus der väterlichen Bibliothek. Neue Quellen und veränderte Wertvorstellungen machen es geradezu notwendig, daß jede Generation ihre wichtigen Biographien neu schreibt.
1985 erschien denn auch ein neues, zweibändiges Werk von Carl Otto Conrady: „Goethe, Leben und Werk“. Es läßt Persönlichkeit und Werk des großen Dichters für sich sprechen, ohne viel zu kommentieren. Vielleicht wird man gerade auf diese Weise dem Genius des Dichters am ehesten gerecht. Eine wissenschaftlich fundierte Darstellung dieser Art nennt man Monographie. Sie wird nicht nur bei Dichtern, sondern auch bei darstellenden Künstlern und großen Musikern gern angewandt. Der Schwerpunkt einer Monographie liegt stets auf den Werken der behandelten Persönlichkeit, nicht auf den Einzelheiten ihrer Biographie.
Eine besondere Gruppe innerhalb der biographischen Literatur bilden Autobiographien. Persönlichkeiten aus dem kulturellen und künstlerischen Leben, die ihrer Mitwelt etwas zu sagen haben, greifen gern zu dieser Form und schreiben ihre eigene Biographie oder wenigstens ihre eigenen Erinnerungen. Ein klassisches Beispiel dafür hinterließ der bekannte Frauenheld und Lebenskünstler Giacomo Casanova, der eine umfangreiche Geschichte seines Lebens geschrieben hat. Eineinhalb Jahrhunderte lag die Handschrift in einem Tresor, bis sie 1964 erstmals in der Originalfassung veröffentlicht wurde. Seitdem erlebt sie immer wieder neue Auflagen. Sie bietet neben dem Schicksal des Helden auch ein treffliches Lebensbild seiner Zeit.
Als modernes Beispiel sei der Nobelpreisträger Elias Canetti genannt, der in drei Bänden: „Die gerettete Zunge“ (1977), „Die Fackel im Ohr“ (1980) und „Das Augenspiel“ (1984) seine Jugend- und Entwicklungsjahre schildert. Der letzte Band, in dem er unter anderem über seine Begegnungen mit berühmten Zeitgenossen der Wiener Gesellschaft schreibt, hat in literarischen Kreisen Anlaß zu Diskussionen gegeben: Canetti urteilte über einen bekannten Wiener Zeitungsherausgeber, in dessen Haus er freundschaftlich verkehrt

hatte, in sehr abträglicher Weise, was den noch lebenden Zeitgenossen mißfiel. Canettis Antwort darauf lautet: Ein Dichter könne sich nur an sein persönliches Empfinden halten, alles andere stünde zu der Wahrheit im Widerspruch. Damit wird auch die Frage beantwortet, die sich hier aufdrängt: ob nämlich Autobiographien „wahrer“ sind als die Werke fremder Biographen. Bei allem Streben nach Wahrheit sind Selbstdarstellungen stets subjektiv, weil die Erinnerungen jedes Menschen nur subjektiv sein können. Gewissenhafte Biographen, die aus vielen objektiven Quellen schöpfen, kommen deshalb der Wahrheit vermutlich näher, auch wenn sie die Fülle der Details, die eine Autobiographie bieten kann, nicht erreichen.

Große Staatsmänner schreiben in ihren letzten Jahren gerne Memoiren. Sie schildern darin ihre Begegnungen und Gespräche mit anderen Politikern, ihre Pläne, Überlegungen und markanten Erinnerungen. Memoiren von Winston Churchill, Charles de Gaulle, Henry Kissinger oder Bruno Kreisky, um nur einige Beispiele zu nennen, geben politisch Interessierten einen intimen Einblick in das politische Geschehen der jüngsten Vergangenheit.

Seit den 70er Jahren überflutete eine Welle von „Künstlerbiographen“ den Buchmarkt. Den Anfang machte Hildegard Knef mit ihrem autobiographischen Roman „Der geschenkte Gaul“ (1970). Sie schildert darin in einem sehr persönlichen Stil ihre Jugend in Berlin während des Bombenterrors und den Beginn ihrer Karriere in der Trümmerstadt. Neben dem persönlichen Schicksal bietet der Band ein packendes Stück Zeitgeschichte. Der außerordentliche Erfolg ließ Buchhandel wie Publikum aufhorchen. Sofort folgten andere Künstlerinnen und Künstler dem Beispiel. Lilli Palmers „Dicke Lilli, gutes Kind“ (1974) fand bei den Lesern ebenfalls beachtliches Interesse. Weltstars wie Elisabeth Bergner, Marlene Dietrich, Ingrid Bergmann, Curd Jürgens, Liv Ullmann und andere folgten. Aber die Mode griff weiter um sich. Auch kleinere Sternchen aus der Film- und Theaterwelt sowie vereinzelte populäre Sängerinnen und Sänger und sogar Showmaster aus der Fernsehbranche wollten ihr Licht nicht unter den Scheffel stellen, wir können sie nicht alle nennen. Viele bedienten sich dabei eines Ghostwriters, aber nur wenige, wie Ingrid Bergmann, waren bereit, ihn auch als Mitautor zu nennen.

Ingrid Bergmann hat in einer Vorbemerkung zu ihrem Buch auch die Gründe genannt, die sie zu ihrem Buch veranlaßten. Ihr Sohn Roberto sagte einmal zu ihr: „Bis du dir darüber klar, Mutter, daß Dutzende von Leuten sich daranmachen werden, deine Lebensgeschichte zu schreiben, wenn du einmal tot bist? Sie werden dein Leben aus Klatsch, Gerüchten, Zeitungskolumnen und Interviews rekonstruieren . . . Mir wäre es deshalb lieber, du würdest deine Erinnerungen selber schreiben.“ Dieses Argument verdient Anerkennung. Künstler, die im Zeitalter der Massenmedien so oft im Mittelpunkt des öffentlichen Interesses stehen, wollen ihr Persönlichkeitsbild nicht allein den

Tratschspalten der Regenbogenpresse überlassen. Doch die Zahl der Publikationen war zu groß, die Leserschaft konnte sie nicht verkraften. Übrigens waren die Verlage an diesem Überangebot nicht schuldlos. Jeder wollte mitnaschen, bis der Kuchen zuletzt nicht mehr so richtig schmeckte. Heinz Rühmann machte mit „Das war's" (1982) seinen Fans noch eine Freude. 1985 gesellten sich auch Axel von Ambesser, O. W. Fischer, Bernhard Minetti, Laurence Olivier, Maria Schell, Rudolf Schock und Caterina Valente zu den Autoren, erst jüngst Alec Guinness. Kommt es zu einem neuen Boom an Künstlererinnerungen? Man wird abwarten müssen.

Reiseberichte – Reiseführer – und was nun?

Reiseabenteuer sowie Schilderungen fremder Länder und ihrer Menschen gehören zu den ältesten Themen der erzählenden Prosa. Der Grieche Herodot, der den Zeitgenossen von seinen Reisen nach Kleinasien und Ägypten erzählte, der Römer Tacitus, der seinen Landsleuten erstmals etwas über die Lebensweise und Sitten der Germanen berichtete, sind bekannte Beispiele dafür. Reisen war in jener Zeit gleichbedeutend mit Abenteuer und Erweiterung des Weltbildes. Reiseberichte boten also zugleich Spannung und Kunde von bisher unbekannten Ländern und Völkern. Kein Wunder, daß die ganze Geschichte der Entdeckung und Erforschung unseres Erdballs in zahllosen Reiseberichten ihren Niederschlag fand. Um zu verstehen, was Reiseliteratur einmal war, müssen wir uns ein wenig in der Vergangenheit umsehen.

Im 13. Jahrhundert reiste der venezianische Kaufmannssohn Marco Polo mit seinem Vater und einem Onkel auf dem Landweg nach China. Dort lebte er viele Jahre lang am Hofe des Kaisers Kublai Khan in Peking. Er sah mehr von der Welt als je ein Mensch vor ihm, und seine Erlebnisse übertrafen die Vorstellungskraft seiner Zeitgenossen bei weitem. In der Heimat hielt man ihn deshalb nach der Rückkehr (1295) für einen Lügner. Zum Glück wurde sein Bericht von einem Zuhörer aufgeschrieben und später wiederholt publiziert. In unseren Tagen wurde er zur Grundlage aufwendiger Film- und Fernsehfassungen. Marco Polos Reise nach China zählt heute zu den Standardthemen der klassischen Reiseliteratur.

Dort sind auch alle großen Fahrten und Entdeckungen zu finden, die zu Beginn der Neuzeit das Bild unseres Globus so grundlegend erweitert haben. Da gibt es das Bordbuch des Christoph Columbus (1492), Augenzeugenberichte über die Entdeckung des Seeweges nach Indien durch Vasco da Gama (1498), über die erste Weltumseglung durch Magellan (1519–1522). Hernando Cortez berichtete Kaiser Karl V. über die Eroberung Mexikos (1520–1524). Auch Sir Francis Drake, der als „Pirat im Dienste der Queen" spanische Schiffe im Atlantik kaperte, hielt seine Abenteuer schriftlich fest (1567–1596). Diese und andere alte Reise- und Entdeckungsberichte wurden auf dem Buchmarkt später nicht nur in Einzelausgaben, sondern auch in Serien angeboten und finden sich gewiß in mancher Hausbibliothek.

Eine ähnliche Themenfülle gab es erst wieder im späten 18. und frühen 19. Jahrhundert. Captain James Cooks Entdeckungsfahrten im Pazifik (1767–1779) rundeten das Bild der Erde weitgehend ab. Aber noch waren viele Gebiete unerforscht. Vor allem Afrika war in der Folgezeit das Ziel großer Expeditionen und erregender Abenteuer. Der Engländer Mungo Park mit seinen „Reisen ins innerste Afrika" (1795–1806) ist hier zu nennen, ferner

David Livingstone („Zum Sambesi und quer durchs südliche Afrika", 1849–1856). Großes Aufsehen in der gebildeten Welt erregte die von einer amerikanischen Zeitung finanzierte Suchexpedition Henry M. Stanleys nach dem verschollenen Livingstone („Wie ich Livingstone fand", 1871). In dieser Zeit erschienen auch Berichte über die erste Durchquerung Australiens und über erste Vorstöße in die Urwälder Südamerikas, während der Wilde Westen Nordamerikas bereits von weißen Siedlern erschlossen wurde.
Auch wissenschaftliche Expeditionen fanden ihren Niederschlag in der Reiseliteratur. Hier sind vor allem Alexander von Humboldts Reisen vom Orinoko zum Amazonas (1799–1804) sowie über Rußland nach Sibirien (1829) zu nennen. Um die Jahrhundertwende begann man sich für die noch gänzlich unerforschten Gebiete der Arktis und Antarktis zu interessieren. 1909 gelang es dem Amerikaner Robert E. Peary, per Schiff und Hundeschlitten den Nordpol zu erreichen. Etwa zehn Jahre vorher war der Norweger Fridtjof Nansen bei dem Versuch noch knapp gescheitert. Nach Pearys Erfolg setzte ein Wettlauf zum Südpol ein, der geradezu tragische Züge annahm: 1911 erreichte der Norweger Roald Amundsen den Pol, 34 Tage vor seinem Rivalen, dem Engländer Robert F. Scott, der auf dem Rückweg den Tod fand. Auch Amundsen kehrte wenige Jahre später von einer Suchexpedition in der Arktis nicht mehr zurück. Die Berichte über diese dramatischen Unternehmungen bewegten das Publikum in aller Welt.
Einer der letzten weißen Flecken auf der Karte unseres Globus war in Zentralasien verblieben. Diesem Gebiet widmete der schwedische Forscher Sven Hedin (1865–1952) sein Leben. Seine Bücher („Durch Asiens Wüsten", „Abenteuer in Tibet" und andere) fanden beim deutschen Publikum viele Leser. Von ihm führt eine direkte Linie herauf in unsere Zeit. 1937 wanderte der junge Wiener Herbert Tichy, als indischer Pilger verkleidet, über den Himalaya nach Tibet „Zum heiligsten Berg der Welt". Sven Hedin schrieb ihm für sein Buch ein empfehlendes Geleitwort. Tichy hat später noch viele Bücher über den Himalaya, China und vor allem über Nepal geschrieben, die noch heute gern gelesen werden.
Ein Zufall führte einen weiteren Österreicher, den Alpinisten Heinrich Harrer, nach Tibet. Er war 1939 mit einer deutschen Himalaya-Expedition zum Nanga Parbat unterwegs, als der Krieg ausbrach. Mit einem Kameraden floh er aus einem indischen Internierungslager, schlug sich auf abenteuerlichen Wegen nach Tibet durch und erreichte Lhasa, die verbotene Stadt, die nicht einmal Sven Hedin hatte betreten können. Zu seiner eigenen Überraschung wurde er freundlich aufgenommen, wurde Lehrer und Freund des Dalai Lama, des jungen Gottkönigs, und blieb sieben Jahre lang in dem geheimnisvollen Land, bis ihn der drohende Einmarsch chinesischer Truppen zur Ausreise zwang. In seinem Buch „Sieben Jahre in Tibet" (1952) schildert

er diese abenteuerlichen Erlebnisse. Harrer ist noch heute mit dem emigrierten Dalai Lama eng befreundet.
Nach dem Krieg errangen die wissenschaftlichen Expeditionen des Norwegers Thor Heyerdahl weltweites Interesse. Seine Bücher sind wohl der letzte Höhepunkt der traditionellen Reiseliteratur. In „Kon-Tiki" (1949) schilderte er seine Fahrt mit einem primitiven Floß von Lima (Peru) zu den Südseeinseln. Er wollte damit den Nachweis erbringen, daß die Inseln im Pazifik nicht von Asien, sondern von Südamerika aus besiedelt worden waren. „Aku-Aku" (1957) berichtet von einer Expedition zu der geheimnisvollen Osterinsel im Pazifik, wo er erstmals systematische Grabungen durchführte. Schließlich unternahm er mit einem Boot aus Papyrusbinsen eine Fahrt von der Westküste Afrikas zur Ostküste Mittelamerikas. Mit dieser „Expedition Ra" (1970) wollte er zeigen, daß zwischen den alten Kulturvölkern des Orients und Mittelamerika bereits in grauer Vorzeit Verbindungen möglich waren. „Der Leser wird erkennen", schrieb damals die Kritik, „wie die Erde den Zauber eines großen Abenteuers noch ebenso herrlich . . . zu schenken vermag wie zu den Zeiten der wackeren Seefahrer . . ."
In den 50er und 60er Jahren erschienen auf dem Buchmarkt Expeditionsberichte über ein ganz spezielles Thema: über die Bezwingung der Achttausender im Himalaya. Der Neuseeländer Edmund Hillary hatte mit dem Sherpa Tensing 1953 als erster Mensch den Gipfel des Mount Everest bestiegen. Nun setzte ein wahrer Run auf die weiteren Achttausender ein. Alpinisten aller Länder waren daran beteiligt. Beim deutschsprachigen Publikum erreichten die Bücher von Hermann Buhl, Herbert Tichy, Karl Herrligkoffer, Toni Hiebeler, Kurt Diemberger, Peter Habeler und anderen bis herauf zu dem Franzosen Gaston Rebuffat und dem Südtiroler Reinhold Messner breite Leserkreise. Doch Berg- und Alpinbücher dieser Art stehen wohl am Rande dessen, was man allgemein unter Reiseliteratur versteht. Bücher über den Bergsport – vom Wanderführer bis zum Bildband – bilden thematisch eine spezielle Sparte, die ihr festes, verschworenes Publikum hat.
Ähnlich verhält es sich mit der Tiefseeforschung, die gleichfalls seit den 40er Jahren in Büchern ihren Niederschlag fand. Bei dem österreichischen Zoologen Hans Hass stand noch das persönliche Erlebnis im Mittelpunkt. Die Entdeckung der Unterwasserflora und -fauna, seine gefährlichen Begegnungen mit Haien und Walen waren nicht nur wissenschaftliche, sondern auch menschliche Abenteuer, die in vielgelesenen Büchern publiziert wurden. Der Franzose Jacques Yves Cousteau perfektionierte dann die Tauchtechnik. Mit seinem Schiff Calypso unternahm er abenteuerliche Expeditionen, die in Büchern und Filmen dokumentiert wurden. Es sind Reiseberichte über die Tiefen der Ozeane, sozusagen die letzten Randgebiete unserer Erde.
Schließlich seien hier auch noch die Berichte der Zoologen erwähnt, die sich

nach dem Krieg für die Erhaltung der afrikanischen Tierwelt einsetzten. „Serengeti darf nicht sterben" (1959) von Bernhard und Michael Grzimek ist der bekannteste Titel dieser Art. Das Werk verbindet sein zoologisches Anliegen mit abenteuerlichen Schilderungen und fand ein großes Leserpublikum.

Heute hat die Karte unseres Globus keinen weißen, unerforschten Flecken mehr. Nur die Indianerstämme in den Wäldern des Amazonas oder steinzeitliche Stämme in Neuguinea locken gelegentlich noch Völkerkundler an. Sonst bietet die Erde kaum mehr etwas Neues. Den Reiseschriftstellern sind die Themen ausgegangen. Während seinerzeit kühne Forscher auf mühsamen, gefahrvollen Pfaden in die Wildnis fremder Kontinente vordrangen, werden heute Tausende von Touristen, die per Charterflug angereist sind, durch dieselben Länder gefahren. Der Tourismus hat die fernsten Gebiete erreicht. Wohlorganisierte Safaris sind an die Stelle der Expeditionen früherer Zeit getreten: Reiseabenteuer wurden zum Urlaubsvergnügen.

Der Buchmarkt hat diesen Wandel mitgemacht und bietet dem Reiselustigen unserer Tage Reiseführer und Urlaubs-Ratgeber in kaum überschaubarer Fülle. Den Anfang machte man mit Landschaftsführern über die beliebtesten Urlaubsgebiete der Heimat, dann folgten Kunst- und Reiseführer zu den großen kulturellen Zentren. Der Bogen der Themen erweiterte sich rasch über den ganzen Erdteil. Rein formal können Reiseführer von aufwendigen Bildbänden bis zu schmalen Ratgebern reichen, die nur die wichtigsten Informationen enthalten. Gewissenhafte Reisende bereiten sich auf große Reisen vor, besonders wenn sie eine Bildungsreise planen. Der Buchhandel reagiert auf diese Bedürfnisse durch Sonderfenster und besondere Angebote. Da ist an alle Wünsche gedacht: „Wanderungen durch die Ägäis" liegen da nebem einem Band „Abenteuer am Blauen Nil" oder „Abenteuer in Neu-Guinea". Wer einen Städteflug plant, findet Informationen in Wort und Bild über alle nur denkbaren Ziele. Camping-Freunde brauchen einen Campingführer, Bergfreunde Wanderführer (Walter Pause war in dieser Sparte mit vielen Titeln sehr erfolgreich). Die Autoren dieser Urlaubs- und Reiseführer sind zum Teil versierte Schriftsteller mit Reiseerfahrung, zum Teil auch Fachleute für Kunst- und Kulturgeschichte. Entsprechend unterschiedlich ist auch die Qualität. Einige Verlage bringen sehr anspruchsvolle Reise-Bildbände heraus, die auch als Geschenkbände beliebt sind. Insgesamt bieten Reiseführer und Urlaubs-Ratgeber nicht nur wertvolle Informationen, sie sind auch eine ideale Ergänzung der eigenen Erlebnisse.

Mancher Leser wird dennoch Reisebüchern alten Stils ein wenig nachtrauern. Bietet unser alter Globus wirklich keine Überraschungen mehr? Wissen wir, wie die Menschen jenseits der Grenzen unserer Heimat leben? Wie der Alltag in Rußland, in China aussieht? Wir erfahren darüber sehr wenig. Geogra-

phisch ist die Erde zwar erforscht, von den Menschen und ihren Lebensverhältnissen, ihren Freuden und Nöten wissen wir aber kaum etwas. „Unbekannter Nachbar" heißt denn auch eine neue Serie eines Schweizer Reisebuch-Verlages. Ein weites Feld für kommende Berichte und Analysen! Die Reiseschriftsteller müssen nur erst den Themenwechsel vollziehen. Ansätze gibt es bereits. Titel wie „Über die Russen heute" (1984) von Klaus Mehnert, „Hinter amerikanischen Gardinen" (1985) von A. E. Johann oder „Alltag in Japan" (1985) von de la Trobe-Streb sind Beispiele dafür. Sie nähern sich in Form und Thematik den zeitgeschichtlichen Reportagen, die ja derzeit auf dem Buchmarkt eine beachtliche Rolle spielen.
Jeder von uns kann heutzutage eigene Reiseerfahrungen sammeln. Aber einen Eindruck von der ganzen Vielfalt der Welt und einen tieferen Blick in das Antlitz ihrer Menschen können uns oft nur Bücher vermitteln, das wird immer so bleiben.

Populäre Wissenschaft

Wissenschaft und Literatur sind zwei verschiedene Bereiche geistigen Schaffens. Aber sie stehen in einer Wechselbeziehung, denn sie brauchen einander. Jeder ernsthafte Literat behandelt sein Sujet vor dem Hintergrund eines zeitgemäßen Weltbildes, das ihm nur die Wissenschaft vermitteln kann. Umgekehrt brauchen die Wissenschaftler Autoren, die ihre Erkenntnisse und Theorien der breiten Öffentlichkeit zugänglich machen. Mit beiden Beziehungen ist es jedoch nicht zum besten bestellt.

Der englische Kulturphilosoph Aldous Huxley ist der Ansicht, daß die Dichtung unserer Zeit auf die großen Entdeckungen der modernen Naturwissenschaft noch kaum reagiert hat. Zwar haben die literarisch Schaffenden der Psychoanalyse und der Psychologie viel Aufmerksamkeit gewidmet, nicht aber den Hypothesen und Erkenntnissen, welche Biologen, Chemiker, Physiker und andere zum modernen wissenschaftlichen Weltbild beigesteuert haben. Von Naturwissenschaft verstehen die Dichter offensichtlich zu wenig, sie findet in der Belletristik kaum Erwähnung. Darum war die Entstehung der Populärwissenschaft – also des modernen Sachbuches – nach Huxleys Meinung geradezu eine Notwendigkeit.

Es war die Bewegung der Aufklärung, die in der europäischen Geistesgeschichte erstmals den Versuch machte, wissenschaftliche Erkenntnisse allgemein zu verbreiten. Auf die Bemühungen der französischen Enzyklopädisten, die hier vor allem erwähnt werden müssen, werden wir noch in einem anderen Abschnitt zurückkommen. Selbst in den Zeitschriften jener Zeit, den sogenannten „Intelligenzblättern", entfielen 20% bis 30% des Inhalts auf „gelehrte Artikel". Doch der Bildungswille der Leserschaft erhielt im 19. Jahrhundert einen Dämpfer, weil das etablierte Bürgertum nicht mehr daran interessiert war, breiteren Bevölkerungsschichten mehr zu bieten als eine ausreichende Berufsausbildung. Im Gegenteil, die von sozialistischer Seite verkündete Parole „Wissen ist Macht, Macht ist Wissen" wurde sogar als gefährlich angesehen. Das Bildungsziel jener Zeit beschränkte sich daher brav auf klassische Sprachen, nationale Geschichte und ein bißchen Kunst. Die stürmisch fortschreitende Naturwissenschaft blieb ausgeklammert. Die Trennung zwischen Geisteswissenschaften und Naturwissenschaften – wobei erstere traditionellerweise höheres Ansehen genossen – wurde an allen Hochschulen vollzogen und ist bis heute nicht überwunden. „Gelehrte Artikel" in den Druckmedien sanken auf 2% bis 5% und beschränkten sich meist auf Kuriositäten oder Sensationsmeldungen. Die Boulevardpresse unserer Tage steht noch immer auf diesem kümmerlichen Niveau.

Den Anstoß zur revolutionären Neuorientierung der Naturwissenschaften und damit einer breiteren Sachbuchliteratur gab der Engländer Charles Darwin (1809–1892) mit seiner Theorie von der Entstehung der Arten, also der Evolution der Lebewesen von den Einzellern bis zum Menschen. Der „Darwinismus" wurde von allen Ideologien für ihre Zwecke übernommen. Die Marxisten sahen in ihm eine naturwissenschaftliche Entsprechung ihrer materialistischen Gesellschaftstheorie. Der bürgerliche Zoologe Ernst Haekkel schätzte ihn als Bestätigung seiner These: Fortschritt ist ein Naturgesetz. Der Darwinsche Begriff „Kampf ums Dasein" („survival of the fittest" = Überleben der Tüchtigsten) bot eine bequeme Rechtfertigung für alle imperialistischen Unternehmungen im Zeitalter des Kolonialismus. Und das „Ausleseprinzip" des Sozialdarwinismus wurde zur Begründung des Rassismus benützt. Keine wissenschaftliche These wurde jemals so mißverstanden und mißbraucht wie die Evolutionstheorie. Aber keine wirkte auch auf den gesamten Bereich der Wissenschaften so befruchtend wie sie.

In allen Spezialdisziplinen führte sie zu neuen Denkanstößen. Selbst die Humanwissenschaften konnten sie nicht übergehen. Das moderne Bild des Kosmos vom Urknall bis heute, das Entwicklungspanorama des Lebens auf unserer Erde von der Urzelle bis zum möglichen Weltuntergang: an solchen Themen und Theorien konnte die Publizistik nicht vorübergehen. Viel weniger als ein Prozent der Bevölkerung sind Wissenschaftler. Aber die große Mehrheit aller anderen soll die wissenschaftlichen Argumente und Thesen kennenlernen und beurteilen können. Das ist – wenn wir an die kulturpolitische Forderung einer „informierten Gesellschaft" der Zukunft denken – einfach unerläßlich.

Die rasche Entwicklung deckte freilich auch ein Dilemma auf, in dem wir noch heute stecken. Sowohl das Publikum als auch die Sachbuchautoren scheinen überfordert zu sein. Nach einer schon etwas zurückliegenden Untersuchung des Emnid-Instituts waren 30% des Publikums an wissenschaftlichen Informationen überhaupt nicht interessiert. Der Rest bevorzugte „praktische" Themen, wie Ernährungswissenschaft, Erziehungsfragen, Umweltforschung, medizinische Probleme und dergleichen. Aber 65% der Befragten sahen gern einschlägige Fernsehserien oder hörten entsprechende Features im Hörfunk. Das ist gewiß noch kein Idealzustand. Aber kann man den so rasch erwarten?

Auch die Vermittlung steckt noch in den Kinderschuhen. Wissenschaftsjournalisten, also wissenschaftliche Dolmetscher, die die Resultate der Forschung in die Sprache der Allgemeinheit übersetzen, sind rar. Auf einem Seminar für interdisziplinäre Forschung wurde zwar kürzlich festgestellt, daß etwa drei Viertel der einschlägig tätigen Journalisten selbst ein Hochschulstudium absolviert haben. Doch fehlt es noch an einer methodischen Ausbildung für diesen wohl schwierigsten Zweig des Journalismus, der neben Engagement

und schriftstellerischer Begabung auch ein hohes Maß an Fachwissen erfordert. In den USA ist man diesbezüglich schon weiter. „Science-writing" hat dort nicht nur hohes Niveau, sondern genießt auch großes Ansehen. Angehende Wissenschaftsjournalisten erfahren eine praxisnahe Ausbildung. Auch der andere Weg, daß sich Gelehrte und Forscher selbst an das Publikum wenden, wird im angelsächsischen Raum öfter beschritten als bei uns. Doch versuchen auch bei uns einzelne Gelehrte, den direkten Weg zu den Lesern zu gehen. Einer der ersten war der Verhaltensforscher Konrad Lorenz. Ihm folgten und folgen immer mehr Wissenschaftler von Rang, und viele ihrer Werke – wir werden nachstehend einige Beispiele nennen – haben zusammen mit den Publikationen begabter Wissenschaftsjournalisten seit den 60er Jahren oft Spitzenplätze der Sachbuch-Bestsellerlisten erreicht.
Wofür interessiert sich nun das Publikum am meisten? Selten für eine wissenschaftliche Spezialdisziplin, es sei denn, sie bietet über ihre eigenen Grenzen hinaus die Skizze einer Gesamtschau. In der Lesepraxis haben sich aber doch einige festumrissene Themenbereiche herausgebildet, die besonderen Anklang finden. Wir können sie vereinfacht so umschreiben:

die Natur und die in ihr waltenden Gesetze, wie sie Physik, Chemie, Biologie und andere Wissenschaften formulieren;

der Kosmos, wie ihn Astronomie und Kosmologie heute sehen;

die Entwicklung des Menschen im Spiegel der Anthropologie, Verhaltensforschung und anderer Disziplinen;

das Spannungsverhältnis zwischen dem Weltbild der modernen Naturwissenschaften und der Religion;

schließlich Philosophie, Soziologie, Psychologie und verwandte Disziplinen.

Zum Themenkreis Natur und Naturgesetze haben sich vor allem Physiker geäußert. Werner Heisenberg („Der Teil und das Ganze", 1969) und Heinz Haber („Bausteine unserer Welt", 1971) haben viele Leser gefunden. Der Amerikaner Stephen Weinberg schildert „Die ersten drei Minuten" (1977), den Ursprung des Universums. Sein Landsmann Nigel Calder versucht in „Schlüssel zum Universum" (1981) das gesamte Weltbild der modernen Physik darzustellen. Dasselbe bietet in etwas einfacherer Form der Wiener Roman U. Sexl („Was die Welt zusammenhält", 1982).
Die Biologie ist ihm Rahmen der Evolutionstheorie fast zu einer zentralen Wissenschaft geworden. Auch hier wollen wir uns auf einige beispielhafte Titel beschränken: 1974 erschien eine leicht verständliche Darstellung der modernen Biologie von Karl v. Frisch („Du und das Leben"). Im selben Jahr kam das Werk des Franzosen Jean Piaget „Biologie und Erkenntnis" heraus. Heinrich K. Erben zeigte in „Die Entwicklung der Lebewesen" (1975) die von ihm entdeckten Spielregeln der Evolution auf. Carsten Bresch stellte in

seinem instruktiven Werk „Zwischenstufe Leben" (1977) die Frage, ob die Evolution zielgerichtet sei oder nicht. Eine interdisziplinäre Gesamtschau bot der in den USA wirkende Belgier Ilya Prigogine: „Vom Sein zum Werden" (1979). Der Wiener Gelehrte Rupert Riedl geht in seinen Werken den biologischen Grundlagen des Denkens nach („Die Strategie der Genesis", 1976, und andere). Schließlich sei auch auf den englischen Wissenschaftsjournalisten Gordon R. Taylor hingewiesen, der in dem Band „Das Geheimnis der Evolution" (1983) alle jene Detailprobleme aufzeigt, die durch Darwins Theorie noch nicht befriedigend erklärt werden können.

Zum Themenkreis Kosmos seien vor allem die beiden interessanten Werke des in München wirkenden Astronomen Rudolf Kippenhahn genannt: „Hundert Milliarden Sterne" (1980) befaßt sich mit unserer Galaxis, der Milchstraße, und mit Geburt, Leben und Tod der Sterne. „Licht vom Rande der Welt" (1983) führt den Leser in die Unendlichkeit des Universums mit seinen Milliarden Galaxien. Walter R. Fuchs behandelt in „Leben unter fernen Sonnen?" (1973) die Frage, ob es auch auf anderen Planeten intelligentes Leben geben kann. Geradezu sensationellen Erfolg hatte der Amerikaner Carl Sagan mit einer großen Fernsehserie, die den Beobachter auf eine Reise durch das Weltall führte. Das dazugehörige Buch führt den Titel „Unser Kosmos" (1982).

Zentrales Thema vieler Disziplinen ist natürlich die Stellung des Menschen im Rahmen der Evolution und seine Entwicklung zum Homo sapiens sapiens, der seit etwa 40.000 Jahren die Erde bevölkert. Von dem Engländer Jacob Bronowsky erschien 1973 ein leicht faßlicher Band über die menschliche Entwicklungsgeschichte („Der Aufstieg des Menschen"). Der englische Anthropologe Richard E. Leaky, dessen Eltern durch aufsehenerregende Funde in der Oldoway-Furche in Ostafrika der Anthropologie viele neue Denkanstöße gegeben haben, schrieb „Suche nach dem Menschen. Wie wir wurden, was wir sind" (1981). Dasselbe Thema behandelt auch Theodor Dolezal in „Adam zeugte Adam" (1979). Der deutsche Arzt Paul Lüth befaßt sich mit der Sonderstellung des Menschen („Der Mensch ist kein Zufall", 1981), der nicht nur naturwissenschaftlich gesehen werden kann. Im Gegensatz zu ihm ging der Engländer Desmond Morris in einem vielgelesenen Buch („Der nackte Affe", 1968) vor allem den zoologischen Verwandtschaften des Menschen nach. Von den Verhaltensforschern sei nochmals deren Altmeister Konrad Lorenz genannt, dessen Titel in vielen Bibliotheken zu finden sind: „Das sogenannte Böse" (1963), „Über tierisches und menschliches Verhalten" (1965), „Die Rückseite des Spiegels" (1973).

Theologische Themen haben von allen wissenschaftlichen Disziplinen die längste publizistische Tradition. Auch heute noch gibt es auf dem Markt grundlegende Darstellungen der christlichen Lehre, wie die des Katholiken

Karl Rahner oder des Protestanten Heinz Zahrnt. Der gebürtige Schweizer Theologe Hans Küng, der in Tübingen lehrt, erzielte mit seinen Werken „Christ sein“ (1974) und „Existiert Gott?“ (1978) Bestsellerauflagen, fand aber wegen seiner progressiven Gesamthaltung nicht die Zustimmung Roms. Auffallend ist in den letzten Jahren die wiederholte Darstellung der großen Weltreligionen, etwa durch Gustav Mensching, Uwe Weller, Hans Küng oder Kardinal Franz König.

Ein Name muß in diesem Zusammenhang besonders gewürdigt werden, nämlich der des französischen Gelehrten und Jesuiten Teilhard de Chardin (1881–1955). Seine Werke sind zwar schon einige Jahrzehnte alt („Der Mensch im Kosmos“, 1959, „Die Entstehung des Menschen“, 1961, und viele andere), doch kommt ihre Wirkung erst heute voll zur Geltung. Er vertritt die These, daß die Schöpfung vom einfachen Atom durch ständig zunehmende Komplexität (Bewußtheit) über die Biosphäre zur Noosphäre (der globalen, weltumspannenden Sphäre des menschlichen Denkens) fortschreitet und dereinst im Punkt Omega wieder zur Einheit zurückkehren wird. Diese Vorstellung einer gelenkten, auf ein Ziel ausgerichteten Evolution wurde natürlich nicht von allen Naturwissenschaftlern akzeptiert. Der Franzose Jacques Monod zum Beispiel ist in seinem Werk „Zufall und Notwendigkeit“ (1971) anderer Ansicht. Aber Teilhards Thesen boten erstmals eine evolutionäre Gesamtschau, die den Gegensatz zwischen wissenschaftlichen und religiösen Vorstellungen zu überbrücken versuchte.

Auch Philosophie, Psychologie und Psychiatrie sind im modernen Sachbuch stark vertreten. Schon im vorigen Jahrhundert fanden die großen Philosophen Schopenhauer und Nietzsche Eingang in viele Bibliotheken. Sigmund Freud hingegen, der Begründer der Psychoanalyse, blieb bei uns lange Zeit nur dem Fachpublikum bekannt. Heute werden besonders die Philosophen Karl Jaspers und Karl Popper gelesen, ebenso Carl Friedrich v. Weizsäcker. Letzterer ist eigentlich Physiker, geht aber in seinen Werken besonders den philosophischen Grundfragen der modernen Naturwissenschaften nach. Der in den USA wirkende Psychotherapeut Erich Fromm hat in den letzten Jahren auf dem deutschsprachigen Buchmarkt sensationelle Erfolge erzielt („Die Kunst des Liebens“, 1956, „Haben und Sein“, 1976, „Die Seele des Menschen“, 1979, und andere).

So mancher Bücherfreund hat vielleicht bisher keine naturwissenschaftlichen Sachbücher zur Hand genommen, weil er fürchtet, sie ohnedies nicht zu verstehen. Diesen Zögerern seien die Werke Hoimar v. Ditfurths empfohlen, der in mehreren Bänden eine vorbildliche Einführung in die wichtigsten Probleme geboten hat: Im Werk „Kinder des Weltalls“ (1970) beschreibt er die besonderen Umstände, die auf unserem Planeten die Entstehung des Lebens möglich machten. Der nächste Band „Im Anfang war der Wasserstoff" (1973) behandelt die chemische Evolution, „Der Geist fiel nicht vom Himmel" (1976) die Evolution des Bewußtseins. „Wir sind nicht nur von dieser Welt" (1981) wirft die Frage nach den Grenzen der menschlichen Erkenntnis und dem Verhältnis zwischen Naturwissenschaft und Religion auf. In seinem bisher letzten Werk mit dem lyrischen Titel „So laßt uns denn ein Apfelbäumchen pflanzen" (1985) analysiert Ditfurth die Überlebenschancen der Menschheit und kommt zu recht pessimistischen Ergebnissen.

Ditfurth hat mit seinen Büchern durchwegs Bestsellerauflagen erreicht, wie überhaupt das populärwissenschaftliche Sachbuch keineswegs nur ein Minderheitenprogramm darstellt. 1982 errang der Physiker Fritjoff Capra mit seinem programmatischen Titel „Wendezeit" einen beachtlichen Erfolg. Ein besonders überzeugendes Beispiel für die Zugkraft solcher Literatur folgte aber 1985: „Gödel, Escher, Bach" von Douglas R. Hofstadter. Der Verfasser, ein amerikanischer Computerwissenschaftler, setzt sich darin mit den Gesetzen und Rätseln der menschlichen Intelligenz auseinander. Er bietet eine Abenteuerreise durch den menschlichen Geist. In den USA war der umfangreiche, schwierige Band rasch zu einem Kultbuch der Studenten geworden. Im deutschen Sprachraum stieß er in kürzester Zeit an die Spitze der Sachbuch-Bestseller vor. Das Geheimnis dieses Erfolges ist jene „Lust am Denken", die im Grunde alle Liebhaber seriöser Sachliteratur beflügelt.

Bücher dieser Art nehmen im Non-fiction-Bereich etwa jenen Rang ein, der in der Belletristik der anspruchsvollen Literatur zukommt. Sie sind keine einfache, aber die denkbar wertvollste Lektüre.

Ein Beispiel für viele: Natur- und Umweltschutz

Im vorigen Abschnitt haben wir uns nur mit den wichtigsten naturwissenschaftlichen Disziplinen und ihrem Echo in der populären Sachbuchliteratur befaßt, dazu kam ein kurzer Blick auf philosophische Werke. Andere wichtige Bereiche wurden noch nicht einmal erwähnt. Die Wirtschaftswissenschaften zum Beispiel finden bei einem wachsenden Publikum Interesse, die junge Managergeneration braucht ihre fortbildende Lektüre. Ähnliches gilt für das Rechtswesen und die Verwaltungspraxis. Nicht umsonst wurde „Parkinsons Gesetz“ von der Eigenvermehrung der Schreibtische zu einem landläufigen Begriff. Auch geisteswissenschaftliche Themen aus Psychologie, Psychiatrie und Gesellschaftslehre, aus der Erziehungswissenschaft und Volksbildung, besonders auch Probleme der Frauenbewegung finden ihren Interessenten- und Leserkreis. So stand der schmale Band des in Amerika wirkenden Psychiaters Paul Watzlawick „Anleitung zum Unglücklichsein“ (1983) länger als ein Jahr in der Spitzengruppe der Bestsellerliste. Nicht behandelt wurde auch der weite Bereich der Musik, der nicht nur in Konzertsälen, sondern auch in der Buchhandlung sein Publikum findet. Diese vielfältige Thematik können wir aber nicht im einzelnen behandeln. Wer sich für eines dieser Spezialgebiete interessiert, ist in der Regel nicht ohne Vorbildung und weiß die einschlägigen Bücher zu finden.

Auf ein Thema aber wollen wir doch noch eingehen: auf den Themenbereich Natur, Umweltschutz und Ökologie. Dieses Beispiel zeigt uns nämlich in überzeugender Weise, wie eng das moderne Sachbuch mit den aktuellen Problemen unserer Zeit zusammenhängt. Das Schrifttum registriert wie ein Seismograph Entwicklungen, die unsere Zeit bewegen, ja oft ist sogar ein Buch Ausgangspunkt weiterer Diskussionen und Aktionen, wenn sein Thema „in der Luft liegt“.

Natur- und Umweltschutz sind heute für jeden denkenden Menschen ein ernstes Problem. Vor einigen Jahrzehnten kannte man noch nicht einmal die Begriffe. Bis zum Beginn der 70er Jahre war die Beschäftigung mit Umweltproblemen auf wenige vorausblickende Wissenschaftler und private Gruppen beschränkt. 1972 fand erstmals in Stockholm im Rahmen der UNESCO eine internationale Konferenz statt, die sich mit Fragen des Umweltschutzes befaßte. Damit wurde die vielschichtige Problematik sozusagen offiziell zur Kenntnis genommen. Heute gibt es in fast 150 Ländern Behörden für Fragen des Umweltschutzes und der Rohstoffpolitik. Praktische Lösungen sind allerdings noch spärlich. Die EG-Beschlüsse zur Reduzierung der Auto-Abgase spiegeln die verhängnisvolle Verflechtung wirtschaftlicher und ökologischer Probleme, die raschen Lösungen immer wieder im Wege steht.

Immerhin: Man ist sich heute der Probleme bewußt. Saurer Regen, Waldsterben, Luftverschmutzung, Bodenvergiftung und so weiter sind mehr als Schlagwörter. Keine Regierung kann die Forderungen, die sich daraus ergeben, mehr übersehen.
Daß dieser allgemeine Bewußtseinswandel so rasch stattfinden konnte, war weniger auf die offizielle Umweltpolitik zurückzuführen als auf das seit den 70er Jahren immer mehr anschwellende Schrifttum über ökologische Fragen. Es fand von Anfang an das Ohr des Publikums und bereitete so den Boden für unzählige Umweltinitiativen in allen Ländern. Jeder interessierte Leser wird in den letzten Jahren einmal auf Umweltthemen gestoßen sein.
Ein Werk sei dabei besonders hervorgehoben, weil es das erste war, das sich mit einem Umweltthema befaßte: Rachel Carsons „Der stumme Frühling" (1962). Die amerikanische Autorin prangert darin die verheerende Wirkung der chemischen Schädlingsbekämpfung an, die über weite Flächen des amerikanischen Farmlandes das Vogelzwitschern zum Verstummen gebracht hat. Der Band gilt heute als Klassiker der Umweltliteratur.
In rascher Folge erschienen dann viele weitere Werke bedeutender Wissenschaftler und Publizisten, die auf immer neue Bedrohungen des menschlichen Lebensraumes hinwiesen. Wir nennen ohne weiteren Kommentar einige der wichtigsten Titel, die alle seit dem Ende der 60er Jahre erschienen sind: Paul Ehrlich: „Die Bevölkerungsbombe", Dennis Medows (Club of Rome): „Die Grenzen des Wachstums", Nigel Calder: „Vor uns das Paradies?", Gordon R. Taylor: „Die biologische Zeitbombe", Konrad Lorenz: „Die 8 Todsünden der Menschheit", „Der Abbau des Menschlichen", Theodor Sonnemann: „Die Menschheit hat noch eine Chance", Paul Ehrlich/Anne Ehrlich: „Bevölkerungswachstum und Umweltkrise", Theo Löbsack: „Die letzten Jahre der Menschheit", Heinz Sielmann: „Die Rettung der Tiere", Max Nicholson: „Hilfe für den Wald", Dennis Gabor (Club of Rome): „Das Ende der Verschwendung".
Seit den 80er Jahren nahm die Zahl der einschlägigen Publikationen noch zu, und viele von ihnen waren in den Bestsellerlisten zu finden: Herbert Gruhl: „Das irdische Gleichgewicht", Wolfdietrich Eichler: „Gift in unserer Nahrung", Hanswerner Mackwitz/Barbara Köszegi: „Zeitbombe Chemie", Rainer Grießhammer: „Öko-Knigge", Edmund Hillary: „Zeitbombe Umwelt", Carl Amery: „Die ökologische Chance" und andere. In vielen dieser jüngeren Publikationen tritt die globale Dimension der Probleme in den Vordergrund. Wissenschaftler aller Disziplinen und Nationen sind zu der Erkenntnis gelangt, daß Umweltprobleme – von der Überbevölkerung und den riesigen Slums der Großstädte in der Dritten Welt bis zur Vergiftung von Boden, Wasser und Luft und der Ausrottung unzähliger Arten von Pflanzen und Tieren – zu einer Überlebensfrage der Menschheit geworden sind.

Diesen Argumenten können sich engagierte Leser kaum entziehen. Und das ist gut so. Denn mehr Wissen bedeutet mehr Verstehen und mehr Engagement. Wir werden es dringend brauchen, wenn die Gefahren in letzter Minute noch überwunden werden sollen.

Ist je die Welt durch etwas anderes geändert worden als durch den Gedanken und seinen magischen Träger, das Wort?

Thomas Mann

Was sind eigentlich Kunstbücher?

Eine seltsame Frage, werden manche denken. Für die Ohren eines Buchhändlers ist die Frage jedoch nicht ungewöhnlich. Was er in seinen Regalen unter dem Stichwort „Kunst" alles zu bieten hat, was auf Ausstellungen unter diesem Begriff alles gezeigt wird, ist eine verwirrende Vielfalt. „Das Kunstbuch ist keine erfaßbare Einheit", heißt es im Artikel eines Fachblattes. „Einzig verbindendes Element ist nicht die Aufbereitung einer bildnerisch-künstlerischen Aussage, sondern das im Buchdeckel eingebundene, möglichst bunte Bild."

Sehen wir uns das Angebot einmal etwas genauer an. Da gibt es Bildbände zu allen Bereichen der Kunst- und Kulturgeschichte. Das können Werke eines einzelnen Malers sein oder eine Galerie bedeutender Künstler, aber auch Darstellungen einer größeren Epoche oder der nationalen Kunst eines Volkes. Museumsbände gibt es da, die die schönsten Stücke berühmter Sammlungen in Wort und Bild vorstellen. Eine vielbändige Weltgeschichte der Kunst zeigt Beispiele von der Höhlenmalerei der Vorzeit bis zum Aktionismus unserer Tage. Auch Photobände gehören dazu, denn die Photographie in ihrer besten Ausprägung wird durchaus der Kunst zugerechnet, das beweisen die immer zahlreicher werdenden Ausstellungen. Manche Photobände können als verschleierte Erotika eingestuft werden, die Kunst des Aktphotos ist ein geläufiger Begriff. Daneben finden wir Faksimile-Ausgaben wertvoller alter Werke. Und viele schön ausgestattete Titel, die sich mit Stilmöbeln, altem Porzellan, alten Musikinstrumenten oder ähnlichen Produkten alter Handwerkskunst befassen. Gehören Werke dieser Art nicht auch zum Begriff Kunstbücher?

Kein anderer Buchtyp wurde durch die Entwicklung der Drucktechnik so verändert wie das Kunstbuch: Die Reproduktion farbiger Bilder ist heute kein Privileg teurer Prachtbände mehr. Auch in Paperback- und Taschenbuchform werden Themen der Kunst dargeboten. Diese Demokratisierung der Kunst hat neue Publikumskreise erschlossen. Da gibt es alle Einzelthemen bis hin zum umfangreichen Malerei-Lexikon – sind das nun auch alles Kunstbücher im landläufigen Sinn? Photobände werfen neue Fragen auf. Ein Bildband mit Städtephotos steht neben einem anderen, der alte Städteansichten bietet mit Gemälden berühmter Künstler. Der letztere Band ist eindeutig ein Kunstbuch, der mit modernen Städtephotos etwa nicht?

Zwei verschiedene Definitionen sind da durcheinandergeraten. Zum einen: Bücher, die die darstellende Kunst in allen Varianten behandeln, sind Kunstbücher, dabei wollen wir bleiben. Zum anderen spielt der optische Eindruck eines Buches eine Rolle. Die moderne Reproduktionstechnik beschert uns heutzutage Bildbände verschiedenster Thematik von bester Qualität. Nehmen wir die dadurch bedingte Ausweitung des Begriffes ruhig in Kauf. Alle großen Bild- und Photobände von Dürer bis Dali, von Akt bis Auto haben ihren Platz im Kunstregal. Dazu kommt noch die spezielle, aber häufig vorkommende Gattung der Künstlermonographien. Da sie in der Regel einen großen Bildteil enthalten, muß man sie nach Thema und Ausstattung ebenfalls zur Gattung der Kunstbücher zählen, auch wenn der Begriff Monographie dies ursprünglich nicht einschließt.

Dem Kunstliebhaber, der sich an der Schönheit seiner Bilder erfreut, ist die Drucktechnik, die zu dem hervorragenden Ergebnis geführt hat, gleichgültig. Wir wollen uns deshalb auch mit technischen Details nicht belasten. Das älteste Verfahren ist der Hochdruck, erst nach 1945 entwickelten sich Offset- und Tiefdruck zu ihrer heutigen Qualität. Welche Verfahren zur Produktion ausgewählt werden, hängt von der Art der Vorlagen, der geplanten Auflage und dem kalkulierten Preis ab. Auch die Papiersorte spielt dabei eine Rolle. Ältere, im Buchdruck hergestellte Bildbände sind meist auf schwerem, glänzendem „Kunstdruckpapier" gedruckt. Dieses Papier – in der Fachsprache satiniertes Papier genannt – fand beim Publikum großen Anklang. Mancher Kunstbuchliebhaber ist enttäuscht, wenn ein moderner Bildband nur „matte" Bilder aufweist. Experten denken anders darüber. Der Glanz des Papiers verfälscht, genaugenommen, das Original ein wenig. Anspruchsvolle Bände werden deshalb, sofern sie Objekte der Kunst darbieten, nur noch selten auf satiniertem Papier gedruckt.

Die modernen Techniken haben die Produktion farbiger Bilder stark verbilligt. Aber die größeren Möglichkeiten haben auch die Ansprüche der Verleger und des Publikums gesteigert. In älteren Kunstbänden wird die Zahl der Farbbilder noch rühmend erwähnt. Es sind stets Bogenteile mit 8, 16 oder 32 Seiten. Ein Bildband mit 48 Seiten Farbbildern war schon etwas Außergewöhnliches. Heute sind ähnliche Werke meist durchgehend farbig gedruckt. „Viele farbige Bilder" heißt es nur noch in den Prospekten. Diese an sich erfreuliche Entwicklung hatte zur Folge, daß schöne Kunstbände nicht billiger wurden, auch wenn sie häufig in internationalen Koproduktionen und damit kostensparend hergestellt werden. Der hohe Preis ist neben dem anspruchsvollen Thema auch der Grund, weshalb Kunstbände gerne für Geschenkzwecke gekauft werden. Restauflagen wandern manchmal rasch ins Moderne Antiquariat, wo Kunstbücher viel häufiger vertreten sind als andere Werke. Sie werden dort auch mühelos verkauft. Viele Interessenten wissen offenbar, wie sie ohne großen Aufwand die teuren Prachtbände erwerben können, die sie dann als optische Glanzstücke ihrer Bibliothek einverleiben.

Enzyklopädien, Lexika und Nachschlagewerke

Enzyklopädie bedeutet soviel wie Gesamtbild des Wissens. Im Altertum und Mittelalter hatte man die Schriften von Aristoteles und anderen antiken Denkern einfach kritiklos als Wissensquellen benützt. Die „Naturalis historia" (Naturgeschichte) des Römers Plinius wurde noch im 18. Jahrhundert in manchen Schulen als Lehrbuch verwendet. Nun waren aber die Naturwissenschaften seit Beginn der Neuzeit einen großen Schritt weitergekommen. Die Erde wurde nicht mehr als Mittelpunkt des Universums gesehen, längst war man den Naturgesetzen auf der Spur. Die Wissenschaftler hatten an Selbstbewußtsein gewonnen, gleichzeitig hatten die Ideen der Aufklärung beim bürgerlichen Publikum den Wunsch geweckt, an diesem neuen Wissen teilzuhaben. Da entwarfen in der 2. Hälfte des 18. Jahrhunderts einige initiative Männer in Paris den Plan, das gesamte Wissen ihrer Zeit zusammenzufassen und dem lesenden Publikum zugänglich zu machen.
Diese Wissenschaften umfaßten nach damaliger Auffassung auch Handwerks- und Berufspraktiken verschiedenster Art. Backofen und Bügeleisen gehörten ebenso dazu wie Sonnenuhr und Webmaschine oder die Technik des Kupferstiches. Federführend bei dem gewaltigen Plan waren die Autoren Denis Diderot und Jean d'Alembert. Zu ihren Mitarbeitern zählten viele bedeutende Dichter und Denker ihrer Zeit. Die 28 Bände ihrer „Encyclopédie" stellen einen Meilenstein in der Entwicklung des populärwissenschaftlichen Schrifttums dar. Historiker haben festgestellt, wie nachhaltig diese Ansätze zur Volksbildung den Boden für die Französische Revolution vorbereitet haben.
Die rasche Entwicklung der technisch-naturwissenschaftlichen Disziplinen führte aber zu einem Bruch der verheißungsvollen Entwicklung. Ein enzyklopädisches Gesamtbild aller Wissenschaften war bald nicht mehr möglich. Die Zahl der Fakten und Stichwörter wuchs und wuchs, die einzelnen Texte wurden immer knapper: aus enzyklopädischen Werken wurden sogenannte Konversations-Lexika. In alphabetischer Form waren da alle erfaßbaren Stichwörter sämtlicher Wissensgebiete geordnet. Man konnte jeden Begriff bequem nachschlagen und dann mit dem Wissen glänzen. Das Konversations-Lexikon wurde zum Statussymbol des bildungsbeflissenen Bürgertums. Echte, ausreichende Bildungsvermittlung war der Fülle des Stoffes zum Opfer gefallen. Manche Zeitkritiker bedauern diese Entwicklung, doch war sie buchtechnisch nicht zu vermeiden. Die großen Lexikon-Verlage haben daraus das Beste zu machen versucht und Nachschlagewerke neuer Art geschaffen. Sie bieten Wissensspeicher in allen Größen und Ausstattungen, die längst nicht mehr nur Konversationszwecken dienen.

Das erste deutschsprachige Lexikon geht auf Friedrich A. Brockhaus zurück. 1808 kaufte er auf der Leipziger Buchmesse die ersten Bände eines unfertigen Lexikons auf, vollendete es mit einigen Mitarbeitern und errang damit einen ungewöhnlichen Erfolg. Auflage folgte auf Auflage, die Zahl der Stichwörter wurde immer größer, Form und Inhalt wurden ständig verbessert. Heute ist der Name Brockhaus im deutschsprachigen Raum fast ein Synonym für Lexikon geworden. Etwa eine Generation jünger sind die Lexika von Meyer (Erstausgabe 1840) und Herder (1854). Diese drei Verlage haben etwa ein Jahrhundert lang den deutschen Lexikonmarkt beherrscht und ihre Publikationen von Auflage zu Auflage weiterentwickelt. Wie sehr solche Nachschlagewerke dem Publikums- und Zeitgeschmack entsprachen, beweist auch die Tatsache, daß alle großen Kulturvölker solche nationalen Lexika geschaffen haben. Der französische „Larousse" oder die englische „Encyclopaedia Brittannica" sind fremdsprachenkundigen Lesern gewiß vertraut. Die umfangreichste gedruckte Enzyklopädie der Welt – das sei als Kurosium vermerkt – ist ein chinesisches Werk aus dem 18. Jahrhundert, das über 5000 Bände umfaßt.
Nach dem Zweiten Weltkrieg kamen im deutschen Sprachgebiet noch einige weitere Lexika heraus, von denen die Lexikothek des Bertelsmann-Verlages erwähnt werden soll, weil ihre Konzeption für die weitere Entwicklung der Lexika charakteristisch ist. In einem Basiswerk von 15 Bänden wird in alphabetischer Form zunächst das Informationsmaterial dargeboten. Die überwiegende Zahl der Artikel bringt knappe Einzeltexte, komplexere Stichwörter werden in Übersichtsartikeln behandelt. Das bedeutet eine teilweise Rückkehr zur enzyklopädischen Darstellung, eine Methode, die bereits von den klassischen Lexikonverlagen entwickelt worden war. Dann bietet die Lexikothek jedoch 16 weitere „Themenbände", in denen die Fachgebiete Gesundheit, Tier- und Pflanzenwelt, Land- und Völkerkunde, Weltgeschichte, Naturwissenschaft und Technik, Kunst und Literatur in ausführlicher Weise behandelt werden. Ein Atlas rundet die Themenbände ab. Brockhaus bietet eine ähnliche Themenreihe in loser Form, also einen „Kunst-Brockhaus", einen „Gesundheits-Brockhaus" und so weiter. Als neueste Ergänzung enthält die Lexikothek schließlich noch 4 Phonobände mit dem Titel „Unser Jahrhundert in Wort, Bild und Ton". Diese Erweiterung des Angebots durch Schallfolien (und einen dazugehörigen Tonabnehmer) hat Brockhaus bisher nicht übernommen. Die übrigen auf dem Markt befindlichen Lexika beschränken sich auf das Standard-Informationsmaterial.
Mit Ausnahme der Lexikothek werden alle anderen Lexika in vielerlei Ausgaben und verschiedenen Ausstattungen angeboten. Vom einbändigen Handlexikon (mit etwa 50.000–60.000 Stichwörtern) bis zur 25bändigen Ausgabe (mit rund 250.000 Stichwörtern und vielen Illustrationen) gibt es

alle nur denkbaren Umfangsvarianten. Bei den großen Ausgaben werden in der Regel in einem Ergänzungsband die aktuellsten Stichwörter nachgetragen. Für den Interessenten ist die richtige Auswahl nicht leicht. Doch sollte hier der Ehrgeiz nicht zu weit gehen. Wer sich ein ganz großes Lexikon für seinen Privatbedarf anschafft und dann nur gelegentlich zur Hand nimmt, hat sein Geld nicht optimal investiert. Unentbehrlich sind diese großen Werke jedoch für Arbeitsteams in der Medien- und Werbebranche und ähnlichen Berufssparten. Hier muß auch von Zeit zu Zeit eine Neuanschaffung ins Auge gefaßt werden, denn Lexika veralten heutzutage rasch. Ein Lexikon aus der Vorkriegszeit hat nur noch historischen, jedoch keinen Informationswert mehr.

Ein besonderer Fall ist das Sprachlexikon. In Fragen der Rechtschreibung hat im deutschen Sprachgebiet der „Duden“ sozusagen amtlichen Charakter. Wie schlimm die Verhältnisse auf diesem Gebiet vor rund hundert Jahren noch waren, geht aus der Geschichte des Duden selbst hervor. 1862 war in einem Schulerlaß gefordert worden, man möge doch wenigstens an ein und derselben Schule eine einheitliche Rechtschreibung lehren. Konrad Duden, Direktor eines Gymnasiums, verfaßte im Sinne dieses Erlasses 1871 eine Orthographie für seine Schule. Als er damit auch außerhalb seiner Anstalt Zustimmung fand, veröffentlichte er 1880 im Bibliographischen Institut in Leipzig sein „Vollständiges orthographisches Wörterbuch der deutschen Sprache“. Dieses Nachschlagewerk führte in kurzer Zeit zu einer einheitlichen Rechtschreibung. 1901 wurde auf einer Konferenz der zuständigen Kulturbehörden Deutschlands, Österreichs und der Schweiz der „Duden“ als verbindliche Richtschnur für den gesamten deutschen Sprachraum anerkannt. In methodischer Weiterentwicklung wurde vom selben Verlag dann der gesamte Bereich der deutschen Sprache aufgearbeitet, so daß der „Große Duden“ heute neben der Rechtschreibung auch Stil, Grammatik, Etymologie usw. erschöpfend behandelt. Als gleichwertiges Sprachlexikon gilt das „Deutsche Wörterbuch“ des Sprachwissenschaftlers Gerhard Wahrig, das in verschiedenen Ausgaben und Ausstattungen ausgeliefert wird. Brockhaus bietet es als sechsbändiges Werk an, das mit 220.000 Hauptstichwörtern und 550.000 Definitionen den gesamten deutschen Wortschatz unserer Zeit enthält.

Ein „Duden“ oder „Wahrig“ dürfte in jeder Hausbibliothek zu finden sein, deren Besitzer mit der deutschen Sprache nicht auf Kriegsfuß stehen möchte. Aber die Sprache ist etwas Lebendiges. Die letzte (19.) Ausgabe des „Duden“ aus dem Jahr 1986 weist gegenüber der Ausgabe von 1961 mehr als 15.000 neue Wörter und Fremdwörter auf. Wenn man ein aktuelles Nachschlagewerk haben will, muß man sich also von Zeit zu Zeit immer wieder die neueste Ausgabe anschaffen.

Die zahlreichen anderen Speziallexika, die es praktisch für alle Fachgebiete gibt, haben kein so großes Publikum. Sie sind die Ergänzung der schier unüberschaubaren Ratgeber-Literatur. Viele Interessenten dürften die knappe, lexikale Aufarbeitung eines Themas einer reportagehaften Darstellung vorziehen. Das Angebot an Lexika solcher Art ist in den letzten Jahren deutlich gewachsen und reicht bis zu so kurios anmutenden Titeln wie dem „Lexikon der Rekorde" (das beim Publikum sehr beliebt ist), einem „Lexikon der Erotik" oder einem „Bayrisch-österreichischen Schimpfwörterbuch". Dem kürzlich erschienenen „Lexikon der subversiven Phantasie", das Anleitungen zum Betrug, zur Sachbeschädigung, Beleidigung, Sabotage bis hin zu Mord und Totschlag bringt, möchte man allerdings keine allzu große Verbreitung wünschen.

Ratgeber für alle Gelegenheiten

Haben wir uns bisher mit der anspruchsvollen Sachbuch-Literatur befaßt, so wollen wir jetzt einen Blick auf den einfachen, „trivialen“ Bereich werfen: auf die Ratgeber. Der Zahl nach sind sie die größte Gruppe im Rahmen der Sachbücher, ja der Bücher überhaupt. Bei einer kürzlich durchgeführten Umfrage gaben 77% der erwachsenen Bevölkerung an, daß sie Ratgeber – vor allem Koch- und Hobbybücher – besitzen.

In der Geschichte unserer Lesekultur zählen sie zu den älteren Kategorien. Erste Ansätze finden wir schon im 17. Jahrhundert, wo in den damals sehr beliebten Kalendern medizinische Ratschläge und sonstige Lebenshilfen vermittelt wurden. Allerdings herrschten alte, abergläubische Vorstellungen bei weitem vor. So empfiehlt zum Beispiel ein Württemberger Hauskalender noch 1773 für das Nasenbluten jahrhundertealten Unsinn: „Man soll mit des Patienten Blut, so aus der Nase fließt, vermittels eines Strohhalms ihm an die Stirn die Buchstaben schreiben . . .“ (und es folgt eine „magische“ Buchstabenkombination).

Blut war überhaupt ein Zentralthema der Kalendermedizin, vor allem das Aderlassen. Die einzelnen Körperteile wurden oft den Sternzeichen zugeordnet, dementsprechend gab es gute und schlechte Tage für das Aderlassen. Die „Bader“ jener Zeit hatten es vermutlich nicht leicht. Dafür wurde dem Eselsurin gewaltige Heilkraft zugeschrieben, und „was für Kraft der Kuhkoth habe, ist schier nicht zu beschreiben“.

Neben Bibel und Fibel gehörten solche Ratgeber in Kalenderform zu den meistverbreiteten Lesestoffen. Ein Bildungsmittel im modernen Sinn waren sie nicht. Und es ist begreiflich, daß ihnen im 18. Jahrhundert die Aufklärer den Kampf ansagten. Sie forderten nützliche Lektüre: astronomische Informationen zum Thema Wetterkunde, wirtschaftliche Vorschläge zum Nutzen von Haus, Hof und Gewerbe und medizinische Ratschläge ohne abergläubische Zusätze. Der Gelehrte Gottfried Wilhelm von Leibniz forderte als Präsident der Berliner „Sozietät der Wissenschaften“ „nicht nur Curiosa, sondern auch Utilia“, also nützliche Ratschläge. Diese Bestrebungen führten schließlich dazu, daß seit dem Ende des 18. Jahrhunderts die Kalender-Ratgeber allmählich zu einem richtigen Mittel der Volksbildung wurden.

Diese Funktion hat die Ratgeber-Literatur noch heute. In der Form hat sie sich gewandelt, Kalender spielen nur mehr eine bescheidene Rolle. Die einzelnen Themen werden von Fachleuten dargestellt, diese bieten in knapper oder ausführlicher, oft durch Illustrationen, Skizzen und Tabellen aufgelokkerter Form eine Fülle nützlicher Ratschläge. Die Palette der Themen umfaßt

alle Tätigkeiten und Situationen des täglichen Lebens. Auch dieses Buch – um es einmal einzuordnen – will nichts weiter sein als ein Ratgeber für Leser.
Gesundheitsratgeber sind nach wie vor beliebt. Sie werden heutzutage von erfahrenen Praktikern, meist Ärzten, verfaßt und wollen keineswegs den Arzt ersetzen. Ein spezieller Teil der Gesundheitsratgeber befaßt sich mit Methoden zur Gewichtsabnahme. Gesunde Ernährung und Diätfragen sind ein weiteres beliebtes Thema.

Aber das alles ist nur ein kleiner Teil der Ratgeber-Literatur. Wir können hier bloß die thematischen Schwerpunkte skizzieren: Pflanzenkunde und Pflanzenhaltung in Haus und Garten bilden eine solche Gruppe, die in der Buchhandlung allein viele Fächer füllt. Ein Sonderfall sind dabei die sogenannten Bestimmungsbücher, die es dem Naturfreund ermöglichen, Art und Namen jeder Pflanze festzustellen. Ebenso groß ist der Bereich der Tierkunde und Tierhaltung. Von großen, reich illustrierten Tierbänden bis zum kleinen Ratgeber über die Pflege eines Kanarienvogels findet der Tierfreund jede Information, die er wünscht. Natürlich gibt es auch Ratgeber für alle Arten weiblicher Handarbeiten. Allein das Angebot eines einzigen einschlägigen Verlages füllt eine dicke Broschüre. Sport ist ein weiteres Thema, wobei nicht nur die weitverbreiteten Sportarten, wie Skilauf oder Tennis, behandelt werden, sondern auch ausgefallene Tätigkeiten (etwa eine „Boxgymnastik für Frauen"), die nur von Minderheiten betrieben werden. Aber gerade diese Sportler werden für nützliche Ratschläge dankbar sein.

Eine spezielle Gruppe bilden die sogannten Hobby-Bücher. Sie erfuhren in den letzten Jahrzehnten eine ungeahnte Entwicklung, hat sich doch die Zahl der Hobbys in unserer Zeit außerordentlich vermehrt. Die Autoren dieser Hobby-Bücher sind erfahrene Fachleute, die jede neueste Entwicklung sofort berücksichtigen. Wer ein Hobby ernsthaft betreibt, wird ohne die dazugehörige Ratgeber-Literatur kaum auskommen. Das gilt auch für Hobby-Handwerker, die nach den „Do it yourself"-Ratgebern greifen. Wer Brot backen, töpfern, malen oder sein Gartenhaus reparieren will: beim Buchhändler findet er das nötige Wissen. Über die Urlaubs-Ratgeber haben wir schon im Zusammenhang mit der Reiseliteratur gesprochen. Mit ihren nützlichen Hinweisen und Informationen gehören sie thematisch natürlich auch in diese Gruppe. In den letzten Jahren wurde allgemeine Lebenshilfe ein beliebtes Thema populärer Ratgeber: „Wie werde ich erfolgreich? „Wie werde ich energisch?" Solche oder ähnliche Titel klingen vielversprechend. Aber in diesem schwierigen Bereich sollten ersthaft Interessierte doch überlegen, ob nicht ein seriöses populärwissenschaftliches Buch vorteilhafter wäre.

Zu den ältesten und beliebtesten Ratgebern gehören Kochbücher. Eine kürzlich vorgestellte große Kochbuchsammlung weist bereits aus dem 15. und 16. Jahrhundert hundert Titel von Kochbüchern aus. Das 19. Jahrhundert ist mit fast dreihundert Titeln vertreten, und die Gegenwart ist kaum mehr überschaubar. Zu den erprobten und beliebten Rezepten großer Kochkünstler aus Vergangenheit und Gegenwart kam in den letzten Jahrzehnten die ganze internationale Küche der verschiedensten Völker und Kulturen hinzu. Die Wohlstandsgesellschaft mit ihren gehobenen Ansprüchen, die durch Reisen gesammelten gastronomischen Erfahrungen haben eine Kochbuch-Literatur entstehen lassen, wie es sie in solcher Reichhaltigkeit noch nie gab. Natürlich hat auch die Bio-Welle auf dem Kochbuchsektor ihren Niederschlag gefunden, wie überhaupt der gesamte Ratgeberbereich allen Modetrends blitzartig zu folgen versteht.

Ein Wort noch zum Begriff Hausbücher. Man versteht darunter Ratgeber für jene Standardfragen, die an jeden Menschen einmal herantreten. Das harmonische Eheleben, die Pflege des Babys, ein allgemeines Gesundheitsbuch für die Familie sind Beispiele solcher Themen. Auch eine Auswahl von Kochbüchern kann man dazurechnen, ebenso einen Hausatlas. Hausbücher werden selten vom Anfang bis zum Ende gelesen, aber wiederholt aufgeschlagen, wenn aktuelle Probleme auftreten.

Das führt uns zu der Frage, was Hausbücher und Ratgeber ganz allgemein für den Leser bedeuten. Sie sind, wie Umfragen bestätigen, manchmal der erste Einstieg zum Buch. Ihre Beschaffung bietet keine Schwierigkeiten. Ratgeber-Literatur ist leicht zu verkaufen, das ist die einhellige Meinung der Buchhändler. Und oft greift der zufriedene Ratgeber-Leser dann auch nach anderen Büchern. Aber Ratgeber werden nicht nur von Anfängern gelesen, sondern auch von erfahrenen Bücherfreunden. Für sie bildet die Ratgeber-Literatur den nützlichen Teil ihrer Bibliothek, und den sollte man keineswegs geringschätzen.

LYRIK

Prosa sind nur Worte,
Verse aber eine Perlenschnur.
Aus „Tausendundeine Nacht“

Nun sind wir bei einem völlig anderen Gebiet der Literatur angelangt, das nichts mit Unterhaltung (wie die Belletristik), nichts mit Wissensvermittlung (wie das Sachbuch) zu tun hat. Lyrik (nach der klassisch-idealistischen Tradition, wie sie sich im 18. Jahrhundert ausgebildet hat) ist die Gestaltung von innerseelischen Vorgängen, die in künstlerischer Form, das heißt in gebundener Sprache ausgedrückt wird. Sie erschließt sich dem Aufnehmenden durch einfühlsames Mitschwingen. Lyrik gilt als Sprachkunst in knappster und höchster Vollendung. Je nach Thema unterscheidet die klassische Poetik Natur-, Erlebnis- und Gedankenlyrik.

Der griechische Ausdruck Lyra bedeutet Leier und weist auf die enge Verbindung mit der Musik hin. Als Volkslied ist die Lyrik über alle Kulturen und Zeiten verbreitet. Schon im 2. Jahrtausend v. Chr. gab es bei den Chinesen eine hochentwickelte lyrische Kunst. Die Ägypter pflegten vor allem Totenklagen, die Hebräer Psalmen und Sprüche. Im christlichen Mittelalter, als es noch keine nennenswerte Prosaliteratur gab, spielte die Lyrik nicht nur im Volkslied, sondern auch in der Form des höfischen Minnesangs eine große Rolle. Doch wir wollen uns nicht weiter in Einzelheiten der historischen Entwicklung verlieren. Die Lyrik, wie sie der Leser kennt und liebt, beginnt in deutscher Sprache mit den Klassikern. Die Erlebnislyrik Goethes, die Gedankenlyrik Schillers, die mythische Lyrik Hölderlins sind dem Lyrikfreund bestens vertraut. Die Romantiker schätzten besonders die liedhaften Elemente des Lyrischen. Die bedeutendsten Lyriker der Folgezeit waren – um nur eine Auswahl der wichtigsten Namen zu nennen – Eduard Mörike, Heinrich Heine, Annette v. Droste-Hülshoff, Hugo v. Hofmannsthal, Stefan George, Rainer Maria Rilke, Georg Trakl, Gottfried Benn, Josef Weinheber, Hermann Hesse, Bertolt Brecht. Sie und viele andere sind bis heute in unzähligen Sammlungen lebendig, denn Lyrik ist die beständigste Form der Dichtung, obwohl sie stets aus dem Geist ihrer Zeit heraus verstanden werden muß. Der Ausdruck lyrisch (stimmungsvoll, musikalisch) ist mit Lyrik wohl verwandt, aber nicht identisch. Er wird auch gerne zur Charakteristik von Prosatexten verwendet.

Lyrik ist nicht nur die älteste, sondern auch die knappste Form dichterischer Äußerungen. Gedichte sind kurz, selbst die erzählende Lyrik, die wir als

Ballade kennen, ist dem Umfang nach klein. Einzelne Gedichte werden daher meist in Zeitschriften oder Zeitungen veröffentlicht. In der Regel publizieren Lyriker ihre Werke in schmalen Sammelbändchen. Umfangreichere Lyrikbände kennen wir als Anthologien. Sie enthalten ausgewählte Gedichte verschiedener Autoren. Lyrik liegt auch in der Buchproduktion weit hinter Belletristik und Sachbüchern zurück. Einige Dutzend neuer Lyrikbände pro Saison lassen die Fachwelt schon von „verstärktem Interesse an Lyrik" sprechen. Schließlich ist auch die Zahl der Leser, die gern nach Lyrik greifen, nicht sehr groß. Es ist eine Elite, eine kleine, aber treue Minderheit des lesenden Publikums.

Um Poesie genießen zu können, bedarf es einer besonderen Begabung: Man muß in der Lage sein, die Gefühle, Stimmungen, Gedanken eines Gedichtes nachzuempfinden. Wer dafür zu kühl oder zu stumpf, zu verschämt oder zu verschlossen ist, wird mit einem Gedicht wenig anzufangen wissen. Wer aber den Reiz dieses Nachempfindens und Nachsinnens einmal erlebt hat, für den ist Lyrik die Krone des Lesevergnügens. Der österreichische Altbundeskanzler Bruno Kreisky bekannte einmal in einem Gespräch: „Ich gehöre zu jenen sonderbaren Menschen, die ohne Lyrik nicht gut leben können." Und der Wiener Lyriker Felix Braun schrieb über die Lektüre eines Gedichts:

. . . Geheimnis, dessen Sinn ich nie verstand:
Sich über Worte atemlos zu neigen
und zu vernehmen in gespanntem Schweigen
was einer dachte, fühlte und erfand.

Wenn Zeile so nach Zeile still verrinnt,
sich wohlig weit zurück im Sessel lehnen,
die Arme breiten, lächeln unter Tränen.
Und wieder müßig blättern wie als Kind . . .

Als klassisches Beispiel eines vollkommenen Gedichtes wird gerne „Wanderers Nachtlied" von Goethe zitiert. Lassen wir es einmal – statt langer theoretischer Überlegungen – einen Augenblick auf uns wirken:

Über allen Gipfeln
ist Ruh,
in allen Wipfeln
spürest du
kaum einen Hauch;
die Vögelein schweigen im Walde.
Warte nur, balde
ruhest du auch.

Mit einem Minimum an Worten ist hier das Gefühl eingefangen, das der Dichter beim Anblick der hereinbrechenden Nacht empfand. Er erreichte damit ein Maximum an Wirkung. Der 31jährige Goethe schrieb die Verse an die Wand eines Holzhäuschens auf dem Kickelhahn bei Ilmenau in Thüringen. 51 Jahre später hat der greise Dichter die Zeilen dann noch einmal gesehen und wiedererkannt. Aber dieser Hintergrund des Erlebnisses ist völlig irrelevant, der Leser braucht nichts davon zu wissen. Seine eigene Vorstellungskraft ermöglicht ihm ein unmittelbares Nacherleben, jede weitere Interpretation ist überflüssig.

Das gilt jedoch nicht für Lyrik schlechthin, besonders nicht für manche Gedichte moderner Lyriker. Auch dazu ein kurzes Beispiel. Die aus Ostdeutschland stammende Autorin Sarah Kirsch schrieb unter dem Titel „Einäugig" folgende Zeilen:

Wie Ölbäume schimmern die Weiden
Blaugrün und zitternd, die Pappeln
Ahmen Zypressen nach (dunkler
Dunkler! Vertieft eure Schatten!) Der Wind
Übt Fall und Flug seines Bruders Mistral.

Hier werden Weiden, Pappeln und Wind, Elemente einer Landschaft, die dem Leser vertraut sind, mit einer anderen, südlichen Landschaft verglichen. Das begreift der Leser, aber nicht mehr. Das Gedicht entstand 1976, nachdem Sarah Kirsch den Petrarca-Preis erhalten hatte. Die Verleihung fand auf einem Berg der Provence statt, den Petrarca seinerzeit bestiegen hatte. Sarah Kirsch lebte damals noch in der DDR. Zwischen den beiden Landschaften liegen also Staatsgrenzen, die für ihre Leser unüberwindlich sind. Nur die dichterische Phantasie vermag von der einen Landschaft in die andere zu entfliehen. So entpuppt sich das nord-südliche Landschaftsbild eigentlich als politisches Gedicht. Doch das kann der Leser nur verstehen, wenn er die Entstehungsgeschichte kennt. Interpretation ist in diesem Fall also eine unerläßliche Hilfe.

Keine andere literarische Sparte unterliegt so strengen formalen Regeln wie die Lyrik. Diese formalen Elemente sind Rhythmus, Vers, Reim und Strophe. Mancher Leser wird sich vielleicht noch aus der Schule an die im Deutschen meist üblichen Versformen erinnern. Mehrere Verszeilen bilden zusammen eine Strophe, wobei der Reim, und zwar der Endreim, ein wichtiges Element der Gestaltung bildet. Der Reim galt nach volkstümlicher Auffassung überhaupt als wichtigstes Charakteristikum eines Gedichts, obwohl es immer schon reimlose Poesie gegeben hat. Begriffe wie Ode, Hymne, Elegie, Epigramm und andere umschreiben den Gehalt eines

Gedichts. Terzine, Distichon, Sonett und so weiter bezeichnen bestimmte Strophenformen. Die Ballade als wichtigste Form eines erzählenden Gedichts wurde schon erwähnt. Auch sie ist vielen Lesern noch aus der Schulzeit in guter oder schlechter Erinnerung. Denn Balladen auswendig zu lernen, galt als hervorragendes Mittel zur Stärkung des Gedächtnisses.

Wichtiger als die Kenntnis dieser formalen Begriffe (die im Verzeichnis der Fachausdrücke nachgeschlagen werden können) ist für den Leser das Verständnis eines der entscheidendsten Stilmittel der Lyrik: das Bild oder die Metapher. Rainer Maria Rilke hat einmal die Wahrnehmungen der Dichter so beschrieben:

> Das Leiseste darf ihnen nicht entgehen,
> sie müssen jenen Ausschlagwinkel sehen,
> zu dem der Zeiger sich kaum merklich rührt,
> und müssen gleichsam mit den Augenlidern
> des leichten Falters Flügelschlag erwidern,
> und müssen spüren, was die Blume spürt.

Der Dichter, wie ihn Rilke beschreibt, ist einer, der auch mit dem „inneren Auge" sieht, der hinter der Welt der äußeren Erscheinungen das „Wesen" der Dinge erblickt: ihre „Idee". Um auszudrücken, was das begriffliche Vermögen übersteigt, kann er nicht Worte im geläufigen Sinn verwenden, sondern nur im übertragenen, bildlichen Sinn. Dieses Sprechen in Bildern, Allegorien, Symbolen, Gleichnissen nennt die Poetik metaphorisches Sprechen. „Gleichnisse dürft ihr mir nicht verwehren, ich wüßte mich sonst nicht zu erklären", sagte Goethe.

Zwei Beispiele sollen etwas von dem Reiz, den das bildhafte Sprechen im Gedicht ausmacht, verdeutlichen. Seit alters werden die menschlichen Augen gern mit Fenstern, und umgekehrt die Fenster eines Hauses mit Augen verglichen. Wie nehmen sich Lyriker der neueren Zeit dieses Bildes an? Bei Ingeborg Bachmann liest es sich so:

> Innen sind deine Augen Fenster
> auf ein Land, in dem ich mit Klarheit stehe ...

Und Rilke sagt von dem Panther, der im Pariser Jardin des Plantes hinter Gitterstäben leidet:

> Nur manchmal schiebt der Vorhang der Pupille
> sich lautlos auf –.

Von solchen Bildern berührt zu werden, das ist der eigentliche Genuß bei der Lektüre poetischer Texte!
In den letzten Jahrzehnten hat sich in der Lyrik ein Wandel angebahnt, der manchen Lyrikfreunden zu schaffen macht. Die traditionellen Vers- und Strophenformen werden weniger verwendet, der Reim verschwindet aus der deutschsprachigen Lyrik immer mehr und ist bei manchen Lyrikern geradezu verpönt. Die Sprache ist zu einer rhythmischen Prosa geworden, die allerdings, gedanklichen Elementen folgend, optisch gegliedert ist. Der junge Lyriker Lutz Rathenow hat diese Entwicklung so beschrieben: „Bei vielen in den letzten Jahren hervorgetretenen Lyrikern fällt der plaudernde Ton auf, die Auflösung der Formen, selbst der freirhythmischen. Eine Lockerheit wird da produziert, die sich anbiedert. Man führt ein gewisses Interesse an den Problemen der Welt, an denen der Umwelt und der eigenen Person vor, läßt sich aber nicht voll darauf ein." Diese Beiläufigkeit in Inhalt und Form ist gewiß ein Ausdruck der inneren Distanz, des Zweifels, mit dem viele junge Autoren heute die – zugegebenermaßen recht „prosaische" – moderne Welt sehen.
Schwerwiegender als die formale Auflockerung trifft viele Freunde traditioneller Lyrik, daß sie die modernen Gedichte nicht mehr verstehen. Die Ursache liegt darin, daß moderne Gedichte oft besonders chiffrenhaft, also verschlüsselt wirken. Die Bedeutung der sprachlichen Bilder, Metaphern und Symbole liegt nicht mehr auf der Hand (wie z. B. der Metapher „das Kupfer ihrer Haare"), sondern muß dechiffriert (entschlüsselt) werden (z. B. Else Lasker-Schülers „blaues Klavier" als Chiffre für das Lied des Dichters). Um die Schönheit solcher Bilder zu entdecken, ist eine gute Interpretation eine große Hilfe.
Die Bedeutung der Interpretation veranschaulicht unter anderem die „Frankfurter Anthologie", eine in der Wochenend-Beilage der „Frankfurter Allgemeinen Zeitung" beheimatete Rubrik, in der Gedichte publiziert und anschließend von erfahrenen Kritikern oder Autoren interpretiert werden. Diese Texte sind in Buchform erschienen. Auch im Reclam Verlag gibt es eine Reihe „Gedichte und Interpretationen". Freunden traditioneller Gedichtsammlungen können diese Anthologien als Ergänzung und Erweiterung ihrer poetischen Schätze und als Einstieg in die moderne Lyrik sehr empfohlen werden.
Im Buchhandel spielt Lyrik eine besondere und gleichzeitig bescheidene Rolle. Man schätzt sie als Krone der Dichtkunst, sie genießt alles Wohlwollen der offiziellen Stellen. Da gibt es vielerorts einen „Tag der Lyrik", einen „Monat der Lyrik", die Medien behandeln lyrische Neuerscheinungen mit beachtlichem Eifer. Nur das Fernsehen spielt dabei nicht mit, eine wirkungsvolle Präsentation lyrischer Texte auf dem Bildschirm ist wohl auch nicht

einfach. Hingegen gibt es Lyrik-Lesungen in verschiedenen Lokalen, selbst in Cafés. Vor allem die in jüngster Zeit stark in den Vordergrund getretene politische Lyrik der „Liedermacher" findet hier ihr Publikum.
In England meldete ein großer Verlag 1984 eine Umsatzsteigerung bei Lyrik um 38%. Bei den Lesungen, die im Zuge einer großen Werbeaktion im ganzen Land veranstaltet wurden, waren selbst große Säle schon Wochen vorher ausverkauft. Laut „Times" versuchen etwa 7 Millionen Briten, selbst Gedichte zu schreiben. Diese „Anfänger" sind wahrscheinlich größtenteils auch Leser von Lyrik. Von den Franzosen weiß man, daß sie ihre großen Lyriker nicht nur geschätzt, sondern auch gern gelesen haben. Auch bei uns beobachtet man im Buchhandel einen beachtlichen Anteil jugendlicher Interessenten. Die seit 1979 in Darmstadt stattfindende Biennale für Lyrik, deren preisgekrönte Gedichte dann auch als Anthologie erscheinen, ist nur ein Beispiel für viele ähnliche Wettbewerbe und Lyrikpreise. Ein deutscher Verlag, der im Rahmen seiner Lyrikedition 1985 nicht weniger als 7 neue Titel ankündigt, spricht in seinen Werbetexten von der „wahrscheinlich hoffnungsvollsten Kunstform der achtziger Jahre". Wenn junge Leser Lyrik als das erkennen, was sie tatsächlich ist, nämlich Lebenshilfe und ein Weg zur Selbstfindung, dann ist solcher Optimismus gar nicht so unbegründet.
Die alte Dame, deren spärliche Leseerlebnisse wir am Beginn dieses Buches geschildert haben und die ihrer Augen wegen nicht mehr lesen kann als jeden Abend ein paar Gedichte, diese Dame weiß aus langer Erfahrung, was Poesie zu schenken vermag. Und sie weiß noch etwas: Lyrik ist nichts für flüchtige, gehetzte Stunden. Für ein Gedicht muß man sich Zeit nehmen. Zeit, die jedoch nicht verloren ist.

APHORISMEN SIND DIE POESIE DES GEDANKENS

Lob des Buches

Von den vielen Welten, die der Mensch nicht nur von der Natur geschenkt bekam, sondern sich aus dem eigenen Geist erschaffen hat, ist die Welt der Bücher die größte.

Hermann Hesse

Ich glaube, daß das Buch eine der Möglichkeiten des Glücks ist, die die Menschen haben.

Jorge Luis Borges

Das Buch tröstet die Leidenden und macht die Blinden sehend. Das Buch erweckt in den Schwachen die Kräfte von Riesen. Es rettet die Versinkenden. Es bewahrt den Enkeln die Sprache der Väter. Es stiftet die großen Ordnungen unter den Menschen. Es stößt die Tyrannen vom Thron. Es bringt ein Volk zu sich selbst und bringt die Völker zueinander. Das Buch ist das Gedächtnis der Menschheit. Das Buch erforscht die Unendlichkeit des Weltalls. Das Buch hält sich getreuer und verläßlicher als der beste Freund. Das Buch, mit einem Wort, beschließt in seiner Natur alles, was an Gutem zwischen Himmel und Erde, zwischen Erde und Himmel beheimatet ist.

Manfred Hausmann

Ohne Bücher bleibt die Geschichte stumm, die Literatur sprachlos, die Wissenschaft verkrüppelt, kommt das Denken zum Stillstand. Bücher sind Motoren des Wandels, Fenster zur Welt, . . . Banken des Geistes. Bücher sind gedruckte Humanität.

Barbara Tuchmann

Was charakterisiert ein Haus besser als die Bücher, die es in sich birgt?

Axel von Harnack

Von Goethes Sprüchen geht heute vielleicht mehr Lehrkraft aus als von sämtlichen deutschen Universitäten.

Hugo von Hofmannsthal

Das Buch entlastet uns vom Leistungsdruck, von der Vita activa, und ruft uns zurück in die Vita contemplativa, ins beschauliche Dasein.

Viktor E. Frankl

Wer Bücher hat, kann mitreden. Die Bücherfreunde fühlen, wie ihr Dasein von Jahr zu Jahr breiter und mächtiger wird mit den Büchern, die sich langsam um sie sammeln. Still setzen sich Bücher an das Leben an wie die heimlich wachsenden Jahresringe an die Bäume.

Ernst Kammerer

In einer Bibliothek können noch so viele Bücher stehen, es wird nie eine „Masse" sein. Das haben die Bücher vor den Menschen voraus.

Ernst Penzoldt

Das Buch und sein Leser

Je mehr ich las, umso näher brachten die Bücher mir die Welt, umso heller und bedeutsamer wurde das Leben für mich.

Maxim Gorki

Über jedem guten Buche muß das Gesicht des Lesers von Zeit zu Zeit hell werden. Die Sonne innerer Heiterkeit sich zuweilen von Seele zu Seele grüßen, dann ist auch im schwierigsten Falle vieles in Ordnung.

Christian Morgenstern

Welchen Leser ich wünsche? Den unbefangensten, der mich, sich und die Welt vergißt und in dem Buche nur lebt.

Johann Wolfgang von Goethe

Die „Masse der Leser" existiert nicht, nicht einmal dann, wenn ein Buch in Massenauflage erscheint: die Leser lesen es auf ganz verschiedene Art – es gibt Bücher, in denen das eine allen, anderes nur wenigen zugänglich ist.

Ilja Ehrenburg

Ein guter Sessel ist für die Lesefreunde ebenso wichtig wie ein gutes Buch.

Ernst R. Hauschka

Die Literatur wendet sich an den ganzen Menschen, sie hat vor allem auch die Macht, den Menschen bis ins tiefste Innerste hinein, bis in die Regionen des Unbewußten und des Unterbewußtseins zu erschüttern und umzugestalten.

Johannes R. Becher

Ein Buch, das wir immer wieder gerne lesen, ist uns ein Stück geistige Heimat.

Josef Viktor Stummer

Nicht beim Kauf, beim Lesen gehen Bücher in unser Eigentum über.

Rupert Schutzbach

Das Lesen ist für mich lebensnotwendig, um geistiger Beschränktheit vorzubeugen: zweitens ist es notwendig, um kennenzulernen, was andere gefunden haben, drittens, um das Gefundene beurteilen und über das, was noch zu finden ist, nachdenken zu können.

Lucius A. Seneca

An Zerstreuung läßt es uns die Welt nicht fehlen; wenn ich lese, will ich mich sammeln.

Johann Wolfgang von Goethe

Kein Dichter gibt den fertigen Himmel; er stellt nur die Himmelsleiter auf von der schönen Erde.

Joseph von Eichendorff

Ein Buch lesen, heißt . . . eines fremden Menschen Wesen und Denkart kennenzulernen, ihn zu verstehen suchen, ihn womöglich zum Freund zu gewinnen.

Hermann Hesse

Es kommt nicht so sehr darauf an, daß ein Buch die richtigen Leser, als vielmehr darauf, daß die Leser die für sie richtigen Bücher finden.

Alfred Polgar

Bücherlesen ist eine schöne, ehrliche, nützliche Lustbarkeit.

Abraham a Sancta Clara

Wer sich mit Büchern beschäftigt, der hat Umgang mit Menschen, mit bekannten, mit einflußreichen, mit guten Menschen . . . In diesem Sinne haben Bücher auf mich von frühester Jugend an einen sehr großen Einfluß gehabt.

Kardinal Franz König

Das Lesen ist eine zweiseitige Angelegenheit, bei der es außer auf den Autor auch auf den Leser ankommt. Ihm und seinem Beitrag an Einsicht und Lebenserfahrung ist der Gewinn des Lesens ebenso zu danken wie dem Verfasser.

Lin Yutang

Wenn Bücher auch nicht gut oder schlecht machen, besser oder schlechter machen sie doch.

Jean Paul

Ich habe alles gelesen. Ich habe in den Nächten gelesen. Ich habe gelesen, wenn ich aß und trank, so daß mein Mund den Geschmack der Speisen nicht wahrnahm, sondern nur den Duft der Worte kostete.

Erika Molny

Die Bücher beflügelten meinen Verstand und mein Herz, sie halfen mir, mich über den fauligen Sumpf zu erheben, in dem ich ohne sie versunken und in Dummheit und Gemeinheit erstickt wäre.

Maxim Gorki

Immer mehr werden merken, welchen Spaß es macht, mit eigenen Augen zu lesen.

Heinrich Böll

Auf dem Sofa liegen und einen guten Roman lesen ist ein Vorgeschmack der ewigen Seligkeit.

Horace Walpole

Dem Himmel sei Dank, daß es Werke gibt, die man am meisten genießt, ehe man fünfundzwanzig ist, und wieder andere, die man mit fünfundvierzig noch immer lesen kann und hoffentlich auch noch, wenn man ganz steinalt und verhutzelt ist.

Ezra Pound

Der höchste Genuß an Büchern ist die eigene Leistung des Lesers.

Waldemar Bonsels

Ich will nicht vergessen, daß der vollkommenste Leser auch zugleich der gutherzigste ist. Was er selbst hinzudenkt, macht ihn wärmer als was er liest. Und doch hat er die Gefälligkeit, seine ganze Empfindung dem Buche zu danken.

Gotthold Ephraim Lessing

Der Leser hat einen Helden lieber, der ihm ähnlich ist, als einen unähnlichen: unter einem ähnlichen meint er aber allezeit einen herrlichen Menschen.

Jean Paul

Ein Buch richtig lesen heißt, eine Entdeckungsfahrt unternehmen. Man sagt von einem aufmerksamen Leser, er habe sich ganz in sein Buch vertieft. In Wirklichkeit versenkt er sich ganz in sich selbst. Er ist ein Brunnengräber, der zu den Quellen seiner tiefsten Gefühle, Ahnungen, Sehnsüchte und Erfahrungen vordringt. Die ganze Wirklichkeit des Lebens und der Welt steht vor ihm auf.

Fr. J. Pootmann

Das Buch wird erst lebendig, wenn der Leser ihm die eigene Stimme leiht ... In der Intimität, die zwischen dem Leser und seinem Buch entsteht, begegnen – mitten in einer aggressiv lärmenden Welt – zwei Einsamkeiten einander.

Manès Sperber

Jedes wichtige Buch soll man zweimal lesen, teils weil man die Sachen das zweitemal in ihrem Zusammenhang besser begreift und den Anfang erst recht versteht, wenn man das Ende kennt, teils weil man zu jeder Stelle das zweitemal eine andere Stimmung mitbringt als beim ersten, wodurch der Eindruck verschieden ausfällt, und es ist, wie wenn man einen Gegenstand in anderer Beleuchtung sieht.

Arthur Schopenhauer

Habt doch endlich die Courage, euch den Eindrücken hinzugeben, euch ergötzen zu lassen, euch rühren zu lassen, euch erheben zu lassen, ja euch belehren und zu etwas Großem entflammen und ermutigen zu lassen.

Johann Wolfgang von Goethe

Bücher haben nur einen Wert, wenn sie zum Leben führen, und jede Lesestunde ist vergeudet, aus der nicht ein Funke an Kraft, eine Ahnung von Verjüngung, ein Hauch von neuer Frische sich für den Leser ergibt.

Hermann Hesse

Eng und einsam ist das Leben,
das nicht mehr als sich enthält:
Lernst du erst, dich hinzugeben,
wird dir jedes Buch zur Welt.

Stefan Zweig

Wer Bücher hat und Verstand besitzt, sie zu lesen, kann doch nie unglücklich sein; hat er doch die beste Gesellschaft, die es auf Erden gibt.

Paul Ernst

Bücher sind wie Menschen: sie wollen verstanden, bewertet und vor allen Dingen geliebt werden.

Hermann Hesse

Schaff gute Bücher in dein Haus,
sie strömen edle Kräfte aus
und wirken als ein Segenshort
auf Kinder und auf Enkel fort.

Christian Friedrich Scherenberg

Wenn ein Kopf und ein Buch zusammenstoßen, und es klingt hohl, liegt dann das allemal am Buch?

Georg Christoph Lichtenberg

Wer Unterhaltung schreibt, hat Leser; wer Literatur schreibt, Rezensenten.

Rupert Schutzbach

Die besten Bücher sind die, von denen jeder Leser meint, er habe sie selbst machen können.

Blaise Pascal

Das bißchen Freiheit, das uns Menschen noch verblieben ist, das bißchen Freiheit, das uns göttergleich macht, solange wir es fest in den Händen halten, das bißchen Freiheit wird beim Lesen zu einem unendlichen Raum, in dem wir uns ohne Furcht und ohne Leid bewegen dürfen.

Friedrich Sieburg

An seiner Bibliothek erkennt man den Weltmann und Kosmopoliten genau so wie den Dummkopf und Spießer. Die dümmste Frage, die man in einer Bibliothek stellen kann: „Haben Sie die alle gelesen?“

Günter Scholz

Wenn ich bete, so rede ich mit Gott; wenn ich aber lese, so redet Gott mit mir.

Abraham a Sancta Clara

Worte – Sprache – Dichtung

Was zählt die Eroberung Trojas gegen die Erfindung des Alphabets?

Walter Jens

Die Welt der Worte enthält alles, was ... das Chaos zum Kosmos macht, alles, was der Mensch sich selber und anderen mitteilen, alles, worin er seine eigene Schöpferkraft erweisen kann, alle Erkenntnisse und alle Offenbarung, alles Wissen und alle Eingebung, alle Geschichte und alle Weissagungen, alle Wahrheit und allen Irrtum. Wir haben unsere Welt nicht anders als im Wort.

Rudolf Alexander Schröder

Einfachheit, scheint mir, ist so ungefähr das Schwerste, was sich in Wissenschaft und Schriftstellerei erreichen läßt. Wie schwer ist Klarheit des Denkens, und doch wird erst mit zunehmender Klarheit der Gedanken das Einfache überhaupt möglich.

Lin Yutang

Guter Stil beruht auf einem reinen und tiefen Wahrheitsgefühl. Hinter allem schlechten Stil steckt immer eine gewisse Verlogenheit oder wenigstens Wahrheitsscheu.

Isolde Kurz

In einem Luftschloß hat selbst die Hausmeisterwohnung eine paradiesische Aussicht.

Johann Nestroy

Dichtkunst ist ein Spiel der Sinnlichkeit, durch den Verstand geordnet.

Immanuel Kant

Echte Literatur ist eigentlich nur ein Staunen über das Weltall und das menschliche Leben. Wer sich den Blick klar erhält, für den hört dieses Staunen niemals auf.

Lin Yutang

Die Dichtung bessert nicht, aber sie tut etwas viel Entscheidenderes: sie verändert.

Gottfried Benn

Ein einziges Wort verrät uns manchmal die Tiefe eines Gemüts, die Gewalt eines Geistes.

Marie von Ebner-Eschenbach

Gedanken sind nicht stets parat,
man schreibt auch, wenn man keine hat.

Wilhelm Busch

Der große Schriftsteller hat Stil, der kleine Manier, was nicht ausschließt, daß der große auch einmal klein, und der kleine groß, das heißt ein Stilist sein kann.

Christian Morgenstern

Poesie leistet mehr für die Erkenntnis der Menschheit als die Geschichte.

Jacob Burckhardt

Der Sinn des Schreibens besteht nicht darin, Dauerhaftes herzustellen, sondern Flüchtiges festzuhalten.

Joachim Günther

Jede bedeutende Dichtung hat eine humanistische Wirkung und schafft jene Gemütsverfassung, die aufnahmefähiger wird für alles, was den Zustand der Welt ändert und ihn bessert.

Johannes R. Becher

Das Vielsinnige des Lesens: die Buchstaben sind wie Ameisen und haben ihren geheimen, eigenen Staat.

Elias Canetti

Dichten ist ein Brückenschlagen von dem, der schreibt, zu dem, der liest.

Hermann Kasack

Zu beneiden jeder, dem es gegeben, sich auf den glatten Straßen der Bücher zu bilden; denn auf den rauhen Wegen des Lebens geht's notig vor sich.

Peter Rosegger

Alle echten Dichtungen sind schöne Rätsel und wollen gar nichts anderes sein.

Egon Friedell

Dichten ist immer die Wiedergabe von Erinnerung. Die Erinnerung aber ist selbst etwas Dichtendes, künstlerisch Zusammenfassendes und Auswählendes.

Christian Morgenstern

Es gibt zwei Arten von Schriftstellern. Solche, die es sind, und solche, die es nicht sind. Bei den ersten gehören Inhalt und Form zusammen wie Seele und Leib, bei den zweiten passen Inhalt und Form zusammen wie Leib und Kleid.

Karl Kraus

Der Aphorismus ist eine Anleitung zum eigenen Nachdenken.

Sigmund Graff

Es gibt Bücher, die zweifellos gut, und Bücher, die zweifellos schlecht sind, und drittens gute, die sich auch als schlechte lesen lassen und deren Erfolg deshalb auch ein durchschlagender ist.

Ludwig Strauß

Dichtung ist der Versuch, mit den Mitteln der artikulierten Sprache das darzustellen, was Schreie, Tränen, Liebkosungen, Küsse, Seufzer usw. dunkel auszudrücken versuchen.

Paul Valéry

Die Lust an der Sprache, die liebende Beziehung zu ihr, diese geistige Erotik des bitteren Werbens und seligen Gewährfindens ist die tiefste Wurzel und Triebkraft dichterischen Schaffens.

Josef Weinheber

Alles, was wir lesen, sagt uns immer nur so viel, als wir schon selber wissen, denn über alles, wofür wir noch nicht reif sind, lesen wir hinweg, auch beim besten Willen: Bücher können uns eigentlich nur Hebammen sein.

Hermann Bahr

Lesen ist wie Schlafen und Träumen – der Mensch ist in einer anderen Welt; man soll ihn nicht wecken.

Richard Benz

Große Literatur ist einfach Sprache, die bis zur Grenze des Möglichen mit Sinn geladen ist.

Ezra Pound

VERZEICHNIS DER WICHTIGSTEN FACHAUSDRÜCKE

Alexandriner: aus der französischen Renaissancedichtung eingeführte Versform, im Barock beliebt (6 Jamben mit Zäsur nach der 3. Hebung). → Vers, Versmaß.

Allegorie: Darstellung eines abstrakten Begriffes durch ein allgemein verständliches Bild (z. B. Gerechtigkeit = Frauengestalt mit Waage und Schwert). Häufig verwendet in der Barockdichtung.

Alliteration: Stabreim, gleiche Anlaute in betonten Silben. → Reim.

Almanach: ursprünglich Kalender (mit Texten und Illustrationen), seit dem 18. Jahrhundert jährlich erscheinender Band mit Proben verschiedener Dichtungen. Heute vor allem Auswahlband von Verlagen mit Proben aus ihren wichtigsten Veröffentlichungen.

Anekdote: kürzeste Form unterhaltender Prosa (meist um eine historische Persönlichkeit), straff formuliert, auf die Pointe hinführend.

Anthologie: (griechisch: Blütenlese) unter bestimmten Gesichtspunkten ausgewählte Sammlung, charakteristische Auswahl von Texten eines Dichters, einer Epoche usw.

Antiqua: lateinische Druckschrift (im Gegensatz zu Fraktur = deutsche Druckschrift).

Antiquariat: Buchhandlung, die mit alten oder gebrauchten Büchern handelt. Das Moderne Antiquariat bietet Bücher an, deren Ladenpreise von den Verlagen aufgehoben wurden. → Verramschen.

Aphorismus: kurze, prägnante und geistreich formulierte Aussage. Im 17. Jahrhundert in Frankreich sehr häufig, im Deutschen besonders von Lichtenberg, Goethe, Nietzsche, Ebner-Eschenbach gepflegt. Beliebt sind Aphorismensammlungen als Geschenkbüchlein.

Auslieferung: Form des Zwischenbuchhandels. Die Auslieferung nimmt die gesamte Produktion der von ihr vertretenen Verlage auf Lager und liefert an die Sortimentsbuchhandlungen aus. → Sortiment.

Ballade: (italienisch), ursprünglich Tanzlied, später episches Gedicht, das ein ungewöhnliches, erschütterndes, oft tragisches Geschehen erzählt. Bevorzugte Erzählform der mittelalterlichen Dichtung; von Goethe, Schiller, Uhland, C. F. Meyer, Fontane, Brecht u. a. zu hoher künstlerischer Form entwickelt.

Barsortiment: Form des Zwischenbuchhandels. Das Barsortiment nimmt die gängigen Bücher sämtlicher Verlage auf Lager und liefert in Sammelsendungen an die Sortimentsbuchhandlungen aus. → Sortiment.

Bauchbinde: auffallender Papierstreifen, der zu Werbezwecken um ein Buch gelegt wird (z. B. „Volksausgabe zum 100. Geburtstag des Dichters“ oder „Der Roman zum gleichnamigen Film“).

Belletristik: (von französisch: schöne Wissenschaften), seit dem 18. Jahrhundert Bezeichnung für die erzählende (unterhaltende) Literatur im Gegensatz zur wissenschaftlichen Literatur. → Schöngeistige Literatur.

Bestseller: aus dem Englischen stammende Bezeichnung für ein Buch, das einen besonders großen Verkaufserfolg hat. In Bestsellerlisten werden die meistverkauften Bücher einer Saison zusammengefaßt.

Bibliographie: (wörtlich: Bücherbeschreibung), seit dem 17. Jahrhundert Verzeichnis von Veröffentlichungen. Heute geben alle Kulturnationen in regelmäßigen Abständen nationale Bibliographien heraus, die alle in diesem Zeitraum erschienenen Druckwerke anführen.

Bibliophile: (griechisch: Freund des Buches), Bücherliebhaber, der schöne, kostbare Werke (z. B. Erstausgaben, illustrierte Bände, künstlerische Einbände u. dgl.) sammelt.

Bildungsroman: Form des Romans, die die Bildung eines Menschen durch Erziehung und eigenes Bemühen hin zur reifen Persönlichkeit schildert. Klassisches Beispiel: Goethes „Wilhelm Meister“. → Entwicklungsroman.

Biographie: (griechisch: Lebensbeschreibung), Darstellung des äußeren Lebenslaufes und der inneren Entwicklung eines einzelnen Menschen. Wenn jemand sein eigenes Leben beschreibt, spricht man von Autobiographie. → Memoiren.

Blankvers: reimloser, fünffüßiger jambischer Vers, der gebräuchlichste Vers des klassischen deutschen Dramas. → Vers.

Büttenpapier: Papier, das mit einem feinen Handsieb aus einer Bütte geschöpft wird. Rohstoff sind gebleichte Leinenfasern. Büttenpapier ist heute sehr teuer und wird nur noch für wertvolle Dokumente, Urkunden u. dgl. verwendet.

Chanson: (französisch: Lied), ursprünglich jedes singbare Lied mit weltlichem Inhalt. Im Deutschen heute ein zeitkritisches, satirisches Lied.

Chiffre: (französisch: Ziffer, Zahl), knappes, symbolartiges sprachliches Zeichen, vor allem in der modernen Dichtung, dessen Bedeutung erst aus dem Zusammenhang zu erschließen ist, z. B. „Stadt“ bei Trakl für Chaos. → Symbol.

Chronik: (griechisch: Zeitangabe), historisches Werk, in dem die Ereignisse in ihrer zeitlichen Abfolge dargestellt werden (z. B. Familienchronik, Stadtchronik u. ä.).

Codex: (lateinisch: Baumstamm), ursprünglich die aneinandergebundenen, beschriebenen Holz- und Wachstäfelchen der Antike, seit dem 4. Jahrhundert Pergamenthandschriften. Später ganz allgemein Bezeichnung für Handschriften und Gesetzbücher.

Copyright: (englisch: Urheberrecht), der Copyrightvermerk © wird in jedem Druckwerk im → Impressum angegeben. Er enthält den Namen des Copyrightinhabers sowie die Jahreszahl der Erstauflage. → Raubdruck, Urheberrecht.

Distichon: (griechisch: Doppelvers), klassisches Verspaar, das in der Regel aus einem → Hexameter und einem → Pentameter besteht. Viel verwendet in Elegien und kurzen Sinnsprüchen. Beispiel: „Sage, wie lebst du? Ich lebe! Und wären hundert und hundert/Jahre dem Menschen gegönnt, wünscht' ich mir morgen wie heut'." (Goethe). → Strophe.

Duden: Wörterbuch der deutschen Sprache, von dem Pädagogen und Sprachforscher Konrad Duden 1880 erstmals herausgegeben. Gilt seit 1901 offiziell im ganzen deutschen Sprachraum als Richtschnur für die Rechtschreibung der deutschen Sprache und der Fremdwörter. → Rechtschreibreform.

Elegie: in der griechischen Literatur ursprünglich mit Flötenbegleitung vorgetragenes Gedicht, hatte bei den Römern bereits Trauer- und Klagecharakter. In der deutschen Lyrik Ausdruck einer sehnsuchtsvollen, schwermütigen Stimmung (Goethe, Schiller, Hölderlin, Trakl, Weinheber, Rilke u. a.).

Entwicklungsroman: ähnlich dem → Bildungsroman, schildert den inneren und äußeren Reifungsprozeß einer Persönlichkeit.

Enzyklopädie: (griechisch: allgemeine Bildung), übersichtliche Zusammenfassung des gesamten Wissensstoffes einer Zeit, schon seit der Antike bekannt. In der Zeit der Aufklärung wurden große enzyklopädische Werke herausgegeben, um den Wissensdurst der breiten Leserschaft zu stillen. Es gibt Gesamtenzyklopädien (aus denen sich die → Lexika entwickelt haben) und Enzyklopädien über einzelne Spezialgebiete.

Epigone: ein Kunstschaffender, der ein großes Vorbild nachahmt.

Epigramm: (griechisch: Inschrift, Aufschrift), schon in der antiken Literatur künstlerische Formulierung eines Gedankens, knappste Form einer dichterischen Aussage. Klassisches Beispiel: die „Xenien" von Goethe und Schiller. → Sinnspruch.

Epos: große Erzählung in Versform, die von mythologischen oder historischen Ereignissen berichtet (klassische Beispiele sind Homers „Ilias" und „Odyssee"). Nach dem Inhalt unterscheidet man Heldenepen („Nibelungenlied"), höfische Epen (Wolfram von Eschenbach: „Parzifal"), religiöse Epen (Klopstock: „Messias"), bürgerliche Epen (Goethe: „Hermann und Dorothea"). In der neueren Literatur vom Prosaroman verdrängt.

Essay: (französisch: Versuch), sorgfältig und anregend formulierte, kürzere Abhandlung über ein kulturelles oder wissenschaftliches Thema. Als literarische Gattung im 16. Jahrhundert in Frankreich und England entstanden, in der deutschen Literatur seit Lessing, Herder und Goethe üblich.

Exlibris: (lateinisch: aus Büchern), künstlerisch gestaltetes Bucheignerzeichen, das auf die Innenseite des vorderen Buchdeckels eingeklebt wird. Es enthält neben dem Namen des Eigentümers meist auch eine symbolische Darstellung. Erstmals im 15. Jahrhundert angewandt, heute beliebtes Sammelobjekt.

Expressionismus: (von lateinisch: Ausdruck), Stilrichtung in Kunst und Literatur etwa zwischen 1910 und 1925. Abkehr vom → Naturalismus, Betonung leidenschaftlicher Gefühle. Am stärksten in der Lyrik spürbar (Trakl, Werfel, Benn). → Impressionismus, Realismus.

Fabel: (lateinisch: Erzählung), lehrhafte Erzählung in Prosa oder Versen, in der Tiere mit menschlichen Charaktereigenschaften auftreten. Schon in der griechischen Literatur (Äsop) zu finden. Später bei Arabern und Indern sehr beliebt. Im 18. Jahrhundert in Frankreich (La Fontaine) und Deutschland (Gellert, Lessing u. a.) künstlerisch ausgeformt.

Fadenbindung: die gefalzten Bogen eines Buches werden in der Buchbinderei mit einem Faden an einem Leinenrücken festgeheftet und zum Buchblock verbunden. Heute nur noch bei sehr gediegener Ausstattung üblich, in der Massenproduktion von der rationelleren → Klebebindung abgelöst.

Faksimile: (lateinisch: mach ähnlich!), originalgetreue Wiedergabe eines Bildes, einer Handschrift oder eines Druckwerkes. Faksimiledrucke erfordern hohes drucktechnisches Können und sind daher sehr wertvoll.

Feuilleton: (französisch: Blättchen), Kulturteil einer Zeitung oder Zeitschrift, in dem unter anderem Buchbesprechungen, Theaterkritiken usw. erscheinen. Auch die einzelnen Beiträge, die geistreich und locker (feuilletonistisch) formuliert sind, werden so genannt. Meister dieser journalistisch-literarischen Kleinform waren Heine, Polgar, Tucholsky u. a.

Flexibler Einband: Form der Buchbindung, bei der der Buchblock samt Einband biegsam bleibt (kein steifer Einbanddeckel). Taschenbücher und Broschüren werden grundsätzlich flexibel gebunden, bei Dünndruckbänden wird oft ein sehr dünner, biegsamer Einbandkarton verwendet.

Foliant: Buch im Folio-Format (höher als 35 cm). In der modernen Buchindustrie werden Folianten wegen des unrationellen Formats nur noch selten hergestellt.

Freiexemplare: jene Exemplare der Auflage eines Buches, die der Verlag kostenlos abgibt: an den Verfasser (Autorenexemplare), an amtliche Stellen und Bibliotheken (Pflichtstücke), an Zeitungen und Zeitschriften (Besprechungsexemplare) oder an Persönlichkeiten des öffentlichen Lebens (Widmungsexemplare).

Hersteller: Mitarbeiter eines Verlages, der die technische Herstellung eines Druckwerkes finanziell und künstlerisch plant und überwacht. Ihm obliegt die Bestimmung des Umfangs, die Wahl der Schrifttypen, die Beschaffung des Papiers, die Auftragsvergabe für Satz, Druck und Bindung, Illustrationen und Schutzumschlag.

Hexameter: (griechisch: Sechsmaß), antike Versform, die aus 6 Versfüßen (Daktylen) besteht. Der Hexameter ist der → Vers der klassischen Epen (Homer, Vergil), wurde aber auch in der deutschen Klassik verwendet (Klopstock, Goethe). → Distichon, Pentameter.

Hochdruckverfahren: graphische Vervielfältigungsmethode. Der Druck erfolgt von einer erhabenen Druckform (z. B. Bleisatz), deren nichtdruckende Teile tiefer liegen.

Humoreske: heitere Kurzgeschichte, die im Gegensatz zur bissigen → Satire ihr Thema mit liebenswürdigem Humor behandelt.

Hymne: (griechisch: Lied, Festgesang), in der griechischen Literatur Preislied auf einen Gott oder Helden, im Mittelalter religiöser Lobgesang. In der neueren Literatur (im Deutschen seit Klopstock, Goethe, Hölderlin) feierlich-festliches Gedicht mit begeisterndem Inhalt (z. B. Nationalhymne).

Idylle: (griechisch: Bildchen, kleines Gedicht), Szene aus dem Bauern- und Hirtenleben, seit der Antike bekannt. In der Renaissance wiederentdeckt und bis ins 19. Jahrhundert in lyrischen Schilderungen des Landlebens gepflegt. Dann abgelöst von der realistischen Dorfgeschichte.

Impressionismus: (von lateinisch: Eindruck), im letzten Viertel des 19. Jahrhunderts von Frankreich ausgehende Kunstrichtung, die die präzise Darstellung subjektiver Eindrücke in den Mittelpunkt stellt. In der Literatur tritt die äußere Handlung gegenüber den seelischen Zuständen und Stimmungen zurück (Schnitzler, Dehmel, Hofmannsthal u. a.). → Expressionismus, Naturalismus, Realismus.

Impressum: (lateinisch: das Eingedruckte), Druckvermerk, den jede Publikation aufweisen muß. Das Impressum in Büchern (meist auf der Rückseite des Titelblattes) enthält die Angabe des → Copyrights und verschiedene technische Daten (Schrifttype, Druckerei, Gestalter des Schutzumschlages u. a.). Lizenzausgaben (von Taschenbuchverlagen oder Buchklubs) werden im Impressum als solche ausgewiesen. In periodischen Druckschriften muß der Name des Herausgebers und des verantwortlichen Redakteurs genannt werden.

Imprimatur: (lateinisch: es möge gedruckt werden), Vermerk der Druckerlaubnis durch den Verfasser oder Lektor nach Prüfung der letzten Korrekturen. Im katholischen Schrifttum Druckerlaubnis durch die bischöfliche Behörde. → Lektor.

Index: (lateinisch: Anzeiger), Register, Verzeichnis, Anzeiger. In der Buchbranche Abkürzung für Index librorum prohibitorum = Verzeichnis der von der katholischen Kirche verbotenen Bücher, das 1559 erstmals herausgegeben wurde. Es wurde im Laufe des 2. Vatikanischen Konzils (1965) in seiner rechtlichen Gültigkeit außer Kraft gesetzt.

Innerer Monolog: moderne Erzähltechnik, bei der die erzählte Figur durch „stumme" Selbstgespräche in Ich-Form über ihre Empfindungen, Vorstellungen und Erinnerungen Auskunft gibt.

Kitsch: leichtverkäufliche Scheinkunst, die sich am Massengeschmack orientiert. Handlung und Charakterzeichnung beim literarischen Kitsch sind banal, sentimental, innerlich unwahr. Der Begriff ist um 1870 im Münchner Kunsthandel entstanden.

Klappentext: Werbetext des Verlages, der auf den Klappen des Schutzumschlages angebracht ist. Er enthält in der Regel eine Inhaltsangabe sowie biographische Angaben über den Autor.

Klebebindung: modernes, rationelles Bindeverfahren. Der Rücken des zusammengetragenen Buchblocks wird beschnitten und mit einem Spezialleim bestrichen. Diese Leimschicht hält den Block zusammen und macht die früher übliche → Fadenbindung überflüssig.

Klischee: (französisch: Druckstock), Druckplatte aus Zink, dient im → Hochdruckverfahren zur Wiedergabe von Illustrationen (Strich- und Rasterklischees); im übertragenen Sinn gebraucht für abgegriffene Ausdrucksweisen und Denkmuster.

Kolumne: (lateinisch: Säule), Zeilensatz einer Buchseite oder Spalte. Großformatige Bücher (wie Lexika u. dgl.) haben meist zwei Kolumnen pro Seite.

Kompendium: (lateinisch: Ersparnis), Abriß, kurzgefaßtes Lehrbuch, Leitfaden, meist für Studienzwecke gedacht.

Ladenhüter: Bücher, die nicht mehr gefragt sind und den „Laden hüten", die Sorgenkinder des Buchhändlers.

Layout: der aus dem Englischen übernommene Fachausdruck bezeichnet die sorgfältige Bild- und Textgestaltung der einzelnen Seiten (oder Doppelseiten) eines Druckwerkes. Besonders wichtig bei Zeitschriften und illustrierten Büchern. Der Layouter ist in der Regel ein gelernter Graphiker.

Lektor: (lateinisch: Leser), Mitarbeiter eines Verlages, der die eingereichten Manuskripte prüft und begutachtet. Ihm obliegt es auch, einen angenommenen Text im Einvernehmen mit dem Autor satzreif zu machen und den fertigen Satz abschließend noch einmal zu korrigieren. Dann wird die Druckerlaubnis (→ Imprimatur) erteilt. → Redigieren.

Lexikon: (griechisch: Wörterbuch), Nachschlagewerk. Gebräuchlich ist der Ausdruck Konversations- oder Universallexikon, eine alphabetisch angeordnete → Enzyklopädie sämtlicher Wissensgebiete mit einer großen Anzahl von Stichwörtern. Daneben gibt es Speziallexika für alle Fachbereiche.

Libretto: (italienisch: Büchlein), Textbuch für Oper, Operette, Oratorium, Singspiel und Musical. Der Autor heißt Librettist.

Lied: gesungenes Gedicht, Dichtung und Musik verbinden sich zu einer künstlerischen Einheit. In der Form des Volksliedes in der ganzen Welt verbreitet.

Literaturverzeichnis: Verzeichnis der für ein Sach- oder Fachbuch benützten Literatur. Die Werke sind alphabetisch nach Autorennamen geordnet.

Lyrik: (griechisch: Leier), ursprünglich von der Leier begleiteter Gesang, älteste und subjektivste Grundform der Dichtung, Sammelbegriff für Gedichte aller Art. Die wichtigsten Formen sind → Lied, → Chanson, → Ode, → Elegie, → Hymne, → Ballade, → Epigramm, → Sonett, → Sinngedicht und andere. Lyrik gibt Empfindungen, Erinnerungen, Gefühle, Gedanken und Stimmungen wieder. Metrische Formen (→ Vers, → Reim, → Strophe) werden häufig verwendet, sind aber nicht Voraussetzung. → Metapher, Metrik.

Makulatur: (von lateinisch: Fleck, Makel), unbrauchbare (beschädigte oder verschmutzte) Druckbogen, die nur noch als Verpackungsmaterial verwendet oder als Altpapier abgegeben werden können.

Manuskript: (lateinisch: mit der Hand geschrieben), ursprünglich handschriftliche Originalfassung eines Textes, heute jede (hand- oder maschingeschriebene) Druckvorlage.

Märchen: (mittelhochdeutsch: Nachricht, Kunde), uralte Form einer Prosaerzählung, in der die Naturgesetze aufgehoben sind und überirdische Kräfte in das Geschehen eingreifen. Man unterscheidet Volksmärchen (z. B. gesammelt von den Gebrüdern Grimm) und Kunstmärchen (Hauff, Andersen u. a.). Märchen sind ein wichtiger Bestandteil der Kinderliteratur.

Memoiren: (französisch), Lebenserinnerungen, im Gegensatz zur Autobiographie bildet dabei das eigene Leben nur den Rahmen, in dem die zeitgeschichtlichen Ereignisse eingefangen werden. → Biographie.

Metapher: (griechisch: Übertragung), sprachliches Bild zur Ausdruckssteigerung; Wortbedeutung wird im übertragenen Sinn gebraucht, oft zur Veranschaulichung von abstrakten Begriffen (Fuchs = schlauer Mensch). Metaphern sind vor allem in der Lyrik zu finden.

Metrik: die Lehre von → Versmaß und → Vers, → Strophe und → Reim. → Lyrik.

Monographie: (griechisch: Alleinschrift), in sich abgerundete Einzeldarstellung einer Persönlichkeit oder eines Themas (eine Künstlermonographie behandelt z. B. Leben und Werk eines Künstlers).

Motto: (italienisch: Leitspruch, Sinnspruch), Büchern oder auch einzelnen Abschnitten darin wird oft ein Motto (Zitat aus einem bedeutenden Werk) vorangestellt.

Mythos: (griechisch: Wort, Erzählung), uralte Überlieferung über die Entstehung der Götter- und Menschenwelt. Die Schöpfungsmythen eines Volkes nennt man seine Mythologie. → Sage.

Naturalismus: Stilrichtung in der Kunst und Literatur des ausgehenden 19. Jahrhunderts, in der eine betont kritische, ungeschminkte Darstellung der Wirklichkeit angestrebt wurde. Viele naturalistische Gesellschaftsromane sind in die Weltliteratur eingegangen (Zola, Dostojewski, Fontane u. a.). → Expressionismus, Impressionismus, Realismus.

Ode: (griechisch: Gesang, Lied), feierliche Form der → Lyrik, mit strengem Strophenaufbau, aber ohne Reim, behandelt ein erhabenes Thema. In der antiken Literatur begründet, im Deutschen besonders von Hölderlin gepflegt.

Offsetdruck: (englisch), modernes Druckverfahren, bei dem nicht unmittelbar auf das Papier, sondern auf einen mit einer Gummischicht versehenen Zylinder gedruckt wird. Dieser überträgt das Druckbild auf das Papier. Der Offsetdruck zeichnet sich durch große Schärfe und feinste Tonabstufungen aus und eignet sich deshalb auch für Farbdrucke. Er hat in der Buchproduktion das ältere → Hochdruckverfahren weitgehend abgelöst.

Pagina: (lateinisch: Seite, Blatt), Zahl, die die Buchseite bezeichnet. In jedem Druckwerk werden die Seiten durchlaufend „paginiert". → Satzspiegel.

Papyrus: das „Papier" der alten Völker des Orients, aus dem Mark der Papyrusstaude hergestellt. Seit dem 3. Jahrtausend v. Chr. bei den Ägyptern in Verwendung, um die Mitte des 1. Jahrtausends n. Chr. allmählich vom Pergament abgelöst.

Partie: eine im deutschen Buchhandel übliche Form von Mengenrabatt. Ein Buchhändler, der 10 Exemplare eines Titels bestellt, erhält 11 Exemplare geliefert. Vielfach wird diese Vergünstigung auch bei einer „gemischten Partie" (aus verschiedenen Titeln) gewährt.

Pentameter: (griechisch: Fünfmaß), in der deutschen Metrik jedoch → Vers mit 6 Hebungen und einem deutlichen Einschnitt nach der 3. Hebung. Wird nach einem → Hexameter als 2. Zeile eines → Distichons angewendet, z. B.: „Frisch mit günstigem Wind/zogen die Segel dahin". (Goethe)

Pergament: enthaarte und geglättete, aber ungegerbte Tierhaut (meist von Ziege oder Schaf), die zu Schreibzwecken verwendet wurde. Benannt nach der Stadt Pergamon in Kleinasien. Ab dem 14. Jahrhundert wurde das teure Pergament vom billigeren Papier abgelöst.

Philologie: (griechisch), Wissenschaft von der Sprache und Literatur. Im akademischen Betrieb unterscheidet man Klassische Philologie (Griechisch und Latein) und Neuphilologie (lebende Sprachen). Beide werden meist in Sprachwissenschaft und Literaturwissenschaft unterteilt.

Poetik: (griechisch: Dichtkunst), Lehre von der Poesie, also vom Wesen, den Formen und Gattungen der Dichtkunst. Die älteste Poetik stammt von Aristoteles, die erste deutschsprachige von dem Barockdichter Martin Opitz. Bis zur Aufklärung wurden in Abhandlungen der Poetik meist handfeste formale Regeln vermittelt, erst die Klassiker befaßten sich mit ästhetischen Fragen und dem Wesen der Dichtkunst. Jede Epoche hat ihre eigene Auffassung von Poetik, die den Stil der Literatur prägt.

Pornographie: (griechisch), obszöne Literatur (auch Bilder, Filme, Schallplatten u. a.), die sich mit der übersteigerten Darstellung sexueller Vorgänge befaßt. Kann bei uns noch strafrechtlich verfolgt werden, wenn keine künstlerische Absicht nachzuweisen ist.

Privatdrucke: Druckerzeugnisse, die nicht von einem Verlag, sondern von Privatpersonen in Auftrag gegeben werden (z. B. Familienchroniken, Festschriften von Firmen u. dgl.). Sie werden im privaten Kreis verteilt und sind im Buchhandel nicht erhältlich.

Pseudonym: (griechisch: falscher Name), Deckname, den sich Literaten und andere Künstler aus verschiedenen Gründen zugelegt haben, so daß ihr bürgerlicher Name oft völlig in Vergessenheit geriet. Beispiele: Molière (Jean Baptiste Poquelin), Stendhal (Henri Beyle), Eugenie Marlitt (E. John), Mark Twain (Samuel L. Clemens), C. W. Ceram (Kurt W. Marek) u. a. Pseudonyme wurden seit der Barockzeit verwendet, heute sind sie urheberrechtlich geschützt.

Raubdruck: nicht legalisierter Nachdruck von Werken, die urheberrechtlich noch geschützt sind. Seit Mitte der 60er Jahre kam eine Flut von Raubdrucken auf den Markt, zuerst politische Literatur, heute meist Bestseller der internationalen Belletristik. Man schätzt, daß in den letzten beiden Jahrzehnten etwa 3000 Titel in Auflagen zwischen 2000 bis 20.000 Exemplaren nachgedruckt wurden. Der Preis der Raubdrucke beträgt etwa 30% der Originalausgaben, für den Leser sind sie nicht zu erkennen. Raubdrucke sind für Verlage und Buchhändler (besonders in Universitätsstädten) eine ernste Gefahr. → Copyright, Urheberrecht.

Realismus: (von lateinisch: wirklich), Stilbegriff in der Literatur, der eine getreue Wiedergabe der Wirklichkeit anstrebt. Als Reaktion auf den Überschwang der Phantasie in der Romantik setzte sich der Realismus gegen Mitte des 19. Jahrhunderts in allen Literaturgattungen durch und führte zu einer Blüte der erzählenden Prosa. Gegen Ende des Jahrhunderts vom → Naturalismus abgelöst. → Expressionismus, Impressionismus.

Rechtschreibreform: Obwohl sich 1901 alle deutschen Staaten zu einer einheitlichen Rechtschreibung (Orthographie) mit dem → Duden als Richtschnur bekannten, gab es immer wieder Reformbestrebungen zu ihrer Vereinfachung. Die Reformer wollen vor allem die Kleinschreibung der Substantiva (mit Ausname der Eigennamen) durchsetzen, andererseits erleichtert deren Großschreibung erwiesenermaßen das Lesen. Für die Schule ist die schwierige Orthographie der deutschen Sprache gewiß eine Belastung, sie vertieft auch die Kluft zwischen Gebildeten und Ungebildeten. Fachleute der betroffenen Staaten (BRD, DDR, Österreich und die Schweiz) konnten sich bisher auf keine einschneidenden Maßnahmen einigen. Bedeutende Dichter (H. Hesse, Th. Mann, F. Dürrenmatt u. a.) haben sich gegen jede Reform ausgesprochen. Einzelne moderne Autoren, besonders Lyriker, verwenden bereits die Kleinschreibung, finden aber beim Publikum noch wenig Verständnis. Kleine Vereinfachungen (etwa Foto für Photographie) werden von der journalistischen Praxis erzwungen.

Redigieren: stilistische Überarbeitung eines Manuskripts durch den Redakteur (bei Zeitungen und Zeitschriften) oder den → Lektor (in Buchverlagen).

Reim: lautlicher Gleichklang zweier oder mehrerer Wörter vom letzten betonten Vokal an. Man unterscheidet u. a. männliche (stumpfe) Reime, die einsilbig, und weibliche (klingende) Reime, die zweisilbig sind. Binnenreim ist der Gleichklang innerhalb einer Verszeile. Der Gleichklang der Konsonanten am Anfang eines Wortes wird → Alliteration (Stabreim) genannt. Die klassische antike Dichtung war reimlos, die alte germanische Dichtung verwendete den Stabreim. Seit der Renaissance findet man in den europäischen Sprachen sehr kunstvolle Reimtechniken. Die moderne → Lyrik ist vielfach reimlos.

Reportage: Bericht für Presse, Rundfunk oder Fernsehen. Die journalistische Form erreicht bei manchen Autoren (E. E. Kisch, K. Tucholsky) literarische Qualität.

Rezension: (lateinisch: Musterung), kritische Besprechung eines neuerschienenen Buches in einer Zeitung, Zeitschrift oder im Rundfunk. → Waschzettel.

Rotationsdruck: modernes Druckverfahren für Massenproduktion (Zeitungen und Zeitschriften). Rollenpapier (Rotationspapier) läuft zwischen zwei Zylindern durch und wird auf beiden Seiten gleichzeitig bedruckt. In der Buchproduktion nur bei Taschenbüchern üblich.

Sachregister: Verzeichnis der in einem Buch behandelten Begriffe. Die Stichwörter sind alphabetisch geordnet.

Sage: (althochdeutsch: Erzählung, Rede), zunächst mündlich überlieferte Erzählung, die häufig einen historischen Kern hat; im Laufe der Zeit phantastisch ausgeschmückt. Zur Sagenwelt gehören Menschen mit übernatürlichen Kräften, sprechende Tiere, Riesen, Elfen und Zwerge. Die Heldensagen erzählen die Abenteuer eines großen Helden (z. B. Dietrich von Bern). Der → Mythos ist die Sage von den Göttern, Helden und Geistern der Urzeit. Volks- und Heimatsagen sind eine beliebte Kinderlektüre.

Satire: literarische Verspottung zeitgemäßer Mißstände. Kann in verschiedener dichterischer Form erfolgen: im Drama (G. B. Shaw), im Roman (Voltaire), in Kurzprosa (E. Kishon, K. Tucholsky, G. Laub). Der Stimmungsbogen reicht dabei von humorvoll-ironischen Schilderungen bis zu bissiger Gesellschaftskritik. → Humoreske.

Satzspiegel: die von Text und Bild eingenommene Fläche einer Buchseite (→ Pagina und Seitentitel sind dabei nicht einbezogen).

Schmutztitel: das Blatt vor dem eigentlichen Titelblatt eines Buches, es enthält nur den Namen des Autors und den Titel.

Schöngeistige Literatur: deutsche Bezeichnung für → Belletristik oder Unterhaltungsliteratur (Romane, Novellen, Erzählungen) im Gegensatz zu Sachbüchern.

Schutzfrist: jener Zeitabschnitt, in dem ein künstlerisches Werk urheberrechtlich geschützt ist. Für literarische Werke gilt in der BRD und in Österreich eine Schutzfrist von 70 Jahren (ab dem Tod des Autors), in der Schweiz, der DDR, ebenso in Frankreich, England und den USA von 50 Jahren. Für musikalische Werke, Bilder, Filme, Photos usw. sind die Schutzfristen separat geregelt. Die Schutzfrist ist im → Urheberrecht gesetzlich verankert.

Schutzumschlag: Umschlag aus stärkerem Papier, der um das Buch gelegt und um die beiden Deckel eingeschlagen wird. Dient nicht nur zum Schutz des Einbandes, sondern vor allem für Werbezwecke. Die meist künstlerisch gestaltete Vorderseite bildet in den Auslagen der Buchhandlungen einen wirkungsvollen Blickfang, die Rückseite enthält meist einen Werbetext.

Schwank: epische oder dramatische Gestaltung einer komischen, humorvollen Begebenheit, locker und ohne tiefere Problematik. Im Mittelalter entstanden die Schwanksammlungen um Till Eulenspiegel und die Schildbürger, die in der Kinderliteratur noch heute fortleben.

Selbstverlag: Drucklegung und Verbreitung eines Werkes durch den Autor selbst (Eigenverlag), bedarf keiner behördlichen Genehmigung. In der Praxis wird davon nur Gebrauch gemacht, wenn der Autor für sein Manuskript keinen Verlag findet.

Signet: Haus- oder Herstellerzeichen, im Verlagswesen seit dem 18. Jahrhundert üblich. Steht gewöhnlich auf der Titelseite in Verbindung mit dem Verlagsnamen.

Sinnspruch: treffend formulierte, kurze Erkenntnis oder Lebensregel, wird in literarischer Ausformung auch → Epigramm genannt.

Skizze: in der Literatur Bezeichnung für eine epische Kurzform, die einen flüchtigen Eindruck oder eine vorübergehende Stimmung festhält.

Sonett: (italienisch: kleiner Ton[satz]), kunstvolle Gedichtform, besteht aus 14 Zeilen (meist fünffüßigen Jamben), die in 2 vierzeilige und 2 dreizeilige → Strophen mit bestimmter Reimstellung gegliedert sind. Die anspruchsvolle Form erreichte in der italienischen Renaissance (Petrarca, Dante) ihre erste Blüte, später in England (Shakespeare) und in der deutschen Barockdichtung. In der neueren Lyrik von Rilke und Weinheber wieder aufgegriffen.

Sortiment: die Gesamtheit der in einem Laden angebotenen Waren. In der Buchbranche Bezeichnung für eine Buchhandlung mit reichhaltigem Lager (zum Unterschied von Papier- und Schreibwarengeschäften, die nebenbei auch ein kleines Buchangebot führen). → Auslieferung, Barsortiment.

Strophe: (griechisch: Wendung), aus zwei oder mehreren Verszeilen gebildete Einheit eines Gedichts. Die Strophenform kann sich mehrmals wiederholen, ihre metrische Struktur bleibt jedoch unverändert. Im Lied wird jede Strophe nach derselben Melodie gesungen. Das Volkslied bevorzugt einen einfachen Vierzeiler. Kunstvolle Strophenformen sind → Distichon, → Sonett, → Terzine u. a. → Lyrik.

Subskription: (lateinisch: Unterschrift), Vorausbestellung eines teuren oder mehrbändigen Werkes zum Sonderpreis, der zeitlich begrenzt ist. Der Verlag kann aufgrund der Subskription den Bedarf genau abschätzen und die Auflage richtig festlegen, der Buchhändler gewinnt bei mehrbändigen Werken Stammkunden, und der Subskribent hat einen spürbaren Preisvorteil.

Symbol: (griechisch: Merkmal), Sinnbild, bedeutungsvolles Zeichen als Verbildlichung einer Idee (z. B. Kreuz für Christenglauben, Taube für Frieden). → Chiffre.

Terzine: kunstvolle, aus Italien stammende Strophenform. Sie besteht aus drei Zeilen (fünffüßigen Jamben), die einzelnen → Strophen sind durch den Reim miteinander verzahnt (aba bcb usw.). Eignet sich besonders für lange Versdichtungen. Klassisches Beispiel: Dantes „Göttliche Komödie“.

Urheberrecht: schützt die geistigen und materiellen Interessen an einem Werk (sprachlicher oder musikalischer Art, einem Werk der bildenden oder angewandten Kunst usw.), einschließlich neuentstehender Verwertungsmöglichkeiten. Das Urheberrecht ist vererbbar. → Copyright, Schutzfrist.

Übersetzung: Übertragung eines Textes aus einer Sprache in eine andere. Literarische Übersetzungen sind eigene schöpferische Leistungen, weil jede Sprache ihre spezifischen Redewendungen und Metaphern hat und eine wörtliche Übertragung allein nicht genügt, um Stil und Gehalt in der anderen Sprache adäquat wiederzugeben. Übersetzungen sind urheberrechtlich geschützt.

Vademecum: (lateinisch: geh mit mir), Taschenbuch, Wegbegleiter. Heute durch die Bezeichnung Ratgeber weitgehend ersetzt.

Verlagsvertrag: der Vertrag, der zwischen Autor und Verleger abgeschlossen wird und der Pflichten und Rechte beider Teile genau regelt.

Verramschen: Abverkauf der Restbestände eines unverkäuflich gewordenen Buches zu herabgesetzten Preisen an ein → Antiquariat. Gleichzeitig muß der Ladenpreis dieses Buches durch eine Anzeige in der buchhändlerischen Fachzeitschrift offiziell aufgehoben werden.

Vers: (lateinisch: Umwendung des Pfluges, Zeile), rhythmisch durchgeformte Zeile eines Gedichts (→ Versmaß). Die Verslehre ist ein Teil der → Metrik. Die wichtigsten Versformen sind → Alexandriner, → Blankvers, → Hexameter, → Pentameter. → Lyrik.

Versalien: die Großbuchstaben des Alphabets. Titel, Kapitelüberschriften und andere hervorzuhebende kurze Textstellen werden in der Buchproduktion gerne in Versalien gedruckt.

Versmaß: kleinste Einheit einer Verszeile, deren rhythmische Gliederung in der deutschen Sprache durch die Betonung erfolgt. Die wichtigsten Versmaße sind: Jambus (∪–), Trochäus (–∪), Daktylus (–∪∪) und Anapäst (∪∪–). Die Bezeichnungen stammen aus der griechischen → Metrik. → Vers.

Volksausgabe: verbilligte Ausgabe eines vor längerer Zeit erschienenen Werkes, dessen Originalausgabe nicht mehr lieferbar ist. Die Verbilligung wird durch einfachere Ausstattung oder eine sehr hohe Auflage erzielt, die durch besondere Werbemaßnahmen rasch verkauft werden soll.

Vorabdruck: fortsetzungsweiser Abdruck eines aktuellen Werkes (oder von Teilen eines Werkes) in einer Zeitung oder Zeitschrift vor Erscheinen der Buchausgabe.

Vorsatzblatt: buchbinderische Bezeichnung für das Doppelblatt, dessen linke Hälfte auf die Innenseite des Deckels geklebt wird. Die rechte Hälfte ist das erste Blatt des Buches (vor dem Satzteil). Das Gegenstück am Ende des Buches wird auch Nachsatzblatt genannt. Beide Blätter werden gelegentlich auch bedruckt (z. B. mit einer Schmuckfarbe oder einer Kartenskizze, die für die Lektüre des Bandes wichtig ist).

Waschzettel: knappe und möglichst sachliche Charakteristik einer Neuerscheinung; wird von vielen Verlagen den Rezensionsexemplaren beigelegt, um den Kritikern Material für die → Rezension in die Hand zu geben.

Weltliteratur: eine von Goethe stammende Wortprägung für jene Literatur, die aus einem übernational orientierten Geist heraus geschaffen wurde. Heute versteht man in der buchhändlerischen Praxis darunter die Gesamtheit der großen belletristischen Werke aller Völker, die ein weltweites Publikum erreicht haben.

Zensur: (lateinisch: Prüfung, Beurteilung), Überwachung und Kontrolle von Druckerzeugnissen (sowie von Film, Theater, Funk und Fernsehen) durch staatliche oder kirchliche Behörden. Bekannt ist die Zensur zur Zeit des Vormärz (bis 1848). Heute herrscht in den demokratischen Staaten des Westens Pressefreiheit und Freiheit der Kunst, also keinerlei Zensur. In der Medien- und Filmbranche gibt es eine „Selbstkontrolle". Katholische theologische Schriften bedürfen der Genehmigung der kirchlichen Behörden.

Zitat: (lateinisch: das Aufgerufene), wörtliche Wiedergabe aus einem publizierten Werk oder einer Rede. Wird in Anführungszeichen gesetzt, dazu wird der Name des Autors genannt. In wissenschaftlichen Arbeiten müssen auch der Titel des zitierten Werkes, Verlag, Erscheinungsort und -jahr sowie die Seitenzahl angegeben werden.

LITERATURVERZEICHNIS

Arntzen, Helmut: Der Literaturbegriff. Verlag Aschendorff, Münster, Westfalen, 1984.

Asmuth, Bernhard: Aspekte der Lyrik. Westdeutscher Verlag, Opladen 1976.

Bamberger, Richard: Dein Kind und seine Bücher. Verlag f. Jugend und Volk, Wien 1957.

Bamberger, Richard: Jugendliteratur und Buchpädagogik. Verlag f. Jugend und Volk, Wien 1971.

Bamberger, Richard / Vanecek, Erich: Lesen – Verstehen – Lernen – Schreiben. Verlag f. Jugend und Volk, Wien 1984.

Barth v. Wehrenalp, Erwin: Die Entwicklung des Sachbuches unter Berücksichtigung der modernen Freizeitgesellschaft. Anzeiger des österreichischen Buchhandels Nr. 10/1985.

Baumgärtner, Alfred Clemens (Hrsg.): Lesen – Ein Handbuch. Verlag f. Buchmarktforschung, Hamburg 1973.

Bichsel, Peter: Der Leser. Das Erzählen. Hermann Luchterhand Verlag, Darmstadt und Neuwied 1982.

Billen, Josef / Koch, Helmut (Hrsg.): Was will Literatur? Aufsätze, Manifeste und Stellungnahmen. Ferdinand Schöningh, Paderborn 1975.

Binder, Lucia (Hrsg.): Erfolg und Wirkung der Lektüre. Selbstverlag d. Internationalen Instituts f. Jugendliteratur, Wien 1970.

Boucke, Dietrich: Deutschunterricht in der Diskussion. Forschungsberichte. Ferdinand Schöningh, Paderborn 1979.

Clausen, Bettina und Lars: Spektrum der Literatur. Bertelsmann Lexikon-Verlag, Gütersloh 1975.

Dorsch, Petra E. / Teckentrup, Konrad H. (Hrsg.): Buch und Lesen International. Berichte und Analysen zum Buchmarkt und zur Buchmarktforschung. Verlag f. Buchmarkt- und Medienforschung, Gütersloh 1981.

Drabezynski, Michael: Motivation und Buch. Bertelsmann Briefe, Heft 117, Gütersloh 1985.

Fetzer, Günther: Die Klassiker der deutschen Literatur. Econ Taschenbuch Verlag, Düsseldorf 1983.

Fischer, Heinz Dietrich: Massenmedien als Transportmittel der Wissenschaft. Bertelsmann Briefe, Heft 115, Gütersloh 1984.

Gehmacher, Ernst / Graf, Gudula / Spira, Leopold: Buch und Leser in Österreich. Verlag f. Buchmarktforschung, Hamburg 1974.

Hage, Volker: Deutsche Literatur 1984. Ein Jahresüberblick. Reclams Universalbibliothek, Ditzingen/Stuttgart 1985.

Hauschka, Ernst R. (Hrsg.): Lesen macht Spaß. Englisch Verlag, Wiesbaden 1983.

Horst, Karl A.: Kritischer Führer durch die deutsche Literatur der Gegenwart. Nymphenburger Verlagshandlung, München 1962.

Huxley, Aldous: Literatur und Wissenschaft. Verlag Piper & Co., München 1963.

Kaltenbrunner, Gerd-Klaus (Hrsg.): Warum noch lesen? Verlag Herder, Freiburg im Breisgau 1983.

Kittler, Udo / Munzel, Friedhelm: Was lese ich, wenn ich traurig bin. Verlag Herder, Freiburg im Breisgau 1984.

Klein, Albert / Hecker, Heinz: Trivialliteratur. Westdeutscher Verlag, Opladen 1977.

Klein, Albert / Vogl, Jochen: Methoden der Literaturwissenschaft. Westdeutscher Verlag, Opladen 1977.

Krauss, Werner: Grundprobleme der Literaturwissenschaft. Zur Interpretation literarischer Werke. Rowohlt Verlag, Reinbek 1968.

Machek, Ernst: Die Welt des Buches. Verlag Leinmüller u. Co., Wien 1970.

Meyer-Dohm, Peter / Strauß, Wolfgang (Hrsg.): Buch und Leser in Österreich. Verlag f. Buchmarktforschung, Hamburg 1974.

Noelle-Neumann, Elisabeth: Buchhändler und Buchkäufer 1978. Börsenblatt für den Deutschen Buchhandel Nr. 90/1978.

Popper, Karl R.: Bücher und Gedanken. Anzeiger des österreichischen Buchhandels Nr. 1–2/1983.

Reich-Ranicki, Marcel: Hundert Gedichte werden vorgestellt. Eine zeitgenössische Auswahl aus der Frankfurter Anthologie. Insel Verlag, Frankfurt am Main 1982.

Richter, Gert (Hrsg.): Geschichte der Weltliteratur. C. Bertelsmann Verlag, München 1978.

Rühle, Günther (Hrsg.): Bücher, die das Jahrhundert bewegten. Zeitanalysen – wiedergelesen. Verlag Piper & Co., München 1978.

Schmidtchen, Gerhard: Lesekultur in Deutschland. Börsenblatt für den Deutschen Buchhandel Nr. 39/1974.

Scholz, Günther (Hrsg.): Büchernärrisches Lesevergnügen für Bücherfreunde, -leser, -sammler, Bibliophile und Bibliomanen. Schweizer Verlagshaus, Zürich 1983.

Schütz, Hans J.: Literatur ist ihrem Wesen nach utopisch. Literarische Versionen von Plato bis Orwell. Börsenblatt für den Deutschen Buchhandel Nr. 71/1984.

Sieburg, Friedrich: Nur für Leser. Jahre und Bücher. Deutscher Taschenbuchverlag, München 1961.

Spiel, Hilde: Eine Literatur zweiten Ranges? Anzeiger des österreichischen Buchhandels Nr. 23/1981.

Taubert, Sigfried: Bibliopola. Bilder und Texte aus der Welt des Buchhandels. Ernst Hauswedell, Hamburg 1966.

Vogl, Jochen: Aspekte erzählender Prosa. Westdeutscher Verlag, Opladen 1976.

Wechsler, Ulrich: Bücher sind gedruckte Humanität. Börsenblatt für den Deutschen Buchhandel, Nr. 83/1985.

Wilhelm, Gertraude: Die Literatur-Nobelpreisträger. Econ Taschenbuch-Verlag, Düsseldorf 1983.

Wolff, Meike: Oh, so viele Bücher! Vom täglichen Umgang mit der viel-seitigsten „Ware“ der Welt. Rowohlt Taschenbuch Verlag, Reinbek bei Hamburg 1985.

Die Abbildungen stammen großteils aus Cliché-Katalogen, Vorlagenwerken und Büchern des 18. und 19. Jahrhunderts.